INOUE Yuki

Mémoires d'une geisha

**Traduits du japonais par
Karine Chesneau**

*Éditions
Philippe Picquier*

Titre original : *Kuruwa no Onna*

© 1980, Inoue Yuki. First published in Japan
All rights reserved
© 1993, Editions Philippe Picquier
pour la traduction en langue française
© 1997, Editions Philippe Picquier
pour l'édition de poche

Mas de Vert
B.P. 150
13631 Arles cedex

© Crédit photos : D.R.

Conception graphique : Picquier & Protière

ISBN : 2-87730-334-9
ISSN : 1251-6007

Sommaire

FUTURE GEISHA

En kimono de tous les jours.

1

Le pont du Prunier

A Kanazawa, autrefois, il y avait plusieurs quartiers de maisons closes dont Higashi-Kuruwa, « le quartier réservé de l'Est », que l'on peut comparer au célèbre Gion de Kyôto.

Deux rivières, la Saigawa au sud et l'Asanogawa au nord, traversent en parallèle cette ville de la province de Kaga et se jettent paisiblement dans la mer du Japon.

Le pont du Prunier fut construit au-dessus de l'Asanogawa, le cours d'eau qui longe Higashi-Kuruwa, sur une proposition de l'un des habitués de ce quartier. Il souhaitait une passerelle *hanamichi*[1] permettant à la clientèle de fréquenter ce lieu de plaisir sans se trouver mêlée à la foule de la cité.

« Un pont rien que pour nous, disait-il, quel luxe ! Tout homme, accompagné de sa geisha favorite, pourra exposer à la brise son visage marqué par l'alcool. »

Après la guerre, le pont du Prunier avait été emporté à la suite d'une inondation causée par les pluies diluviennes. Il fut reconstruit vingt-cinq années plus tard, le 16 avril 1978.

---

1. Passage surélevé qui traverse le parterre d'un théâtre de kabuki depuis le fond de la salle jusqu'à la scène.

Ce jour-là, je passais le pont pour l'inauguration de la « première traversée » avec la patronne de l'*okiya*[1] Suzumi, une maison de geishas dans Higashi-Kuruwa. Agée de quatre-vingt-six ans, Kinu Yamaguchi avançait lentement, d'un pas mal assuré. Marchant à ses côtés, je la soutenais, mon bras passé autour de sa taille. Dans ses cheveux blancs impeccablement coiffés brillait la parure d'un gros jade vert.

Je regardai Kinu et la rivière. A la fonte des neiges, les pétales des fleurs de cerisiers recouvraient par milliers la surface de l'eau. Ils tombaient de la rangée d'arbres plantés sur la rive droite et tourbillonnaient dans le vent. Le pont d'où s'exhalait la bonne odeur du bois était parsemé de tout petits morceaux de papier tombés de l'énorme boule de fête *kusudama* qui, ouverte, avait laissé échapper son contenu. A la fin de la cérémonie de cette première traversée, papiers multicolores et fleurs de cerisiers voltigeaient ensemble.

En dépit de son grand âge, Kinu a gardé un dos bien droit. Dans l'attitude de quelqu'un qui lutte contre le vent violent lui arrivant de face, elle regardait la rivière au loin. Mais soudain elle baissa la tête. Car elle venait de remarquer que s'était formée à ses pieds une ligne colorée de pétales et de fleurs artificielles, plaqués contre la poutre transversale du tablier du pont.

« Oh ! on dirait une cordelette en soie *yûzen*[2]... que c'est beau... »

---

1. Etablissement auquel doivent appartenir les geishas pour être enregistrées dans une communauté. Nombre d'entre elles habitent dans l'*okiya*.

2. Procédé d'impression des tissus inventé par Miyazaki Yûzensai à la fin du XVIIe siècle, utilisant la colle de riz. Technique qui permit la peinture sur tissu de motifs compliqués en plusieurs couleurs. Elle se pratique seulement à Kyôto et à Kanazawa.

Je restai un instant silencieuse. Pour Kinu, ce ruban aux couleurs vives tressé avec une adresse inégalable ressemblait à un fin cordon qui maintient le kimono en place.

Sous mes yeux apparut un cou. Une nuque longue et mince. Kinu avait vécu à une époque où arborer une coiffure en désordre était une véritable honte. Mais en raison du vent soufflant de la rivière, elle se retrouvait maintenant légèrement ébouriffée. Lui effleurant furtivement les cheveux, je constatai combien ils étaient épais et durs au toucher. Emergeant de l'encolure très dégagée, la nuque blanche et sèche semblait sculptée dans la pierre. Sous le col amovible qui s'harmonisait au kimono à rayures blanches et brun foncé, je pouvais voir les stries de profondes rides.

Le pont du Prunier fut inauguré une première fois en 1910, le 28 juin plus précisément. Kinu s'en souvient encore parfaitement.

« Je me rappelle tout, jusqu'à l'aspect du ciel de ce jour-là. Nous étions en pleine saison des pluies et l'averse menaçait de tomber. Mais le temps restait cependant stable. Sur la berge avait été aménagé pour le public le pavillon de thé Fushimitei. Le canon retentissait *dodon ! dodon !* Une fois passé le rideau en soie rouge et blanc armorié qui provenait de la maison Yûda – alors le plus florissant magasin d'étoffes – on apercevait côte à côte les visages des personnalités invitées.

« Après la première traversée, un banquet de fête a été donné dans la salle de spectacles, et là encore, il y avait plein de gens et beaucoup d'agitation. Ça a duré toute la nuit. On a présenté une danse du kabuki. C'était *sanbasô*. Les trois danseuses ont été tirées au sort. Moi, j'ai hérité d'un mauvais numéro, mais ma meilleure amie, Tsuruko, de la maison de geishas Kichiriki, a gagné. Elle était la plus jeune ; les deux autres se nommaient Misao, de chez Yamaya, et Ichirô, de Mihama. Agées de vingt ans à peine, elles étaient belles à voir. Tsuruko dansait le vieil homme, *okina*. Sur un kimono de soie uniformément rouge, elle avait superposé un kimono lie de vin, également en soie, avec des éventails brodés en haut et, dans le bas, les motifs des trois arbres symbolisant le bonheur : le pin, le bambou et le prunier. Je crois me souvenir que c'était ça… J'avais dix-huit ans. »

Cette histoire remonte à quelque soixante-dix années. Une bâtisse qui se dressait au beau milieu d'une rangée de cerisiers face à la rivière avait été transformée en salle de spectacles pour Higashi-Kuruwa. Mais elle n'existe plus de nos jours.

En amont du pont du Prunier, on rencontre plusieurs ponts. Le Tenjinbashi tout d'abord, puis Tokiwabashi et Suzumibashi. Et tout de suite en aval, Ohashi, le grand pont de l'Asanogawa surnommé autrefois le « pont du Grondement », que l'on traversait pour pénétrer par le nord dans le centre-ville, c'est-à-dire le quartier du château. A l'époque Edo et jusqu'au début de l'ère Meiji (1603-1868), c'était le plus prospère des quartiers de Kanazawa, non seulement parce que le plus animé de la riche capitale du fief de Kaga que l'on l'appelait Hyakumangoku[1], mais aussi à cause de sa situation : il se trouvait sur la route menant de Kaga à Etchû et à Noto.

Pour répondre à une telle affluence, stands de thé et théâtres alignaient leurs devantures le long de cette rive gauche de l'Asanogawa. Lorsque Kinu était enfant, il y avait là le théâtre Inari-za, cette salle de spectacles qui changea de nom en 1904 pour devenir le Oyama-za,

---

1. Littéralement « un million de *koku* ». La puissante famille Maeda recevait le plus fort revenu annuel durant toute l'époque Edo, soit plus d'un million de *koku*. Le *koku* est une unité de mesure pour le riz, égale à 180,4 litres et d'après laquelle on évaluait le revenu des terres.

puis le Oyama club en 1926[1], et à la fin de la guerre le Hokkoku Daiichi Gekijô. De petites maisons de thé jouxtaient le Inari-za et servaient d'annexes aux *ochaya*, maisons de thé (lieux de rendez-vous), de Higashi-Kuruwa, qui avaient étendu jusque-là leur activité. Les geishas pouvaient attendre les clients dans ces endroits sur les tatamis pourvus de coussins plats et carrés, *zabuton*, et de nécessaires à fumer.

En effet, les hommes provisoirement lassés des divertissements du quartier réservé venaient y retrouver des geishas. En leur compagnie, ils allaient assister à une pièce de théâtre tout en mangeant de bonnes choses et en buvant le saké servi par leurs partenaires préférées, parmi lesquelles figurait souvent Kinu. La pièce durait longtemps mais la jeune femme, elle, ne pouvait quasiment rien manger : une geisha n'en avait pas le droit devant un client. Et lorsque sur le pont résonnait *katakata katakata*, le bruit que font les socques en bois, *geta*, elle guettait l'arrivée si longtemps attendue de l'employé de sa maison de geishas qui lui apportait son *bentô*, un repas froid servi dans une boîte. Kinu profitait d'un bref moment de détente pour engloutir à toute allure la nourriture, en cachette dans un coin.

Les petites maisons de thé annexes foisonnaient, et comme vestiges d'une époque révolue, il reste de nos jours sur la berge des établissements spécialisés dans la location de pièces *zashiki*[2] et des restaurants *ryôtei* où l'on peut faire venir des geishas.

Ces maisons basses habituellement en enfilade entrent dans le décor de la rivière et du mont Utatsuyama. Leurs portes d'entrée, à claire-voie pour la plupart, sont toujours

---

1. Ere Shôwa : 1926-1989.
2. Salle de réception ou pièce plus modeste où se réunissent geishas et clients. Terme également employé par les geishas pour désigner leurs rendez-vous avec les clients.

bien entretenues. L'été, chaque seuil est soigneusement arrosé, et, l'hiver, on aperçoit nettement les traces de coups de balai donnés dans la neige poudreuse.

La rive gauche de l'Asanogawa bordée par le mont Utatsuyama couvert d'arbres est très verdoyante. Le terme de « mont » semble cependant bien présomptueux car il s'agit en réalité d'une montagne qui culmine à cent quarante et un mètres. Deux autres petites montagnes à peu près de la même hauteur se dressent dans la ville de Kanazawa à l'extérieur de chacune des deux rivières parallèles, dont le mont Nodayama au sud-est sur la rive droite de la Saigawa. Au sommet de celui-ci s'étend l'immense cimetière familial des puissants Maeda, les seigneurs du fief de Kaga, et vingt mille tombes, à commencer par celle de l'écrivain Murô Saisei. Le quartier des innombrables temples bouddhiques de Tera-machi se trouve dans le bas de cette petite montagne boisée envahie par les oiseaux. De l'avenue Tera-machi-dôri descendent à intervalles réguliers vers le cours d'eau plusieurs rues en pente raide qui ressemblent sur un plan aux branches d'un arbre.

Ensuite, au même niveau que le quartier des temples mais entre les deux rivières, le promeneur pourra atteindre le quartier Kodatsuno à l'extrémité duquel se trouve sur une petite hauteur le Kenrokuen, un grand parc ouvert au public. Ancien jardin des seigneurs Maeda, il est prolongé par le bois de l'actuelle université de Kanazawa qui fut jadis le site du château détruit par un incendie à la fin du siècle dernier.

Avec sa végétation exceptionnellement dense, Utatsuyama présente l'aspect d'un « dragon qui se tapit » comme certaines montagnes de Kyôto. On le surnomme Higashiyama, « la montagne de l'Est ».

Epargnée par les bombardements de la Seconde Guerre mondiale, Kanazawa et ses rues bordées de maisons ont gardé les caractéristiques de l'ancien quartier du Château, en particulier dans les ruelles étroites souvent en impasse de la zone Higashiyama où se situe Higashi-Kuruwa. De ce véritable labyrinthe parvient le son du *shamisen*, l'instrument à trois cordes des geishas. Et dans les quartiers plus éloignés de Naga-machi et de Honda-machi, derrière les murs en pisé des vieilles résidences de samouraïs, on peut entendre le *koto*, une harpe rectangulaire à treize cordes, et les textes de nô déclamés à la manière de Kaga.

Au XVIe siècle, Maeda Toshiie, un général de Toyotomi Hideyoshi à qui avait été octroyé le fief de Kaga situé dans les régions du nord, fit serment d'allégeance au clan des Tokugawa. Afin de prouver ses intentions pacifiques à leur égard, il décida de concentrer son énergie sur les arts et la littérature plus que sur le développement des affaires militaires et l'accumulation des richesses. Au mépris d'une stabilité financière et de l'acquisition de biens, il se tourna vers la culture (ce qui par la suite contribuera à la prospérité économique de la ville) et encouragea l'art et l'artisanat. Ainsi fut-il à l'origine de l'extrême raffinement des arts de Kanazawa. Un tel souci de perfection, il va sans dire, pénétra également les quartiers de plaisirs. La caste des samouraïs connut, faute de conflits, une baisse importante de ses revenus, et un grand nombre d'entre eux se retrouvèrent sans travail. Leurs filles se virent donc obligées d'intégrer les quartiers réservés et en particulier Higashi-Kuruwa, apportant avec elles respect de la hiérarchie et culte des anciennes manières.

Sur la rive gauche de l'Asanogawa, de Tenjinbashi au pont du Prunier, se dresse une rangée de pins qui semblent rivaliser avec les cerisiers de la rive droite. Le troisième chef du fief de Kaga, Maeda Toshitsune, avait fait planter ces arbres sur la berge pour venir renforcer le talus. Ce sont maintenant de beaux pins noirs et élancés.

Près de ces arbres et à proximité de Tenjinbashi a été édifié le Taki-no-Shiraito, un monument commémoratif en pierre. Car le pont a servi de cadre à la rencontre des deux amoureux dans le roman *Giketsu Kyôketsu*[1] de l'écrivain Izumi Kyôka. En se postant juste derrière, à hauteur du gué, il est encore possible d'assister de temps à autre au *yûzen-nagashi*, le lavage des tissus de soie *yûzen* trempés dans l'eau très froide après teinture (la dernière étape de cette technique d'impression). Au-dessus de la rivière surgissent des cimes couronnées de neige, mais de chaque rue, de chaque arrière-ruelle, on peut également apercevoir des montagnes enneigées six mois de l'année. A l'époque des cerisiers en fleurs, c'est de la neige fondue qui s'écoule dans la rivière Asanogawa.

« Regardez, Kinu, comme la montagne de Mukôyama a l'air "douce" aujourd'hui ! C'est à cause des fleurs. On la dirait toute blanche. »

Ma compagne redressa la tête et tourna les yeux dans cette direction.

« Un jour, fit-elle avec mélancolie, je me suis retrouvée seule, vraiment seule. Je n'avais plus personne. Ni père, ni mère… mon frère, ma sœur cadette, mes grandes sœurs geishas *anesan*[2], mes amis, tous étaient morts…

« Alors, quand je me sens triste, je vais me promener sur la berge pour voir le lieu de l'ancienne salle de spectacles qui me rappelle mon enfance. Les cerisiers en fleurs de Mukôyama au printemps, les feuilles rouges de ses érables à l'automne, tout cela est si beau… J'y allais souvent avec les clients.

---

1. Shiraito, un magicien ambulant, tombe amoureux d'une femme sur la route qui le mène à Kanazawa. Injustement accusée d'un meurtre quelques années plus tard, celle-ci s'aperçoit que le juge du tribunal n'est autre que son ancien amoureux.

2. Ainsi nomme-t-on toute geisha plus ancienne dans la profession.

« De mon temps, on trempait quotidiennement les tissus de soie *yûzen* dans la rivière. Depuis toute petite, j'aime regarder les kimonos. Vous savez... quand j'avais devant moi toutes ces soieries étalées sur l'eau, j'avais l'impression d'être en train de discuter du choix des étoffes dans un magasin. »

Une fois traversé le pont du Prunier, il ne faut que quelques minutes pour atteindre Higashi-Kuruwa par l'étroite rue qui était auparavant le domicile, pour ainsi dire, des concubines. Kinu déplace avec difficulté son grand corps, et ses pieds semblent se coller au sol. Sa tête touche les jeunes feuilles de plaqueminiers qui dépassent des murs derrière lesquels s'élèvent les sonorités du *shamisen* et de la flûte traversière *fue*. Il y a également des grenadiers, des néfliers, des abricotiers. Dans ce quartier de Kannon-machi proche du temple Kannon-in et que l'on traverse en trois enjambées, flotte le parfum de l'huile capillaire des femmes et celui de l'*oshiroi*, fond de teint blanc.

Mais nous sommes déjà arrivées dans la rue principale de Higashi-Kuruwa bordée à droite et à gauche par des maisons de geishas, toutes identiques avec leur façade de jalousies peintes en rouge Bengale. Chaque lanterne d'avant-toit porte le mot d'*higashi* (est), écrit à l'encre noire sur fond blanc en fines lettres de l'alphabet syllabique japonais et non en caractères chinois. A côté, le passant peut lire le nom de chaque maison. Devant l'entrée sèchent des piles de parapluies en papier huilé sur lesquels est inscrit en caractères gras le nom de l'établissement. Il reste encore de nos jours vingt et une maisons de geishas typiques des quartiers réservés. Hautes d'un étage elles sont très profondes, et au rez-de-chaussée, les jalousies donnent sur la rue principale.

Elles sont fabriquées à partir de fines lattes peintes en rouge, avec des intervalles si étroits qu'on les surnomme « tricots en bois ».

Mais le rouge Bengale de ces lattis ne brille plus car la peinture ne semble pas en avoir été rafraîchie depuis fort longtemps. Loin de là d'ailleurs, tant la couleur est passée. Un rouge, spécificité des quartiers de geishas, qui ne pouvait peut-être trouver sa vraie signification que du temps où le quartier était en pleine activité.

Le Bengale est un ocre rouge obtenu à partir d'un pigment que l'on trouve précisément dans l'Etat du Bengale en Inde. La couleur de ces lattis rappelle ce rouge carthame de Yamagata, adouci avec beaucoup de blanc, des *rakugan* de Kanazawa, les gâteaux de farine de riz grillés et très sucrés confectionnés par la pâtisserie Morihachi. Certes, tous ces rouges ont été introduits à Kanazawa et, pourtant, on les croirait originaires de la ville.

Nous voilà arrivées : une lumière brille derrière la jalousie qui laisse filtrer un murmure de conversation. Difficile de distinguer ce qui passe dans la pièce mais à l'inverse, il semble que nous soyons visibles de l'intérieur.

La maison de Kinu se trouve au nord dans une étroite ruelle derrière une grande rue et porte le nom, particulièrement agréable à l'oreille, de Suzumi. Sur la plaque apposée à la porte d'entrée se devine plutôt que ne se lit, tant il est écrit fin et petit, le nom de l'ancien district : « Atago-machi » et son nom à elle : « Yamaguchi Kinu ».

Kinu habite juste derrière le Fukuya, la maison de geishas où elle vécut enfant dès son arrivée à Higashi-Kuruwa. Transformé en pension de famille, *minshuku*, l'établissement a cessé son activité d'*okiya*.

« Peut-être que le Suzumi fermera quand je ne serai plus... » murmure Kinu en se glissant dans sa maison par la porte entrebâillée.

L'ancienne geisha vit maintenant au calme, portant en elle comme un vrai trésor la vie du quartier de plaisirs, reléguée aujourd'hui au rang du souvenir.

2

Deux sœurs

« Je suis née dans la province de Noto… Tout au bout… à Jisha dans le village d'Uedo, à côté de Handa. Un 1er mai. La meilleure saison, n'est-ce pas ? D'ailleurs, depuis toujours, les habitants souhaitent que le décès des anciens, dans cette région livrée aux intempéries, survienne à cette époque-là de l'année de façon à ce que les gens puissent venir participer à la cérémonie funéraire sans trop de difficultés, vous comprenez ? Voilà pourquoi les gens préfèrent les mois de mai et de juin. Et comme nous sommes dans le nord, il est également préférable que les bébés naissent en dehors des grands froids.

« Je suis arrivée au monde en l'an 25 de Meiji (1892) et… cela me fait donc… quatre-vingt-huit ans, c'est ça ? Je vis depuis si longtemps que je suis devenue une sorte d'être surnaturel ou de monstre. Aux yeux de tous, je ne sers plus à rien, et l'on doit se demander ce que je fais encore sur terre. Mais ma vie a passé si vite !

« Nous étions trois, un garçon et deux filles. Bien que plus jeunes, mon frère et ma sœur sont morts avant moi. Et voilà… j'ai continué à remplir mon rôle de fille aînée en réglant les problèmes de la famille puisque je me suis même occupée de leur enterrement ! »

Kinu Yamaguchi est née le 1er mai 1892 dans l'actuelle ville de Suzu, département d'Ishikawa.

Son père Hisatarô se rendait dans les temples et chez les fidèles de la secte Jôdo Shinshû disséminés dans la péninsule de Noto. Il gagnait sa vie comme sculpteur d'images du culte bouddhique. Second fils de Yamagu-chi Chiuemon dont la famille avait toujours exercé, de père en fils, le métier de droguiste à Kanazawa, je ne sais pourquoi il avait opté pour cette activité particu-lière. Si le père de Kinu, originaire de Kanazawa, avait choisi de s'installer dans la région reculée de Noto, sans doute était-ce parce que, vu le nombre élevé de temples, il pensait y trouver du travail.

Kinu vécut à Noto jusqu'à sa septième année, et à cette époque, son père ne se montrait pas du tout pares-seux. Il partait souvent à pied livrer son travail mais chez lui, il restait la journée entière à sculpter des sta-tues. Morceaux de bois et feuilles d'or jonchaient le sol. Sur les étagères s'alignaient des statues bouddhiques de cinquante centimètres environ, en attente de finitions. Il travaillait sans relâche jusqu'à une heure avancée de la nuit, s'éclairant à la lueur des copeaux de bois qu'il fai-sait brûler au milieu d'une pierre creuse. Mais il buvait, et son extrême pauvreté était due en partie à sa consom-mation excessive d'alcool.

Homme désintéressé, il offrait généreusement ses œuvres au premier venu, même celles dont on lui avait passé commande et qu'il avait promis de livrer à une date précise. Hisatarô, considéré par tous comme un homme gentil mais naïf, n'attachait aucune importance à l'argent et ne se souciait pas non plus d'entretenir des relations sociales car il détestait flatter les gens. Une fois, une seule, il prit un apprenti pendant une certaine période. Mais il se refusa à le faire beaucoup travailler pour sa formation car, selon ses principes, l'apprenti doit regarder et s'efforcer par lui-même d'imiter son maître. Une attitude qui lui venait du grand sculpteur Miyajima, précisément le professeur de Hisatarô.

Kinu, à gauche, et sa sœur cadette Sato
marchent dans une rue enneigée, chaussées de geta.

En face de la baie de Suzu, crique de la péninsule de Noto, s'élevait autrefois un village en bordure de mer. Sur une longue dune se dressait le *tôrii*, grand portique rouge du sanctuaire shintô Suzu-jinja. Mine, la mère de Kinu, travaillait sur cette plage. Elle participait à la récolte du sel qu'il fallait ramasser dans les cent jours suivant la fin de la saison des pluies. Ce travail harassant s'effectuait sous un soleil brûlant. En dépit de la présence de tous les villageois, on manquait de main-d'œuvre et de nombreux journaliers venaient les aider. Ces hommes étaient surnommés « les hommes de la plage » et les femmes – parmi lesquelles Mine – « les filles de la plage ». Kinu n'oublia jamais le travail extrêmement pénible de sa mère.

« Construite à même le sable, notre bicoque d'Uedo était vraiment misérable. Sur les très longues dunes s'alignaient des rangées de marmites remplies d'eau de mer que l'on faisait évaporer pour récolter le sel. Vêtus du simple cache-sexe, *fundoshi*, les hommes du village travaillaient sans arrêt, le corps trempé de sueur et les yeux brillants.

« Et il n'y avait pas que les hommes ! Les femmes aussi se tuaient à la tâche. Les cheveux en désordre, elles portaient directement sur la peau un sous-vêtement très simple, un *hada-juban* en coton, je crois… je ne sais plus trop. Elles risquaient de s'écrouler chaque fois qu'elles puisaient l'eau salée dans de lourds baquets. Et je voyais ma mère, si maigre et si frêle, se pencher… se pencher encore… pour prendre cette eau. »

Quand elle évoquait Mine au travail, Kinu se rappelait toujours la scène de la « récompense » devant le dépôt de sel. Les femmes recevaient une pièce de un sen pour chacun des sacs en paille remplis de sel chaud et transportés sur le dos. Et les piécettes couvertes de sel s'entassaient au fil des heures dans leur petit panier en bambou. Kinu ressentit alors au plus profond de son être les souffrances que représentait la nécessité de gagner sa vie.

A l'âge où une enfant a envie de s'amuser, Kinu restait aux côtés de sa mère et mangeait, bouillis dans l'eau de la marmite de sel, des haricots en branche ramassés en bordure des rizières de montagne. A peine jetés dans le récipient, ils étaient déjà cuits. Au goûter, elle se jetait sur le soja en branche et les patates douces que lui donnait sa mère. Les gens se groupaient sur le sable au lever du soleil vers cinq heures du matin. Kinu les regardait claquer des mains en signe de piété comme dans les temples shintô en disant : « Grâce au soleil, aujourd'hui encore nous pouvons travailler. »

Les villageois ramassaient le sel sans relâche jusqu'au coucher du soleil. Epuisés et à la limite de leurs forces, ils devaient recourir aux cultes *shintô* ou bouddhique afin de trouver l'énergie nécessaire pour ne pas s'effondrer. Beaucoup désiraient des statues religieuses, et Hisatarô était le fournisseur de ces pauvres.

L'été 1898, Hisatarô annonça son intention de s'installer à Oyama, un quartier de Kanazawa. Kinu avait six ans à l'époque et son jeune frère Goichi trois de moins.

« Je crois que moi aussi je voulais partir là-bas. Nous avons donc pris la route et nous avons franchi à pied les montagnes de Noto en deux ou trois jours. Tantôt mon père me portait, tantôt je marchais. C'était en tout cas le premier voyage de ma vie. »

Le trajet de Suzu à Kanazawa se faisait alors de préférence par la voie maritime. Mais en raison des orages de fin d'automne et d'un temps qui se gâte vite dans ces régions, la famille de Kinu choisit le chemin de la montagne.

Ils avançaient avec difficulté en se frayant un passage au milieu des arrow-roots et des buissons touffus. Les kakis faisaient ployer leurs branches. Les fruits

23

mûrs déjà tombés jonchaient le sentier comme recouvert par un long tapis rouge orangé semblable à une ceinture, *obi*, de kimono déroulée qui teintait les modestes sandales de paille tressée. De temps à autre, Kinu se reposait dans le dos de son père. La mère, quant à elle, portait le petit frère endormi. Au-delà de la mer, sur la gauche, ils pouvaient apercevoir la neige de la chaîne de montagnes Tateyama.

L'air marin soufflait sur les marcheurs et quand ils arrivèrent enfin à Wakura d'où l'on aperçoit la petite île de Notojima, il faisait nuit noire (Wakura est devenue une station thermale).

« C'est la lumière des lampes qui m'a le plus surprise. Car je ne connaissais que la clarté des copeaux de bois. J'ai fait rire tout le monde en demandant si nous étions déjà arrivés à Oyama dans Kanazawa. Jusqu'à présent, je n'avais vu de ville qu'en rêve ! »

La famille s'engagea sur la route et changea plusieurs fois de pousse-pousse aux stations avant d'arriver à Kanazawa. Imbibé de saké, Hisatarô n'avait pas dessoûlé du voyage. A la vue de l'état d'ébriété de son mari, Mine se sentit inquiète, mais elle espérait qu'une fois fixés à Oyama, celui-ci trouverait un travail manuel convenant à ses capacités et qu'enfin, leur ménage connaîtrait une certaine stabilité financière.

Ils s'installèrent tous les quatre dans une petite maison de location à Gohô-machi, quartier proche de la gare de Kanazawa, juste en face de l'école primaire de Hyôtan-machi.

La gare venait d'ouvrir.

Le 1er avril 1898, six mois avant l'arrivée des Yamaguchi, avait été inaugurée la voie ferrée reliant Komatsu à Kanazawa. Dès le matin furent tirés des feux d'artifice comme s'il s'était agi de fêter la « première vente de la nouvelle année », qui a maintenant lieu le 2 janvier.

Pour apporter la « première livraison de l'année » sur la grand-place devant la gare, des chars portant une bannière avec des lettres blanches sur fond rouge firent une entrée tumultueuse, entourés par des jeunes gens vêtus de la courte veste de fête *happi*. D'autres déboulaient à la queue leu leu comme pour se disputer leur tour de livraison. L'agitation était à son comble.

A un angle de la grand-place avait commencé un tournoi de lutteurs de sumo dont les participants amateurs venaient de Konoshimpo-chô. A proximité, on avait dressé une arche en feuilles de cryptomères sur le lieu de la cérémonie où étaient distribués des *mochi*[1] rouges et blancs, couleurs de fête. Le banquet donné en l'honneur de l'inauguration devait se tenir dans la grande maison de thé aménagée pour l'occasion par le syndicat des propriétaires d'auberges de Kanazawa. De grandes et luxueuses boîtes en cèdre contenant les repas étaient alignées sur les tables. Quand sautèrent tous en même temps les bouchons de la fameuse bière Sapporo comme pour donner le signal du début des festivités, la joyeuse fanfare commença de jouer à tout rompre. Sur la scène de l'Inari-za se produisaient les geishas des quartiers de plaisirs, qui faisaient leurs démonstrations de danses accompagnées de *shamisen* et jouaient des pièces souvent inspirées du théâtre kabuki. Mais beaucoup d'entre elles accouraient sur la grand-place célébrer l'événement.

Pour voir passer le train, les gens affluaient des régions environnantes avec leur pique-nique. Le talus de la voie ferrée resta noir de monde toute la journée, depuis le passage du premier convoi, à 5 h 38, jusqu'au dernier, à 18 h 25. Cinq convois en tout, c'était encore

---

1. Gâteaux faits d'une pâte de riz glutineux cuit à la vapeur et pilé, souvent servis dans les fêtes.

très peu. Les gens attendaient le train assis par terre pendant des heures sur une file s'étirant de la gare jusqu'au pont où passait la voie qui traversait la Saigawa. Des clameurs accompagnaient chaque coup de sifflet à vapeur. Les spectateurs se dressaient alors et criaient *Banzai !* Certains même glissaient sur les rails.

L'aménagement de la gare de Kanazawa incluait la vente d'*ekiben*, les boîtes-repas à emporter. De deux variétés au tout début, elles étaient composées de riz blanc accompagné d'un plat différent selon le prix. La supérieure coûtait quinze sens, l'ordinaire dix sens. La première contenait des petites dorades grillées, du *tôfu* séché, de l'omelette sucrée, des *kamaboko*[1], et onze ou douze bardanes. Kinu se souvient encore de sa famille entourant le père qui avait partagé en quatre le contenu de la boîte-repas achetée à leur arrivée dans la grande ville.

Lors de leur installation près de la gare, les Yamaguchi constatèrent que le quartier vivait encore dans l'ambiance de la fête d'inauguration. Tirant son frère par la main, la petite fille traversait souvent la grand-place avec son père pour aller elle aussi assister au spectacle des trains. Devant la gare, des dizaines de pousse-pousse attendaient le client.

« Je m'agrippais au bras de mon père. Je trouvais que la locomotive à vapeur qui crachait de la fumée toute noire était quelque chose de terrible et d'effrayant. Les gens au travail dans les champs laissaient tomber faucilles et houes, et regardaient passer l'énorme masse noire de la machine. D'autres continuaient de monter plusieurs fois par jour sur le talus. Un remue-ménage invraisemblable que toutes ces personnes accourues pour contempler le train !

---

1. Pâté de poisson mis en forme sur une petite planche de cèdre japonais.

« La gare avait été construite au beau milieu d'un grand champ de racines de lotus, et, çà et là, on en voyait encore traîner des petits bouts par terre qui me faisaient penser à des cigognes en papier plié, *origami*. Que c'était beau ! L'Asanogawa et, plus loin, la rangée d'arbres sur la rive de la Saigawa, tout était parfaitement visible, comme à portée de main.

« Et il fallait voir l'arrivée du train dans la gare aussi vaste qu'une grand-place ! Les pousse-pousse arrivaient... encore et encore !... Puis ils s'alignaient le long de la station comme une petite colonne de fourmis et prenaient les passagers qui descendaient du train. »

Dans ce quartier se trouvait autrefois la résidence de Mitamura Monzaemon, un riche samouraï du fief de Kaga, ainsi que la résidence de campagne de Matsudaira Kazuma. Derniers représentants de cette époque : quelques vieux murs et vieux pins. Sur ces arbres, dit-on, vit Tengu, un lutin pourvu de deux ailes qui lui permettent de voler. Affublé d'un long nez et d'un visage tout rouge, il ressemble à un être humain. Le bruit court que l'on entend parfois le son de sa flûte. Personne ne songeait à s'aventurer par là.

Le Japon procédait alors à une complète réorganisation administrative qui provoqua la chute des samouraïs après la suppression des fiefs et la composition de départements soumis à une autorité centrale, l'empereur. A Kanazawa, les résidences délabrées et inhabitées commencèrent à se multiplier car ces guerriers ne pouvaient plus payer leurs taxes et ne trouvaient pas non plus d'acquéreurs pour leurs terrains. Les samouraïs auparavant rétribués par les seigneurs féodaux, *daimyô*, se virent supprimer leur salaire. Ils reçurent du gouvernement une indemnité compensatoire qui se révéla malgré tout insuffisante à long terme. Devenus pauvres pour la plupart, certains tâchaient de gagner leur vie comme journaliers, d'autres vendaient des jeunes filles comme geishas. D'autres encore s'enfuirent ailleurs pour devenir des policiers. Aux filles de samouraïs fut accordé officiellement, en mars 1879, le droit de devenir geisha. Les anciens samouraïs de Kanazawa, qui subissaient comme les autres le contrecoup de la réforme, souffraient donc de la perte de leur travail et de la crise. Ce fut finalement la construction de la voie ferrée et les travaux publics qui vinrent enrayer le chômage.

En raison d'une conjoncture aussi peu favorable à son arrivée dans cette ville de Kanazawa, Hisatarô ne trouva pas l'emploi escompté et il partait quelquefois loin de chez lui pour livrer des statues bouddhiques à Noto.

Kinu ouvrait de grands yeux étonnés devant tout ce qu'elle voyait ou entendait dans la grande cité. Avant de quitter leur maison sur le sable, sa mère lui avait dit qu'à Oyama, on ne pouvait voir la mer ni entendre le bruit des vagues. Elle n'avait pas menti, c'était vrai !

Après la création d'une ligne de chemin de fer et la mise en circulation de trains, on installa l'électricité à Kanazawa, le 25 juin 1900, pour éclairer deux mille deux cents lampes au début. L'année suivante, le téléphone fit son apparition. Les habitants de la ville purent disposer de cent quatre-vingt-trois appareils téléphoniques. Mais la famille Yamaguchi connaissait une vie difficile et restait totalement étrangère au confort de la vie moderne.

Depuis le printemps 1899, Kinu fréquentait l'école primaire de Hyôtan-machi mais à huit ans, elle fut inscrite sur le registre d'état civil en tant que « fille adoptive » au Fukuya, un établissement *okiya* du quartier réservé d'Higashi-Kuruwa. Vendue comme geisha ! Deux ans à peine après l'installation des Yamaguchi dans la ville ! Cette même année naquit sa petite sœur Sato qui, cinq ans plus tard, sera également déclarée comme fille adoptive. Kinu fut vendue cent yens, Sato quatre-vingts.

Hisatarô vivait au jour le jour et sombrait dans l'alcoolisme, l'une des causes de la terrible pauvreté de sa famille.

Quand sa femme, Mine, à qui son mari imposait toujours le silence, avait appris qu'il allait vendre leur fille dans une maison de geishas, elle s'était mise en travers de la porte pour l'empêcher de sortir.

« M'enfin… ça sera pas une prostituée ! Ça sera une geisha. Ferme-la ! » avait-il crié en lui lançant une gifle à toute volée. Puis, dans sa fureur, il s'était jeté sur sa femme qui protestait farouchement, contrairement à son habitude. Kinu se souvient encore de l'expression de son père qui ne cessait plus de donner des coups. Elle revoit sa pauvre mère en pleurs, effondrée de douleur sur les tatamis, et jamais elle ne pourra oublier ce visage ravagé par les larmes. La petite fille ne comprit pas à ce moment-là ce qui poussait Mine à s'opposer de la sorte à son mari.

« Nos parents étaient encore bien portants, comment ont-ils pu vendre leurs filles comme geishas ? Et pas seulement une… les deux en plus ! » (Ces questions, les deux sœurs se les posèrent souvent par la suite.) « Le shô[1] valait à l'époque vingt et un sens, c'est bien ça ? Qu'ont-ils donc fait de cette importante somme d'argent reçue en échange de notre vente ? Et en tant que parents, qu'est-ce qu'ils ont ressenti ? Manquaient-ils à ce point d'argent ? »

Une fois, Sato demanda à sa sœur aînée pourquoi on l'avait vendue moins cher qu'elle, vingt yens de moins. Quelque peu embarrassée, Kinu avait tout de même hésité

---

1. Unité de mesure du riz équivalant à 1,8 litre.

à répondre qu'en raison de son très jeune âge, sa cadette ne pouvait jouer aucun rôle dans cette maison de geishas.

« J'ai oublié mon arrivée à l'*okiya* du Fukuya après ma vente, mais je me souviens très bien de celle de ma sœur. Elle venait parfois jouer avec moi. Et quand *okka-san*, mère (c'est ainsi que nous, les filles, nous appelions la patronne d'une maison de geishas), m'a annoncé un jour qu'à partir du lendemain, ma sœur allait vivre avec moi au Fukuya, je me suis sentie heureuse et je l'ai attendue avec impatience. C'était la fin du mois de décembre, bientôt le nouvel an. J'attendais… oh oui ! comme je l'attendais ma petite sœur debout dans le froid glacial de la grand-rue. Et je l'ai vue enfin ! Je me rappelle… les grêlons tombaient sur sa tête enfouie dans un capuchon d'où seuls les yeux dépassaient. Ma mère Mine dont les cheveux étaient couverts de ces petites billes glacées est arrivée avec Sato dans les bras. "Je ne sais si elle pourra vous rendre service, dit-elle avec appréhension à la patronne du Fukuya, qu'est-ce que vous en pensez… elle est si petiote…"

« Je chérissais ma vraie mère. Je l'apercevais de temps en temps de dos quand elle venait déposer furtivement des affaires pour nous… Elle entrait toujours discrètement par la porte de derrière et repartait aussi vite par le même chemin. »

Kinu et sa sœur, ainsi qu'une autre petite fille, logeaient dans une soupente sous la cage de l'escalier qui se trouvait à l'arrière du Fukuya. A Kinu, la plus « vieille », revenait la tâche de coiffer les deux autres et de les emmener au bain. Dans chaque maison de geishas, il y avait deux ou trois petites filles adoptives, et les sœurs du même sang habitaient souvent dans des établissements différents.

Ce système d'adoption en vigueur dans les quartiers réservés fonctionnait de la façon suivante : quand un chef de famille cédait sa fille, il signait un « contrat de vente-formation » avec la propriétaire (appelée *okami*) d'une maison de geishas. Le père (ou parfois la mère) recevait en échange une somme d'argent avancée sur les gains futurs de son enfant. Pour se racheter, celle-ci devait non seulement rembourser cette somme mais aussi les frais de vêtements, nourriture, leçons… pris en charge par l'*okiya* durant toute son éducation, souvent facturés à des prix excessifs et considérés comme des prêts. Le remboursement de la dette commençait dès que la jeune fille n'était plus apprentie et que, devenue geisha en titre, elle pouvait subvenir à ses besoins. La propriétaire de l'*okiya* réalisait enfin les bénéfices de l'investissement fait sur sa fille adoptive. De la restauration de Meiji à la fin de l'ère Taishô[1], la formation et le remboursement s'étalaient souvent sur une quinzaine d'années. Elle fut réduite à trois ou cinq ans au cours des dix premières années de l'ère Shôwa suivante.

Vendue à l'âge de huit ans, Kinu changea de nom, et de fille Yamaguchi devint fille Yoshida de l'*okiya* Fukuya. Le 23 avril 1900, Kinu fut inscrite sur le registre de l'état civil comme fille adoptive de Yoshida Fuku. Sato connut le même sort le 20 décembre 1905.

Il existe encore une lettre et un contrat rédigés lors de la vente d'une petite fille. Il s'agit de celle de Chiharu, devenue ensuite la patronne du Kagetsurô, une maison de geishas de Higashi-Kuruwa. Chiharu est née à Kanazawa le 16 janvier 1905. De son vrai nom elle s'appelait Harue.

(Les noms de famille des personnes citées ci-dessous ont été volontairement omis, par mesure de discrétion.)

---

1. Ere Meiji : 1868-1912. Ere Taishô : 1912-1926.

En ce 8 décembre de l'an 40 de l'ère Meiji (1907), je cède à madame Tetsu … ma fille Harue pour adoption et j'établis le contrat suivant :

1 – Lorsque vous aurez décidé de faire de Harue une geisha en titre, j'apposerai mon sceau pour accord, sans discussions ni revendications.

2 – Si Harue revient chez moi, je m'empresserai de vous prévenir aussitôt, ou bien je vous ferai prévenir.

3 – Si après avoir adopté ma fille Harue, vous jugez qu'elle ne vous convient finalement pas et décidez de vous en séparer, les frais de son éducation vous seront remboursés.

4 – A partir de ce jour où je vous cède Harue, toutes choses la concernant seront désormais décidées par vous. Je ne devrai plus intervenir.

Au bas du contrat figurait le sceau de Kimi … mère célibataire de l'enfant, apposé en présence du témoin Zenbei …, à Kanazawa.

D'après le registre de l'état civil, Chiharu fut inscrite comme fille adoptive de Tetsu … le 21 décembre 1907.

Chiharu était une enfant née d'une liaison entre un étudiant en première année de médecine et Kimi, la fille du propriétaire de la pension où logeait le jeune homme pendant ses études. A moins de trois ans, Chiharu fut vendue vingt yens. La jeune mère de dix-neuf ans fit parvenir une lettre à Tetsu, la propriétaire de l'*okiya* qui acheta sa fille. Chiharu garde précieusement cette petite enveloppe rose pâle qui renferme cinq feuilles d'un beau papier à calligraphie du Japon couvertes d'une délicate écriture fine tracée au pinceau. Car c'est le seul et unique souvenir qui lui reste de sa mère.

Le 4 décembre

Chère madame Tetsu,
Nous sommes maintenant en pleine saison froide.
J'espère que vous et tous ceux de votre maison ne souf-
frez pas trop de la température. Chez moi, soyez tran-
quillisée, chacun se porte bien.

Depuis quelque temps, je me permets de vous poser
toutes sortes de questions concernant le contrat et je
crains que vous ne soyez fâchée. Mais je vous prie de
bien vouloir lire cette lettre.

Je vous ai fait confiance et vous ai donné ma fille,
comme si vous étiez sa vraie mère. Une fois que Harue
sera adulte et que vous aurez décidé de la nommer gei-
sha, je n'aurai plus aucun droit sur elle et ne pourrai
plus rien dire. C'est en connaissance de cause que je
vous ai laissé Harue.

Mais à la lecture du contrat rédigé l'autre jour, j'ai
eu l'impression que je ne cédais pas seulement ma fille
en adoption mais que je la vendais dans votre établisse-
ment pour la faire travailler. Et elle n'a que trois ans.
J'ai peut-être mal lu, mais en tout cas, j'ai eu honte de
moi-même et de cette société. J'ai donc changé cer-
taines phrases et je vous soumets un autre contrat. Avec
celui-ci je ressens différemment les choses mais vous
remarquerez qu'il n'est pas si différent du vôtre. Je vous
remercie de me donner votre avis. Si des points vous
semblent incorrects, je vous demande de les modifier.
Veuillez m'excuser d'abuser de votre indulgence.
Croyez bien que je regrette ce contretemps mais j'avais
besoin d'exprimer en toute sincérité mes pensées et mes
sentiments. Au printemps prochain, je serai un peu
moins attachée à Harue, je lui rendrai donc visite à ce
moment-là, mais actuellement, cela me ferait trop mal.
Je me montre impolie en ne venant pas vous saluer non
plus et vous prie de bien vouloir accepter mes excuses.

Si quelqu'un de chez vous a l'occasion de passer près de chez moi, je serai heureuse que vous lui permettiez de venir me voir.

Je vous remercie d'avoir bien voulu lire ma lettre et vous souhaite à vous et madame votre mère tous mes vœux de bonne santé. Sans vouloir paraître capricieuse, j'aimerais toutefois que vous m'envoyiez une photographie de Harue. Si les termes de ce contrat vous conviennent, nous serons donc d'accord et j'apposerai immédiatement mon sceau. Je sais que vous êtes toujours très occupée mais je vous serai très reconnaissante d'avoir l'obligeance de me répondre.

Avec mes humbles salutations.

Kimi

NB : Veuillez me pardonner pour ma mauvaise écriture.

Puis Kimi devint la maîtresse d'un homme riche presque aussi âgé que ses parents. Elle mourut à trente-trois ans de la tuberculose, et Chiharu apprit son décès bien des années après par son père, le seul avec qui elle était autorisée à rester en contact.

Chiharu, Kinu et sa sœur furent liées par contrat, extrêmement jeunes, à la patronne d'une maison de geishas. Corvéables à merci et détenues comme des esclaves, vendues pour une somme misérable considérée comme un prêt fait à leur famille, elles eurent cependant de la chance comparé à d'autres. En effet, du début à la fin de leur contrat de vente-formation, jusqu'à ce qu'elles aient remboursé leur dette, elles sont restées dans le même établissement sans avoir connu la terrible expérience d'être revendues. Cédées directement à l'*okiya* par leurs parents, elles ne sont pas passées entre les mains de placeurs professionnels.

Les agences de placement trouvaient toujours de bonnes raisons pour se faire confier par les familles pauvres les petites filles, dans le but de les vendre. « Ça vous aidera, disaient-ils, vous aurez une bouche de moins à nourrir et vous pourrez augmenter vos revenus. » Et sans se contenter de leurs commissions d'intermédiaires reçues pour la vente, des escrocs renouvelaient l'opération et revendaient les petites filles plus cher plusieurs fois de suite. A chaque transaction, ils touchaient un pourcentage.

Dans une grande rue bordée de cerisiers se trouvait l'*okiya* Fukuya qui avait recruté Kinu et sa sœur. Il jouxtait le Kagetsurô, une maison de geishas réputée à l'époque. Ces établissements faisaient aussi office de « maisons de thé », lieux de rendez-vous pour *zashiki*. On les classait en trois catégories : supérieures, moyennes et inférieures. Le Fukuya faisait partie, comme ses voisines, de la première catégorie.

Les maisons de thé supérieures ne proposaient que des geishas de premier rang (sur les cinq en vigueur). Ces établissements avaient pour principe de ne pas prendre de filles étrangères à la région ni originaires de familles paysannes, et se targuaient d'enseigner les arts et les bonnes manières aux femmes des lignées de Kaga exclusivement pour en faire des courtisanes de haut vol. Les mères étaient fières de former ces petites filles recrutées en qualité de *shikomiko*, jeunes servantes qui apprenaient les rudiments du métier, dont elles faisaient des apprenties puis des geishas confirmées de premier rang. La mère du Fukuya y prenait même du plaisir, et Kinu comme Sato étaient pour elle des petits bijoux qu'elle polissait jusqu'à les rendre parfaites.

Les deux sœurs avaient des physiques et des caractères opposés. Avec des traits fins, un visage ovale et des mouvements calmes, Kinu ne ressemblait pas du

35

tout à sa jeune sœur en dépit des mêmes grands yeux. Sato avait le visage rond et, plus gaie, plus enjouée que son aînée, elle faisait penser à une fleur. Lorsque Sato prenait place dans une assemblée, chacun pensait : « Une fleur est parmi nous ! » Très généreuse et serviable, elle était préférée à Kinu.

Un nom de geisha leur sera attribué par la suite. On nommera Kinu : « Suzumi », et Sato : « Botan » (signifiant la pivoine), en référence à l'impression qu'elle produisait sur les gens. Sato se verra même gratifiée d'un curieux surnom : « Nez-pivoine », en raison de son grand nez.

« Lorsque ma sœur était enfant, m'expliqua Kinu, son nez paraissait immense. Il lui mangeait tout le visage. Mais il n'était pas vilain, non, au contraire, il semblait même avenant. Toute jeune déjà, Sato se maquillait et comme elle mettait beaucoup de poudre dans les narines tout le monde éclatait de rire. Car, évidemment, elle finissait par éternuer ! Mais là encore, elle était mignonne à croquer. Tout de même… quel nez pour une si petite fille ! »

Concernant les vêtements, leurs goûts différaient également. Chaque jour, Kinu choisissait pour s'habiller, de manière presque systématique, des kimonos à rayures. Sato jamais. Bien avant d'être devenue une geisha, elle aimait déjà porter des kimonos décorés de grosses pivoines et de fleurs de camélias. C'est cependant beaucoup plus tard qu'elle osera parler de ses préférences. Pour l'instant, Kinu s'occupait comme une mère de sa jeune sœur âgée de six ans seulement.

Il y avait alors six geishas et une prostituée patentée enregistrées dans l'*okiya* Fukuya, car sans prostituée officielle, l'établissement ne pouvait obtenir son autorisation d'exploitation. Y vivaient aussi trois petites filles *shikomiko* que l'on surnommaient les *taabo*, âgées d'une dizaine

d'années ou moins. Plus deux femmes logées et nourries :
la *banba* O-Natsu et la *beebe*. Et enfin un serviteur.

Les petites *taabo* étudiaient les arts et apprenaient les
rudiments du métier de geisha en regardant leurs aînées
(minarai). Mais elles servaient aussi de bonnes aux geishas et à la mère, accomplissaient des corvées domestiques et faisaient les commissions tout au long de la
journée. Le soir, les petites filles portaient le *shamisen*
des geishas qu'elles accompagnaient à leurs *zashiki*
dans les restaurants ou dans les maisons de thé, puis
attendaient, blotties dans un coin de l'entrée de service,
la sortie de leur aînée.

La domestique *banba* travaillait comme fille de cuisine et aidait au service. « Employée subalterne à vie »
disait-on communément. C'était une vieille femme sans
famille qui restait jusqu'à la fin de ses jours dans la
maison de ses maîtres. Dans un quartier de plaisirs travaillaient également d'autres femmes âgées : les *yaritebaba*. Elles jouaient le rôle d'entremetteuses entre les
clients et la prostituée ou les geishas, et donnaient à
celles-ci des conseils de tout genre, leur expliquant par
exemple comment s'y prendre avec les hommes et augmenter ainsi leurs revenus.

La *beebe*, domestique plus jeune que la *banba*, faisait les gros travaux et s'occupait des affaires personnelles de la patronne, des repas, du ménage et de la
lessive. Elle avait entre quinze et quarante-cinq ans.

Le serviteur racolait en général les clients devant la
maison. (Seul employé de sexe masculin, il avait également pour fonction d'escorter les geishas en qualité de
garde du corps mais aussi de surveillant.) D'après l'apparence de l'homme qu'il tentait d'attirer dans son établissement en lui vantant les mérites de la maison, le
serviteur devinait immédiatement son rang social, son
niveau de fortune, sa personnalité et il l'invitait à entrer

en l'appelant : « Monsieur… Patron… Maître… Monsieur le Directeur, etc. » Quand le serviteur avait attiré, grâce à ses paroles alléchantes, le client à l'intérieur, il était relayé par la vieille *yaritebaba* qui prenait alors l'affaire en main. Mais c'était le serviteur qui se chargeait de discuter du prix et du genre de divertissements désirés par le client, et, en cas de récriminations au sujet du montant de la facture ou autre, c'était lui qui réglait le problème. Les clients laissaient leurs chaussures à l'entrée principale et, même sans ticket, ils reconnaissaient facilement leur bien et ne se trompaient que très rarement.

Ainsi définissait-on le rôle du serviteur dans un quartier de plaisirs, mais dans certaines *okiya* sévissait « l'homme de la maison » qui commandait les employés et que l'on considérait comme le grand patron. Il s'agissait, la plupart du temps, de l'amant ou du mari de la patronne. Le serviteur du Fukuya, lui, n'entrait pas dans cette catégorie, et on ne pratiquait pas le racolage devant l'entrée d'une *okiya* de rang supérieur.

Comme rétribution, les domestiques *banba* et *beebe* recevaient de l'argent de poche, très peu en réalité, deux fois l'an : à l'*o-bon*, la fêté des Morts du mois d'août, et à la fin de l'année. Le serviteur et la *yaritebaba*, quant à eux, touchaient, en plus de leurs pourboires personnels, un pourcentage sur les recettes provenant des honoraires de geishas. Ce qui représentait une somme convenable en définitive. Et quand ils avaient attiré un client pour la première fois dans l'établissement, la patronne leur donnait une prime.

Trouver un nouveau client relevait du talent du serviteur. Augmenter le chiffre d'affaires en entraînant les hommes à faire la fête était du ressort d'une *yaritebaba* pleine de ressources. S'arranger pour que le client reste coucher la nuit et augmente le nombre des réguliers que l'on appelle par leurs prénoms était tout l'art des geishas.

Quant aux activités quotidiennes, elles étaient innombrables. Il fallait effectuer les rondes de nuit pour empêcher les geishas de s'enfuir et éviter les incendies... aller ici et là recouvrer les créances... préparer les chambres... sortir et ranger la literie, futons, etc. Ou bien l'*okiya* désignait une personne spéciale pour chaque tâche ou bien les employés se les répartissaient.

Par conséquent, chaque maison regroupait un nombre assez important de personnes. Au moins sept ou huit, et souvent une bonne dizaine. Certaines logées et nourries, et d'autres uniquement nourries. Les domestiques, le serviteur et les petites *taabo* faisaient en général partie de la première catégorie. Seules les geishas plus âgées habitaient ailleurs une fois leur dette remboursée. Les domestiques qui dormaient dans le salon avaient pour habitude de s'assoupir près du foyer carré creusé dans le sol au milieu de la pièce. Les petites filles logeaient dans une même pièce, les geishas dans une autre.

Pénétrer dans une maison de geishas, c'est d'abord passer la grand-porte ouvrant sur la rue principale, puis traverser une entrée en terre battue d'un peu plus d'un *ken* et demi de long (1 *ken* = 1,82 m). Une fois franchie une seconde porte à claire-voie, il faut se déchausser avant de monter sur un plancher surélevé. En face se dresse un large escalier derrière lequel se trouve la cuisine ainsi que le passage conduisant aux toilettes et au *furo*, la salle de bains traditionnelle. A côté de l'escalier, le visiteur aperçoit le *cha-no-ma*, « la pièce à thé », un salon recouvert de tatamis. Là se tenait la patronne qui donnait ses instructions, assise devant le *naga-hibachi*, un brasero oblong au charbon de bois destiné à se chauffer les mains ou faire bouillir de l'eau. Face au salon se trouve, donnant sur la rue, la salle d'habillage et de maquillage des geishas. Au bout du couloir, il y a la pièce avec le *butsudan*, l'autel des ancêtres, et le *tokonoma*, l'alcôve prévue pour recevoir des éléments décoratifs. Elle est séparée du salon par la « pièce de l'intérieur », une petite chambre d'environ un *ken* de large où dormait souvent la patronne.

Le premier étage, réservé aux geishas et à leurs clients, se divise en trois pièces *zashiki*. Celle de devant, celle du milieu et celle du fond. Dans la première, qui donne sur la rue, il était courant de préparer un lit. La troisième, « la grande salle », était la mieux équipée et la plus confortable pour les réceptions, souvent partagée en deux par des cloisons mobiles tendues de papier opaque, les *fusuma*. Et tout au bout du couloir, se dissimule en plus un petit *zashiki* isolé du reste par un étroit passage et agencé comme une pièce de cérémonie du thé. On le surnommait « la pièce à l'écart ».

Ces maisons ont quelquefois un second étage, également réservé aux rendez-vous des geishas. Deux escaliers permettent d'accéder au premier, celui de devant et un autre à l'arrière. Spécificité de ces maisons, les murs des *zashiki* sont peints en rouge Bengale.

Le Fukuya des souvenirs de Kinu, une construction typique du quartier de Higashi-Kuruwa, avait le style des maisons de l'ère Keiô (1865-1868). La partie haute des volets à pluie du premier étage était couverte de papier collé. Les soirs de tempête de neige, on entendait le vent siffler dans ces volets qui laissaient pénétrer le froid à l'intérieur, où il régnait une température glaciale proche de celle du dehors. Dans la grande salle, les clients pouvaient admirer la décoration du plafond et les motifs de lièvres glissant sur des vagues peints au-dessus des panneaux coulissants ornés de poignées creuses en laque *maki-e* de Kaga, une technique utilisant de la poudre d'or. A l'entrée principale était accroché un *noren* bleu marine, ce petit rideau sur lequel est inscrit le nom de l'établissement. Et dans le salon, un autre *noren*, celui de la province de Kaga, en coton l'hiver et en lin l'été, venait rehausser la splendeur de la pièce.

La salle d'habillage du rez-de-chaussée retentissait toujours du bavardage des geishas. Les jalousies, ces « tricots de bois » constitués d'une quarantaine de fines lattes triangulaires verticales pour chaque *ken* de longueur, permettaient aux femmes de regarder dans la rue sans être vues, ou du moins très difficilement.

Grâce à son agencement, une maison de geishas ne dévoilait guère aux yeux des passants la vie et l'ambiance qui régnait à l'intérieur. A Kanazawa, la patronne s'y faisait appeler *okkasan*, mère, par ses filles adoptives (geishas et prostituée), et *oanesan*, sœur aînée, par les domestiques. Une dizaine de personnes en tout.

Au Fukuya vivaient à demeure, logées et nourries, cinq geishas, une prostituée et trois petites filles *taabo*. Chaque journée commençait à huit heures par le ménage. Geishas et prostituée se levaient vers dix heures du matin.

La mère, une maniaque de la propreté, enseignait scrupuleusement le balayage, l'essuyage, l'astiquage... Avec un morceau de tissu trop grand pour sa petite main d'enfant, Kinu astiquait les piliers, l'escalier... essuyait chaque traverse de *shôji*, les portes ou fenêtres coulissantes à lattis tendus de papier. Elle utilisait un chiffon sec car des mains rêches dues à l'humidité d'une toile à laver dépréciaient une geisha. « On ne doit pas faire le ménage *parce que c'est sale*, répétait constamment mère. Le ménage au contraire, c'est astiquer *ce qui n'est pas encore sale* ! »

« Imaginez un peu... toutes ces filles de la maison qui frottaient en silence, "cramponnées" aux piliers ou aux traverses... Vous ne trouvez pas ça fou ? Dans ces moments-là, eh bien... je pensais à ma vraie mère. »

Vers dix heures, les geishas pénétraient à tour de rôle dans la pièce. « *Ohayô !* Bonjour ! » lançaient-elles. Et

41

même la geisha enregistrée au Fukuya, qui travaillait là mais habitait ailleurs, venait le matin dire *ohayô !* Elles prenaient toutes ensemble leur repas matinal, une fois le ménage terminé.

« Oh ça ! on ne peut pas dire que c'était un repas délicieux. Loin de là. Si vous saviez ! Une bien maigre pitance en réalité. Il s'agissait d'un simple *okayu*, une bouillie faite à partir du riz qui restait du jour précédent, où le visage se reflétait tant l'eau était claire, et seulement accompagné de *tsukemono*, les habituels légumes saumurés. Préparés le matin, ils auraient pu être bons. Malheureusement, ils étaient retirés de la saumure la veille au soir. Avait-on dans l'intention de nous couper l'appétit ? Normalement violet foncé, les aubergines saumurées étaient devenues marron. Avec les concombres, ça sentait si mauvais que j'en avais mal au cœur. Nous héritions des restes laissés par la clientèle. Parfois, on nous donnait du poisson mais… celui qui avait traîné plusieurs jours dans le placard. Si vous aviez vu ! Les arêtes avaient une couleur jaunâtre.

« Et ainsi trois cent soixante-cinq jours par an. Qu'est-ce que nous mangions mal ! Parfois, mais si rarement, il y avait une petite prune confite et salée, *umeboshi*. Mais bon… mère aussi supportait cette nourriture. Car elle mangeait avec nous. Eh oui ! La mère mangeait la même chose que nous ! Alors personne ne se plaignait. Je pensais que c'était normal.

« Quand, par la suite, j'ai appris que ce repas m'était facturé deux sens et compté dans le montant de ma dette, j'en ai eu les jambes coupées ! C'est que… quand j'étais petite à Noto, je mangeais du *genmai*, un riz brun non décortiqué. Au début, je ne trouvais donc pas que c'était si dur, ça ne me changeait pas beaucoup de ma nourriture d'avant. Ce n'est que devenue un peu plus grande que ce repas m'a tout à coup paru bien frugal.

« La prostituée qui vivait au Fukuya avait vingt-deux ou vingt-trois ans. C'était une jeune femme paisible qui parlait peu. Tous appréciaient ses manières réservées. Mère se préoccupait beaucoup d'elle et lui adressait toujours gentiment la parole. »

Nombre de geishas des *okiya* de rang moyen et inférieur avaient deux patentes, celle de geisha bien sûr, mais également de prostituée. Sinon, elles ne pouvaient gagner suffisamment d'argent pour rembourser leur dette et se racheter. Au Fukuya en revanche, établissement supérieur, les deux professions étaient différenciées. Les geishas éprouvaient un sentiment de gratitude envers la prostituée qui, de par sa spécialité, se chargeait en général d'être la partenaire du client qui voulait coucher avec une fille. Kinu s'en souvient bien.

Côtoyant des geishas de forte personnalité comme Ryûkichi, qui deviendra plus tard son *anesan*, sa « grande sœur », la geisha chargée de la parrainer dans son apprentissage du métier, la petite Kinu aimait la féminité de cette prostituée qui s'occupait tout le temps d'elle et la choyait. L'enfant s'étant prise d'affection pour cette femme bien en chair et au teint clair, elle se rendait souvent avec elle au bain public, *sentô*, et aimait contempler son cou et ses épaules couverts de minuscules grains de beauté.

Encore toute jeune, Kinu ne pouvait distinguer une geisha d'une prostituée. Admirative, elle adorait en cachette cette « geisha » qui remportait tant de succès.

« Je me disais : "Regarde comme les clients défilent. Nuit et jour, il n'y a jamais de creux. Quand un homme arrive, il monte immédiatement au premier et ne redescend pas tout de suite. Un jour, je dois devenir une geisha aussi populaire qu'elle !" »

Kinu n'a jamais prononcé le nom de cette femme. « Je ne m'en souviens absolument pas », soutient-elle toujours.

Leçon de tsuzumi.

3

Petite servante et future apprentie geisha

Après son adoption, Kinu suivit encore pendant deux ans les cours de l'école primaire normale de Hyôtan-machi. Puis, en avril 1901, elle entra au Nyokôba, une école proche du quartier réservé.

La mission de cette institution était clairement définie dans cette introduction du « Règlement du Nyokôba d'Osaka » :

La restauration de Meiji a permis l'accession aux études à beaucoup de nos concitoyens. Cependant, les femmes des hana-machi[1] *n'ont appris que la musique et la danse. Elles ignorent l'écriture, le calcul, la cuisine et la couture. Le Nyokôba a pour vocation d'enseigner toutes ces matières. Les élèves devront fournir des efforts soutenus pour savoir tenir une maison et abandonner les anciennes et mauvaises habitudes.*

Un premier Nyokôba fut ouvert en 1872 à Kyôto puis il s'en créa très vite beaucoup d'autres dans les quartiers des maisons closes de tout le pays. Organisme chargé de l'éducation des filles, il avait pour rôle d'enseigner aux geishas et aux futures geishas les arts ménagers, la couture, le calcul, l'écriture et les rudiments de

---

1. « Quartier-fleurs » : communauté autorisée de geishas.

la lecture. L'institution continua quelque temps de transmettre son enseignement, même après les mesures prises par le gouvernement en faveur d'une amélioration de l'instruction de tous les enfants en général. Contrairement aux élèves d'une école primaire normale, celles du Nyokôba avaient tous les âges. Un grand nombre étaient des adultes. Les inscriptions se faisaient à toutes les périodes de l'année et les élèves choisissaient librement les matières en fonction de leurs goûts.

Voyons maintenant le Nyokôba d'Atago-machi à Higashi-Kuruwa dont la création fut annoncée par la municipalité dans le communiqué suivant :

Il existe déjà une école primaire pour filles dans le temple Myô-ji à Kanaya-chô, mais en raison du manque de place et de la nécessité pour tous d'aller à l'école, nous avons loué un terrain de deux cents bu[1] à Higashi-babachô et ouvert une nouvelle école pour les filles du quartier de Higashi-Kuruwa.

12 janvier, an 9 de l'ère Meiji. (1976)
Maires adjoints : MM. Tamagawa, Itô et Nakajô.

Règlement de l'école

1 – Les cours commencent à 9 heures et se terminent à 15 heures. Chaque début de cours est annoncé par un coup de pistolet.
2 – Toute élève doit arriver chaque matin avec sa carte scolaire et la reprendre en fin de journée. Celle qui ne peut venir pour cause de maladie doit faire prévenir et laisser à l'école sa carte accompagnée d'un mot d'absence. La carte lui sera rendue à sa reprise des cours.

---

1. Environ 660 m^2.

3 – Chaque matin, l'élève doit apposer son sceau sur le livre de présence et, en cas d'oubli, elle sera considérée comme absente.

4 – Le pinceau, le papier, l'encre pour la calligraphie, les aiguilles et le fil pour la couture sont à la charge des élèves.

5 – Les élèves qui n'auront pas prévenu de leur absence seront pénalisées et devront payer 50 sens par jour d'absence.

6 – Les retardataires devront payer 25 sens. En cas de motif sérieux, la somme ne sera pas réclamée, mais plus de deux heures de retard seront sanctionnées et le règlement sera appliqué.

Nyôkoba / Atago-machi,
12 janvier, an 9 de l'ère Meiji.

(Un règlement qui paraît plutôt sévère à la lecture de ces paragraphes concernant les absences et les retards.)

Ci-dessous le règlement d'un autre Nyokôba :

Règlement du Nyokôba de Sakai à Osaka

— Les élèves ont accès à trois niveaux de cours qui commencent à 8 heures et se terminent à 15 heures.

— Les élèves doivent être âgées de plus de 13 ans. Les nouvelles inscrites suivent les cours du premier niveau.

— Les élèves sont réparties par groupes de cinq, chacun sous la responsabilité d'un chef de groupe tenu de faire respecter le règlement et de contrôler les entrées et sorties.

— Les élèves passent un grand examen au printemps et à l'automne.

— Les élèves passent un petit examen à la fin de chaque mois.

— Un cours de morale est donné entre 14 et 15 heures les jours du mois qui se terminent par les chiffres 4 et 9...

Février, an 8 de l'ère Meiji (1875).

Le Nyokôba de Sakai ressemblait à une école privée et deviendra plus tard un « Atelier de couture ». Il est à noter que dans ce règlement ne figurait aucun paragraphe concernant les mesures de discipline. L'établissement du Nyokôba participait ainsi à la tendance générale de l'époque : donner un enseignement aux filles.

Le Nyokôba de Kinu avait déjà vingt-cinq ans d'existence. La longue bâtisse se dressait sur la rive droite de l'Asanogawa devant la rangée de cerisiers. Des tatamis recouvraient le sol de toutes les pièces à l'exception du parquet de la grande salle du premier étage. Après avoir ouvert la porte à claire-voie, les élèves se déchaussaient dans l'entrée puis rangeaient leurs chaussures dans des casiers et accrochaient leur parapluie sur la poutre transversale qui servait de porte-parapluie, et sur laquelle on pouvait lire le nom de chacune écrit à l'encre de Chine, à intervalles réguliers.

La première fois, Kinu eut du mal à trouver le sien, car elle cherchait « Yamaguchi Kinu » au lieu de « Yoshida Kinu, du Fukuya ».

Le rez-de-chaussée se divisait en quatre pièces dont les cloisons de séparation étaient généralement ouvertes. Là s'alignaient trois rangées de tables basses anciennes sans chaises, en bordure de tatami. Les jours de pluie, on allumait les lampes. Les livres de classe restaient à l'école à la disposition des élèves. Elles ne les apportaient pas de leur *okiya*. Les tristes manuels de lecture usagés n'avaient qu'une page avec une tache de couleur : celle du dessin représentant le drapeau du Soleil-Levant. Le professeur indiquait qu'il s'agissait du drapeau national, et grâce à cette explication, une élève réalisa un jour pour la première fois qu'elle regardait son livre à l'envers. Cette femme était bien plus âgée que Kinu, les élèves du Nyokôba ayant de sept à près de trente ans.

Aux côtés de ces adultes incapables de savoir quand elles tenaient leur livre dans le bons sens sans le support d'une image, la jeune Kinu comprit très tôt que ne pas apprendre dans son enfance à lire et à écrire correctement constituait plus tard un sérieux handicap. Elle écoutait donc attentivement le professeur les yeux fixés sur elle. Seule femme à exercer au rez-de-chaussée, celle-ci enseignait à chaque élève des choses différentes, tout en portant son bébé qu'elle allaitait régulièrement. Garçon ou fille, on n'aurait su le dire. Car le bébé, qui pleurait pour un oui ou pour un non, était toujours enfoui dans des vêtements aux motifs de fleurs jaunes réservés aux enfants.

« Vous devez toutes apprendre à lire et à écrire en priorité les six lettres suivantes : O-A-N-S-A-N, nous expliquait notre professeur. Elles vous seront bien utiles quand vous aurez besoin d'écrire un mot à un client important, puisque c'est ainsi que l'on nomme ces messieurs : *oansan*. »

Les soirs de pluie, quand les clients ne venaient pas les voir, les geishas leur écrivaient de petits mots en léchant la pointe de leur fin crayon. Kinu garde précieusement dans une boîte les lettres quelle recevait autrefois des *oansan*, comme celle d'un juge diplômé de l'actuelle université de Tôdai. Des dessins colorés représentant un parapluie en papier huilé, une chaufferette ou encore une épingle à cheveux ornementale viennent agrémenter le texte écrit au pinceau sur le papier en rouleau.

Kinu était considérée au Nyokôba comme une enfant intelligente. Le professeur lui demandait souvent d'aider des femmes plus âgées qu'elle à écrire. En dehors de l'écriture et de la lecture, elle apprenait le calcul, le boulier, la couture, mais elle avait plus de mal pour les matières artistiques. Il faut dire que le professeur se montrait extrêmement sévère. Comparée à la femme du rez-de-chaussée au visage rond et souriant qui enseignait, son bébé sur les hanches, le professeur des arts de divertissement du premier était maigre et irritable. « Elle a une face de renard ! » chuchotaient les élèves.

Mais tandis que dix personnes à peine fréquentaient le cours du rez-de-chaussée, à l'étage, les classes toujours bondées accueillaient jusqu'à trente ou quarante élèves. Les élèves pouvaient apprendre tous les arts traditionnels comme le *shamisen*, la danse *te-odori*, le tambour *taiko* et également la cérémonie du thé *cha-no-yu* enseignée par un autre professeur âgée de plus de cinquante ans. Aucun homme au Nyokôba. Rien que des femmes – élèves et professeurs. Kinu s'appliquait autant que possible dans l'atmosphère étouffante de cette salle où flottait l'odeur de la poudre du maquillage blanc.

« Le plus dur, c'était que cette femme faisait systématiquement preuve de méchanceté à mon égard. Je ne savais pas pourquoi elle me critiquait en tout… J'ai compris par la suite que c'était à cause d'une sœur aînée. »

En effet, le professeur en arts traditionnels du Nyokôba avait découvert qu'une geisha du Fukuya habitant avec Kinu allait prendre des cours chez un autre professeur, sans lui en faire part. Vexée, cette femme se vengeait donc sur les petites filles du même établissement. Et quand arrivait son tour de leçon, Kinu entendait le professeur lui lancer aigrement : « Oh toi ! on verra plus tard… Plus tard ! » Et quand la pauvre élève s'évertuait à exécuter correctement son exercice, l'autre lui criait méchamment : « Espèce d'imbécile ! Essaie de mieux regarder à la fin ! » Pour la fière Kinu, ce devait être difficile à supporter.

Une petite fille recrutée par la propriétaire d'une *okiya* en qualité de servante, *shikomiko*, amenée à devenir une apprentie, apprenait qu'avant d'être belle, il fallait d'abord exceller dans le chant, la musique, la danse et tous les arts d'agrément comme la cérémonie du thé et l'ikebana, où la forme et la grâce sont primordiales. Devant les clients, elle devrait être capable de pratiquer chacune de ces disciplines qui étaient toutes essentielles et primaient sur le reste. Une geisha devait également distraire, tenir compagnie avec talent, se montrer charmante. En un mot, présenter toutes les qualités d'une courtisane accomplie.

Beaucoup de patronnes détestaient voir les geishas, « celles qui excellent dans les arts », entreprendre l'étude de la lecture et de l'écriture au Nyokôba. Il était en effet habituel d'interdire les journaux jusqu'à la fin du remboursement de leur dette. « Les lectures d'articles ne sont pas une bonne chose pour une geisha », ne cessaient de répéter les « mères » à leurs « filles ». Kinu s'entendait dire : « Tu pourrais devenir "dérangeante". Et puis surtout, ne lis pas de livres. Si tu deviens savante, tu ne pourras jamais trouver de protecteur ! » Ces femmes pensaient qu'il valait mieux pour les geishas rester à l'écart de la société et ignorer les nouvelles du monde. Elles ne tenaient pas à ce que leurs jeunes recrues se mettent à réfléchir, et c'était ce qui se passait lorsque celles-ci parcouraient des livres. Dans sa jeunesse, Kinu aimait les romans et en particulier ceux d'Izumi Kyôka qu'elle ne pouvait lire que la nuit et en cachette de la mère. A la lumière de la flamme d'une lampe à pétrole dont la mèche était à peine sortie, elle lisait un livre emprunté à l'un de ses clients, prenant sur ses heures de sommeil pourtant nécessaire après son fatigant travail aux *zashiki*. Kinu appréciait l'écrivain Izumi parce que, me dit-elle un jour : « Comme n'importe quelle adolescente, j'aimais, j'adorais ou j'admirais toujours quelqu'un. Et comme dans notre milieu, de tels sentiments étaient mal vus, je me sentais d'autant plus attirée par ces histoires romanesques qui me faisaient complètement rêver. » Mais son petit manège était très vite démasqué (à cause de la diminution du niveau de pétrole) et plus d'une fois, elle se fit sévèrement réprimander.

« Mais pourquoi m'interdire la lecture ? Je me demandais à quoi pouvait bien ressembler une personne "dérangeante". Et qu'est-ce que ça voulait dire : "Tu n'auras pas de protecteur si tu lis des livres" ? "Eh bien, dans ce cas, tant pis !" me disais-je, je ne veux pas d'un homme qui m'interdise la lecture. J'étais pieds et poings liés, tout m'était interdit. Pour la mère, nous, les petites *taabo*, nous étions ses choses. Comme les bonsaïs que l'on modèle à volonté. Quelle misère que d'avoir été vendue ! »

Empêchée de lire au plus fort de son envie et maintenant âgée de presque quatre-vingt-dix ans, Kinu prend désormais du plaisir à terminer un ou deux nouveaux livres par mois. Une activité qu'elle préfère à la télévision car, dit-elle avec un sourire aux lèvres, c'est bon pour la mémoire.

« Après la leçon de *shamisen*, je pouvais voir scintiller l'Asanogawa quand je sortais du Nyokôba. C'était une très belle rivière qui m'aidait à oublier la colère que j'avais étouffée en moi dans la salle de cours. A travers l'eau transparente et légèrement frémissante, je regardais filer les fins poissons sur les petits cailloux du fond. Un spectacle qui me donnait envie de chanter des *uta*, les chants accompagnés par le *shamisen*.

« Je donnais des coups de pied dans les pierres sur le chemin du retour à la maison en compagnie de mes camarades et je pinçais les cordes du *shamisen* comme je venais de l'apprendre. »

Aussitôt rentrée, Kinu se précipitait devant le placard de la cuisine pour prendre son goûter. C'était la seule nourriture que les enfants recevaient entre les deux repas de la journée, à dix heures le matin et à quatre heures le soir.

Pendant la période des grands froids dans les régions du nord au Japon, on confectionne les *kanmochi*, des biscuits secs de riz d'un genre particulier. Le riz glutineux de ces *mochi* est parfumé aux haricots, algues laminaires, feuilles d'algues vertes et peau de mandarine-orange. Mélangé avec de l'eau froide, le riz est pilé, et la pâte ainsi obtenue découpée en petits morceaux de cinq millimètres d'épaisseur que l'on fait sécher, suspendus ensemble avec des cordelettes en paille tressée. A l'heure du goûter, la domestique posait ces *mochi* sur la grille métallique du brasero et les faisait griller à la chaleur des braises du charbon de bois en les retournant soigneusement plusieurs fois. Kinu aimait cette odeur qu'elle pouvait sentir à peine passé le seuil de la maison.

Dans le placard s'alignaient une dizaine d'assiettes rouges et vertes pleines de ces biscuits secs qui constituaient tout le goûter des enfants en dehors de patates douces cuites à la vapeur. Accablée de questions par la mère sur ses cours de la journée, Kinu avait à peine le temps d'avaler quelques *mochi* avant d'être envoyée au dehors pour faire ses exercices.

En plein hiver, les petites filles devaient s'exercer la voix dans le froid. Soit elles se postaient devant la véranda du premier étage où les volets à pluie grands ouverts laissaient entrer la neige, soit elles affrontaient l'air glacial à l'extérieur.

« Allez, *taata* ! Va dans la rue t'entraîner. Et n'oublie pas de crier de toutes tes forces, hein ! »

Même les jours de neige, elle était obligée d'aller seule dans la rue. Les pieds nus encore mouillés d'avoir marché dans la boue à son retour de l'école, elle devait enfiler à nouveau ses *zôris*, sandales humides en paille compressée et sortir dans cet état. Mais elle ignorait pourquoi.

« Aa ! Aa ! A… A… A ! » articulait-elle.

Parvenue à l'âge adulte, Kinu comprit enfin que le but de ces sorties en plein air consistait à casser très tôt leur voix de petite fille pour la rendre bien posée.

« Dans ma jeunesse, je ne comprenais absolument pas la raison de ces exercices dans le froid. Mais mon regard était naturellement attiré par le ciel noir qui se détachait au-dessus de la rue étroite. Alors, après mes réticences du début, je levais les yeux et l'envie de crier me venait. J'ouvrais enfin grand la bouche.

« Evidemment, les flocons de neige entraient dans mes yeux, dans ma bouche. J'en avalais plein. J'enlevais la neige de mes cils. Je criais maintenant aussi fort que possible. Devant moi se dressaient les cerisiers comme auréolés d'un *wata-bôshi*, une coiffe blanche en coton de mariée, et j'apercevais même le mont Uta-tsuyama. Je criais encore plus fort. La neige de mes cils fondait, j'avais l'impression que les larmes coulaient de mes yeux. Et quelques maisons plus loin, je distinguais à l'angle d'une rue, ou en plein milieu, une ou deux petites filles qui s'exerçaient aussi la voix.

« Et puis, la leçon de tambour… Avant de taper sur l'instrument, je trempais mes doigts dans une cuvette en fer blanc remplie d'eau à ras bords. De froid, le bout de mes doigts devenait tout violet. J'ai appris plus tard que la membrane du tambour avait besoin d'humidité en hiver. L'air trop sec abîmait l'instrument. Mais je n'étais qu'une enfant et je ne comprenais pas pourquoi on me faisait faire telle ou telle chose. Je me contentais d'obéir aveuglément. Nous étions dressées à ne pas discuter les ordres ni à nous révolter. Nous n'en avions d'ailleurs pas la force. »

Kinu se passionnait pour l'étude de la danse, du *shamisen*, du tambour, qu'elle entreprenait sous la surveillance d'une sœur aînée du Fukuya. Sauf la danse. Un professeur venait spécialement à domicile la lui enseigner. Kinu n'avait pas dix ans et lorsqu'elle jouait du grand tambour, celui-ci glissait constamment. Elle passait son temps à essayer de le retenir avec la main et manquait de dextérité pour pouvoir jouer normalement. La geisha désignée comme professeur lui donnait des coups d'éventail dans la nuque, sur les bras, les genoux, si bien qu'elle se retrouvait couverte d'hématomes. Aux doigts, elle souffrait de gerçures suintantes. Les jours de tempête de neige ne changeaient rien à l'affaire, et la pauvre enfant continuait généralement à s'exercer dans d'aussi pénibles conditions deux ou trois heures durant. La geisha criait à tout bout de champ et profitait de la moindre occasion pour la frapper. L'esprit engourdi par le froid, Kinu avait toujours envie d'aller aux toilettes et parfois même, elle faisait pipi sous elle.

Une fois, sous prétexte que son élève ne progressait pas, la grande sœur la laissa seule en guise de punition dans le froid glacial de la petite cour intérieure qui fut soudain envahie par la neige tombée d'un seul coup des quatre toits. Le corps enfoui jusqu'à la poitrine, Kinu ne comprenait toujours pas ce qui avait bien pu déplaire à son aînée. De l'intérieur de la maison, celle-ci la regardait froidement en frappant sur le bord du brasero sa fine pipe, *kiseru*, dont la cendre était pourtant déjà tombée. Mais Kinu se refusa à demander pardon et l'autorisation de rentrer. Elle attendit en silence le bon vouloir de l'autre.

Le professeur de danse était sévère également, mais d'une tout autre manière. Elle ne prononçait jamais un mot, enseignant uniquement par des mouvements du corps et des yeux. Kinu fixait les moindres cillements derrière ses lunettes à montures d'argent. La femme restait toujours assise. Par exemple, elle saisissait du bout des doigts l'extrémité de sa manche de kimono qu'elle avançait ensuite vers ses lèvres dans un gracieux geste érotique symbolisant tout l'art des geishas. Ou bien, elle penchait le buste d'avant en arrière… de droite à gauche… pour montrer les figures à son élève en face d'elle.

Kinu était habillée comme les autres petites *taabo* des années 1900.

L'été, elle portait une veste assez courte en coton rêche laissant dépasser un *koshimaki*, long jupon rouge, que ne maintenait aucun cordon. Une simple pièce de tissu en fait. Pour l'empêcher de tomber, les petites filles l'enroulaient plusieurs fois autour de leur taille mince.

« Si nous étions absorbées par un jeu ou bien en plein travail, alors, c'est sûr, le jupon s'entrouvrait légèrement sur le devant et nous passions notre temps à le remettre en place discrètement.

« Quelquefois cependant, il arrivait que quelqu'un puisse apercevoir notre sexe. Il ressemblait à une pêche de Kizu. Tenez ! l'une de ces pêches fermes et veloutées. Nous ne portions pas de culotte à l'époque. Nos sœurs aînées nous recommandaient de ne pas le dévoiler comme ça et de le protéger précieusement. "C'est ton trésor, petite *taata* !" disaient-elles en riant. Peut-être, en effet, s'agissait-il d'un trésor. Enfin… si l'on veut ! »

Kinu alla elle-même acheter sa veste chez le marchand de tissus voisin qui faisait crédit à la « famille » du Fukuya. A l'époque, les factures se réglaient deux fois l'an : en août, à *l'o-bon*, et à la fin de l'année. Cette veste était soit multicolore, soit vert foncé, bleu ciel ou rose. L'hiver, les petites filles portaient un kimono uniformément rouge sans décoration de fleurs et elles enfilaient par-dessus un gilet sans manches avec un motif de treillis noir et blanc.

Les *taabo* couraient toute l'année, elles ne marchaient jamais. Leurs cheveux sévèrement tirés en arrière leur relevaient les yeux vers les tempes. Elles accompagnaient les geishas en prenant bien soin de rester derrière et transportaient le *shamisen* qui avait quasiment leur taille. Même les jours de neige, elles galopaient en tous sens, les pieds nus dans leurs sandales en paille. Si une *taabo* laissait traîner le *shamisen* par terre… on la punissait. Si elle avait la tête ailleurs… on la punissait. Si elle marchait trop lentement et retardait la geisha… on la punissait. Constamment sur le qui-vive, les petites filles ne cessaient de trembler.

Plus une geisha était belle et talentueuse, plus elle parlait rudement :

« *Taata* ! Va m'acheter un paquet de tabac ! »

« *Taata* ! Va m'acheter un rouleau de papier à calligraphie ! »

« *Taata* ! Après, tu prends un savon ! »

Les grandes sœurs commandaient tout en même temps, si bien que les gamines ne savaient plus où donner de la tête ni quel article elles devaient prendre en premier. Dans un quartier réservé les geishas achetaient tout à l'unité. Même si des femmes habitaient dans la même maison, les courses se faisaient toujours séparément pour chacune d'entre elles et un article après l'autre. Les achats n'étaient jamais groupés. Tard dans la nuit, il arrivait souvent que soit commandé à une *taabo* un bol de nouilles, *udon*. Un seul ! Et la petite fille revenait aussi vite que possible avec son bol.

L'argent de poche était distribué au compte-gouttes à ces petites commissionnaires. Pour acheter quelques confiseries, la mère leur donnait un billet pris dans la pochette des pourboires. Certains billets étaient flambant neuf, d'autres froissés. Après avoir acheté leurs bonbons, les enfants revenaient en serrant bien fort les pièces de monnaie de peur de les laisser tomber.

« Une fois, je me suis fait horriblement gronder. On m'avait dit : "*Taata*, va acheter du *wata*[1] !" Au retour, je jouais avec le grand paquet économique acheté à la droguerie. Le ciel était tout bleu, le temps splendide et *pon ! pon !* je lançais le sac en l'air comme s'il s'agissait d'un ballon en papier. "Hé ! mais c'est indécent de jouer avec ça ! On doit acheter le *wata* en cachette !" Mais je n'ai pas compris ce jour-là pourquoi je me faisais attraper. Absolument pas ! Oh ça non ! En tout cas, qu'est-ce que je courais toute la journée ! Je n'arrêtais pas. »

A l'âge de onze ans, la mère chargea Kinu de ramasser les *hanafuda*, « billets-fleur[2] », dans les maisons de thé. Jusqu'alors, c'était la vieille domestique O-Natsu qui s'en chargeait. Kinu ne se sentit plus de joie car elle eut l'impression d'accéder à une situation de prestige.

Le *hanafuda* était une sorte de billet témoin laissé par les geishas lors de leur passage dans les *zashiki* des maisons de thé. Ce système permettait à l'établissement de calculer le montant exact de leurs honoraires, *hanadai*, « argent-fleur », au tarif en vigueur et sans être obligé de les payer à chaque fois. Un certificat d'enregistrement en quelque sorte. De la taille à peu près

---

1. Coton utilisé pendant la période des menstruations.
2. De nos jours, le *hanafuda* est un jeu de quarante-huit cartes, chacune avec une fleur particulière représentant les douze mois de l'année. Et on peut parier de l'argent.

d'une carte de visite, c'étaient autrefois de belles et épaisses cartes de couleur bleu pâle sur lesquelles était inscrit à l'encre de Chine :

Rendez-vous – Maison : ...
Fille : ... Jour : ... Mois : ...
Nombre d'heures : ...

Les heures correspondaient à la durée du divertissement. Une heure dans un quartier de plaisirs équivalait en réalité à quarante-cinq minutes. Chaque heure, le serviteur masculin avait pour tâche de claquer un coup avec ses battoirs dans une petite pièce de l'établissement. A ce signal, les geishas commençaient à se préparer pour le départ, une manière d'annoncer aux clients la fin de l'heure du *zashiki*. S'ils désiraient partir, quinze minutes de battement étaient données aux femmes pour raccompagner les hommes jusqu'à la sortie.

Cette unité de quarante-cinq minutes dérive d'une vieille coutume. En effet, on calculait l'heure passée avec une « femme qui excelle dans les arts » sur le temps que met un bâton d'encens à se consumer, à savoir une quarantaine de minutes.

« Mais de nos jours, les *hanafuda* sont beaucoup plus minces et ils ne sont plus aussi beaux. »

Kinu étendit le bras sur la droite pour attraper une boîte à gâteaux qu'elle ouvrit avec respect. Je vis apparaître des liasses de cartes roses faisant deux ou trois centimètres d'épaisseur avec inscrit dessus le nom des geishas.

A présent, le 2 et le 17 de chaque mois, Kinu apporte ces cartes au *kenban*, le bureau d'enregistrement des geishas, pour toucher sa commission. Le montant dépend du pourcentage calculé sur les honoraires de geishas et qui varie selon les époques.

Au début de l'ère Meiji (1968), les honoraires de geishas s'appelaient « argent-encens » et le bureau comptable du quartier de plaisirs « bureau-encens ». Et au lieu de compter en heures, on comptait en bâtons d'encens. Huit dixièmes du prix payé par le client revenait à la maison de thé, ce qui ne laissait que deux petits dixièmes à la geisha.

Puis avec l'institution du *kenban*, ces taux évoluèrent considérablement. Le premier bureau s'ouvrit en février 1875 dans le quartier de plaisirs Shimbashi Hanamachi, un « quartier-fleur » de Tôkyô. Il s'en créa très vite d'autres ailleurs mais, à l'origine, les patronnes d'*okiya* s'étaient associées et avaient créé cet établissement pour surveiller les mœurs de leurs filles. Le rôle du *kenban* changea sensiblement au fil des ans et celui-ci devint finalement un organisme chargé de fixer le pourcentage à prélever sur les honoraires de geishas, de récupérer l'argent et de partager les sommes entre les parties concernées.

Lorsque Kinu devint geisha en titre, c'est-à-dire à la fin de l'ère Meiji, la geisha gardait six dixièmes de ses honoraires, les quatre dixièmes restants étant partagés en trois parts égales entre le *kenba*, l'*okiya* où était enregistrée la geisha et la maison de thé qui l'avait appelée.

En 1980, une heure passée avec une geisha coûtait mille yens. Sur cette somme, la geisha en recevait la moitié. L'autre moitié était divisée en quatre parts égales pour le *kenban*, le restaurant, l'*okiya* dont dépendait la geisha et la maison de thé. Le changement était ce nouvel intervenant, le restaurant.

En dehors de leurs honoraires, les geishas recevaient des *shûgi*, les « pourboires ». De Meiji aux premières années de Shôwa, ils étaient rares et d'un montant peu élevé. En outre, dix pour cent revenait à l'*okiya*. Le montant actuel des pourboires est au contraire élevé et représente la totalité des revenus des geishas.

Les mères des maisons de geishas envoyaient dans toutes les maisons de thé leurs petites *taabo* qui recevraient elles-mêmes un jour des honoraires, *hanadai*. Kinu ne pouvait pas en comprendre la signification exacte. Qu'il neige ou non, elle allait pleine d'entrain ramasser les cartes *hanafuda*, toujours chaussée de ses sandales en paille et heureuse de servir un peu à quelque chose. La petite fille aspirait plus que tout à devenir une geisha. Le plus vite possible.

« Je me répétais jour après jour : "J'ai hâte de porter un *furisode*, le magnifique kimono à longues manches des apprenties geishas. Je veux marcher avec légèreté et élégance." Parfois, au coin d'une rue, après avoir vérifié que personne ne me regardait, j'avançais en relevant discrètement un pan de mon kimono, comme font les grandes sœurs qui laissent voir leur vêtement de dessous coloré. J'étais fière de me prendre pour une geisha. »

4

Apprentie geisha

L'apparition des premiers bourgeons sur les arbres de Mukôyama annonçait la fête du Printemps dans le quartier de plaisirs.

A partir du 2 mai, on célébrait pendant trois jours Bishamon, le dieu des guerriers, l'une des sept déités du Bonheur. Kinu se réjouissait. Tous les ans, elle attendait ce moment avec impatience. Car, vêtue d'un beau kimono, *furisode*, aux longues manches, elle pouvait jouer à la geisha. Avec l'impression qu'elle en était une pour de bon. Et, détail non négligeable, elle se trouvait exempte de ménage et de commissions. Trois jours durant lesquels se concrétisait son rêve quotidien de devenir geisha. La fête de l'année 1904 fut encore plus exceptionnelle, car la mère lui dit que bientôt, à la fin de la saison des cerisiers en fleurs elle pourrait aller à un *zashiki*, ce qui signifiait faire son entrée dans le monde des geishas.

Pendant la fête, tous les volets des vérandas du premier qui donnaient sur la rue principale étaient grands ouverts. A la balustrade où s'appuyaient les clients, on avait attaché des rubans pourpres. Autour des hommes se tenaient assises plusieurs geishas. Kinu se joignit au groupe et tendit le cou pour essayer d'apercevoir par-dessus les épaules la danse *te-odori*, en bas dans la rue.

Vêtue de son beau kimono, Kinu versait du saké en se prenant les mains dans les longues manches. « Ça y est, se disait-elle, j'ai vraiment l'air d'une geisha ! »

Les geishas se produisaient sur une estrade aussi haute que celle du *bon-odori*, le festival de danse de l'*o-bon*, la fête des Morts. Tout le monde pouvait les voir. Kinu enviait les joyeuses geishas qui, en compagnie des clients, regardaient le spectacle en buvant, chantant, jouant du *shamisen*, sous les premiers bourgeons des fleurs de cerisiers, tardifs dans ce pays du nord où l'hiver dure très longtemps.

Parfois surgissait bruyamment le lion de *shishimai*[1] et son assaillant. Une danse encore très populaire de nos jours à Kanazawa. La gestuelle de celui qui attaque le lion avec un long bâton est remarquable. Le masque en bois du lion était prolongé par le corps constitué d'un tissu en lin de sept mètres de long décoré avec des motifs de fleurs de cerisiers ou de pivoines et sur lequel on avait peint une longue crinière. Le tissu était fixé à plusieurs arceaux de bambou. A l'intérieur, des geishas jouaient du *shamisen*, du tambour ou de la flûte, et « l'animal » déambulait à travers tout le quartier, dansant de maison en maison dans la grand-rue, les ruelles, les arrière-ruelles.

Le personnage de l'attaquant portait une longue jupe-culotte de cérémonie, *hakama*, sur un kimono de coton piqué blanc, la tête recouverte de longs cheveux en bataille. Bravant vaillamment l'ennemi, il avançait courbé, les genoux très pliés. De temps à autre, il s'arrêtait et prenait la posture de l'attaque, faisant voltiger les gravillons d'un coup de pied nerveux. A chaque fois que Kinu le voyait prêt à bondir, elle retenait son souffle. Les geishas dissimulées sous le tissu du lion s'étaient

---

1. « Danse du lion » destinée à chasser les mauvais esprits.

peint des lèvres cramoisies et avaient étalé un épais fond de teint blanc sur leur visage et leur nuque. Chacune portait un *shamisen*, et les jambes pâles découvertes par les kimonos qui s'entrouvraient dans le bas pendant la marche troublaient le regard des spectateurs.

Les gens mangeaient un repas de fête : dorade à la vapeur, omelette roulée sucrée, feuilles de fougères, *kamaboko* rouges et blancs... Sans oublier le principal, les *oshizushi*, des boulettes de riz pressées recouvertes de tranches de poisson ou de coquillages et préparées dans des boîtes de bois rectangulaires à la manière de Kanazawa. Le spécialiste place des tranches de poisson sur des laminaires ou des feuilles de bambou nain, puis il ajoute le riz pour sushis légèrement assaisonné de vinaigre et parsemé, au printemps, de feuilles de poivre du Japon et de gingembre râpé ; en automne, ce sera du cédrat et du kumquat. Comme poisson de garniture, il utilise, au printemps, la sardine et la dorade, et en automne, du maquereau et du bar. Les sushis pressés dans la boîte pendant toute une nuit avant d'être retirés du moule et coupés en tranches donnent un goût très particulier et excellent au riz vinaigré.

A la fin de la danse, les geishas se régalaient de toutes ces bonnes choses, regroupées autour des clients. Au son du tambour de Bishamon, elles se laissaient griser par l'odeur des sushis et sentaient passer le souffle du vent dans les feuilles de cerisiers.

Désormais vivaient au Fukuya sept geishas logées et nourries dont Tatsukichi, l'aînée, et O-Waka, Kogane, Tenkatsu, Shimemaru, Koyakko, Chôko. Le soir, d'autres geishas et prostituées les rejoignaient.

Tatsukichi était connue pour sa forte personnalité. De très petite taille, elle avait les cheveux noirs et clair-semés. Très volubile, la démarche vive et les jambes arquées, elle avait des manières d'homme. Les enfants du coin se moquaient d'elle et la surnommaient « le mec » ou bien « la vieille toute ratatinée ». Les clients de l'établissement n'hésitaient pas non plus à parler d'elle en disant : « le vieux » ou « face d'homme ».

« Eh bé ! s'il n'y avait que la beauté qui compte pour une geisha, j'irais pas loin ! Mais s'il y en une à Higashi-Kuruwa qui soit une meilleure artiste que moi, alors, qu'elle se lève ! » s'exclamait-elle.

Aucune geisha de Higashi-Kuruwa ne s'est jamais montrée aussi fière. A près de quarante ans, cette femme détonnait dans ce milieu avec son franc-parler.

Capable de tout jouer, c'était une virtuose dans chaque discipline : flûte, *shamisen*, tambour, danse, chant.

« Personne ne bat le tambour comme Tatsukichi, ni ne joue du *shamisen* aussi bien. Personne ne chante ni ne danse comme elle », disaient les geishas avec respect.

De plus, leur aînée se vantait d'avoir appris seule sans l'aide de professeurs, et le bruit courait qu'elle avait été dans le temps une artiste ambulante.

S'étant pris d'une affection particulière pour Kinu, elle l'emmenait partout. « *Taata !* viens, je t'emmène. » Tatsukichi la laissait porter ses affaires et marchait dignement en plein milieu de la rue, le buste cambré et les mains vides. Déjà grande pour son âge, Kinu dépassait en taille la fière geisha, et, dans la rue, elle se tenait à un mètre environ derrière elle. Une geisha qui croisait Tatsukichi lui cédait toujours le passage : « Je vous en prie… après vous. » « Ben oui ! remerciait Tatsukichi, j'vais faire mon boulot, je vais gagner du fric… » Kinu avait honte de ce langage masculin et chaque fois, elle baissait les yeux.

Seulement, lorsque la « vieille » geisha arrivait tous les matins de chez elle à Kannon-machi, pour prendre son petit déjeuner au Fukuya, elle faisait preuve d'une politesse sans pareil. Elle apparaissait chaque jour à dix heures et demie tapantes. Après avoir ôté et rangé soigneusement ses chaussures dans l'entrée, les deux pointes tournées vers la sortie, elle s'agenouillait sur le parquet pour saluer respectueusement avec une profonde inclinaison, trois doigts de chaque main posés à plat sur le sol. « *Ohayô okkasan* ! Bonjour, mère ! *Ohayô* à vous toutes ! J'espère que vous allez bien, *beebe* ? » Deux fois... trois fois... elle se redressait, changeait de direction et se prosternait à nouveau, son corps menu presque allongé sur les tatamis. Elle se montrait si polie et restait si longtemps penchée en gardant son attitude humble que l'interlocutrice, qui avait déjà relevé la tête, repartait dans une nouvelle inclinaison. Sa dignité de « chef des geishas » du Fukuya se manifestait jusque dans ces saluts sans importance, et Kinu éprouvait de plus en plus de respect pour les arts traditionnels et une telle personnalité.

Tatsukichi demandait sans arrêt à Kinu : « Dis donc, petite, tu veux devenir vite une geisha ? » Elle-même n'avait pas connu, à l'instar de Kinu, les années *taabo*. Lors de son arrivée dans le quartier de plaisirs, Tatsukichi avait plus de vingt-cinq ans, et dès son enregistrement au Fukuya, elle avait participé aux *zashiki* en qualité de geisha confirmée, avec un niveau élevé dans la pratique des arts. Tous ignoraient où avait vécu cette geisha auparavant et ce qu'elle faisait. Elle disait ne plus avoir de famille, et qui sait si son attachement pour Kinu n'était pas dû à une enfance personnelle très difficile ? Tatsukichi avait constaté comme la vie de Kinu, petite *taabo*, était dure. Elle l'avait vue faire des commissions nuit et jour, le corps trempé de sueur l'été, les pieds et les mains souffrant de terribles gerçures l'hiver. Tatsukichi pensait que si Kinu devait de toute façon devenir un jour une geisha, autant que ce fût le plus vite possible et qu'elle aille rapidement à des *zashiki*. La petite fille pourrait enfiler des chaussettes, *tabi*, avec le gros orteil séparé, et des *kata-geta*, les très hautes socques en bois des apprenties geishas, qu'elle ferait résonner en marchant fièrement dans les rues.

Le quartier de plaisirs était un monde à part, où la crainte de déranger le voisin n'existait pas. On jouait du tambour en pleine nuit, des femmes et des hommes s'enlaçaient en plein milieu de la rue, et personne n'y trouvait à redire. Mais Kinu vivait depuis l'âge de huit ans dans un endroit très particulier qui ressemblait à un village, et à la question de Tatsukichi lui demandant si elle voulait devenir rapidement une geisha, son cœur battait très fort, heureuse que son aînée lise en elle son impatience et son envie de devenir geisha.

Une fille participait à son premier *zashiki* à l'âge de douze ans en tant que *geisha furisode*, « geisha aux longues manches flottantes », ou encore « geisha au col rouge », et elle faisait ainsi ses débuts comme apprentie.

Tout un rituel accompagnait cet événement dans le quartier des maisons closes de Kanazawa. La mère donnait d'abord un nom d'artiste à la jeune fille. De *taata*, Kinu devint donc Suzumi. Des *manjû*, boulettes à base de farine de blé fourrées de haricots rouges sucrés, blancs et rouges, étaient offerts aux maisons de thé et aux nombreuses relations. Une maison de geishas raffinée plaçait ces gâteaux dans une boîte en laque de Wajima à quatre étages enveloppée dans un carré de soie que le serviteur portait très haut en signe d'extrême politesse. Il escortait la petite nouvelle somptueusement vêtue, accompagnée de sa grande sœur-marraine de l'*okiya*. Le petit groupe s'en allait à travers le quartier réservé. La jeune geisha s'arrêtait dans chaque maison pour se montrer, saluer, offrir ses présents. Ensuite, quelquefois avec le serviteur, mais toujours en compagnie de son aînée, elle se rendait en pousse-pousse chez tous les traiteurs de la ville pour se présenter.

Il va sans dire que le respect de cette tradition coûtait une petite fortune. S'il s'agissait de sa vraie fille, ou d'une fille adoptive qu'elle voulait désigner comme son successeur, la mère de l'*okiya* prenait tout à sa charge. Mais jamais dans le cas d'une fille adoptive ordinaire. C'était alors à la geisha ayant utilisé quotidiennement les services de la jeune *taabo* de payer les frais d'habillement, de nourriture et du reste, avec l'aide de quelques généreux clients.

Curieuse coutume cependant, car la patronne ne déboursait pas un sou alors que les gains de la nouvelle geisha iraient ensuite directement dans ses poches. De plus, même si la grande sœur se faisait aider financièrement par ses fidèles clients, elle déboursait personnellement une somme d'argent relativement importante. Cela augmentait le montant de sa dette à l'*okiya* et pouvait retarder la fin du remboursement.

La nouvelle geisha épaulée par sa grande sœur pour faire son entrée dans le « monde » éprouvait de la reconnaissance. Se sentant redevable à vie, elle n'hésitera jamais dans l'avenir à lui rendre des services, la couvrir de compliments mais aussi faire preuve d'obéissance. Pour Kinu, ce fut évidemment Tatsukichi qui joua le rôle de *sa* grande sœur.

Kinu devint « geisha aux longues manches flottantes » un 1er mai. Le jour anniversaire de ses douze ans exactement.

« "A partir d'aujourd'hui, me dit mère, le petit *isasa* se trouve mêlé aux grands poissons. Arrange-toi pour exercer sérieusement le métier de geisha." » (L'*isasa* est un petit poisson blanc transparent que l'on pêche à Noto. Une métaphore pour expliquer que bien qu'encore une enfant, Kinu était désormais considérée comme une adulte.)

Kinu portait de longues manches rouges décorées d'iris et de chrysanthèmes. « Trois fois par jour, trois fois par mois, douze superpositions à la fin du mois », avait-elle récité en faisant semblant par trois fois d'habiller le grand pilier noir du salon. C'était l'usage à Higashi-Kuruwa avant de mettre un nouveau kimono. Depuis l'âge de douze ans et jusqu'à il y a une dizaine d'années, Kinu a prononcé docilement ces paroles incantatoires.

De maisons de thé en maisons de thé, Kinu – ou plutôt Suzumi – répétait les mêmes et seules paroles : « Pourriez-vous appeler votre mère, s'il vous plaît… pourriez-vous appeler votre mère, s'il vous plaît… » Et comme elle avait suivi à la lettre les directives de Tatsukichi qui lui recommandait d'adopter une attitude humble en se prosternant autant que possible, ses longues manches étaient horriblement salies à la fin de la journée, et la mère la réprimanda sévèrement.

En ce temps, les plus riches clients de Higashi-Kuruwa, amateurs de fêtes fastueuses, appartenaient aux baronnies Honda et Yokoyama. Les geishas appelées à leurs banquets se sentaient très honorées. On les nommait « geishas Honda » ou « geishas Yokoyama », et ces deux groupes comprenaient chacun une dizaine de femmes d'établissements supérieurs ou moyens. Kinu en fait partie grâce à Tatsukichi, une geisha Yokoyama, et comme elle participait à nombre de *zashiki* en raison de sa popularité grandissante, la jeune novice n'avait plus le temps de souffler.

D'un naturel peu timide, Kinu ne s'inquiétait pas trop pour Yokoyama à ces soirées que toutes ses compagnes trouvaient pourtant fastidieuses tant il fallait être aux petits soins. Elle se préoccupait plutôt de ses aînées. A son arrivée, Kinu saluait d'abord la rangée de geishas assises sur les talons à l'entrée de la salle du banquet où on l'avait appelée. « *Neesan... anyato !* Je vous remercie, sœur aînée... » Puis elle servait tour à tour chaque convive, depuis la place d'honneur jusqu'au bout de la table : « Monsieur, un peu de saké, je vous prie. » Quand l'un d'eux s'écriait : « Comme tu es mignonne ! Eh bien... montre-nous une figure de danse ! », Kinu changeait de *tabi* dans un coin de la pièce puis prenait une pause, un éventail dans la main. Kinu me raconta comme ces jeunes et fraîches geishas remportaient du succès. Un vrai plaisir pour les yeux que ce spectacle de kimonos fleuris aux longues manches. Tous en raffolaient, et elle était très occupée chaque jour.

« "Tu descends au rez-de-chaussée chercher du saké... tu coupes les mèches des chandelles... et surtout tu apportes de l'animation et de la gaieté dans les *zashiki*", me répétaient mes aînées. Alors, je m'agitais en tous sens et ponctuais les conversations de : "oh... ! ooh... ! ooooh... !" Je n'arrêtais pas... Je dansais, jouais de la flûte, du *shamisen*, du tambour, j'agitais mes mains, mes pieds... Ma période de geisha en herbe dura trois ans. Des années vraiment pleines. »

Comme Higashi Kuruwa comptait plus de deux cent dix-huit geishas et prostituées, les bruits de pas ou de voix retentissaient toujours dans les étroites ruelles, sans oublier les allées et venues incessantes des serviteurs et des petites filles. Pour signaler la fin de l'heure, le serviteur claquait avec ses battoirs dans l'antichambre à l'étage du dessous. Mais même si une geisha arrivait essoufflée dans un *zashiki* juste avant le signal et ne restait assise que cinq petites minutes, elle était payée pour une heure selon le tarif en vigueur des *hanadai*. Par conséquent, tout le monde courait constamment.

Le serviteur accompagnait la geisha débutante dans les maisons de thé. « Vous la voulez ? » demandait-il à la patronne. « D'accord… laissez-la ! » lui répondait-on, ou bien : « Non, je vous la laisse, je n'en ai pas besoin. » En cas de réponse négative, le couple se précipitait à la maison de thé suivante où se donnait une autre réception. Son *shamisen* dans un bras, ses longues manches dans l'autre, la geisha courait, hors d'haleine, le long ruban du nœud de son *obi* ballottant dans le dos.

« Haa… j'en peux plus, j'peux plus respirer », laissaient échapper les jeunes geishas quand elles se croisaient dans les étroites ruelles. Toutes désireuses d'obtenir des *hanadai* supplémentaires, elles s'engouffraient dans plusieurs *zashiki* de suite. C'est sans doute à cette époque que Kinu apprit les astuces du métier. Par exemple : elle participait à un banquet pendant à peine trente minutes puis s'éclipsait, avant la fin de l'heure en étant payée normalement, sous prétexte de se rendre comme promis dans un autre établissement où l'attendaient des clients. Pur mensonge en réalité, car avant de se présenter au prochain *zashiki* prévu, elle avait le temps d'en trouver encore un ou deux. C'est ainsi que les geishas augmentaient leurs honoraires et Kinu comprit comment ses aînées s'y prenaient pour faire des affaires.

Kinue s'était vue attribuer par la patronne le nom de Suzumi, et un soir de son premier été en tant qu'apprentie geisha, elle eut l'occasion d'aller en amont de l'Asanogawa, jusqu'au pont Suzumibashi. Elle ne connaissait pas bien les raisons qui avaient conduit la mère à lui attribuer ce nom de Suzumi, mais à cette époque, on choisissait souvent un nom de pont, d'une région ou d'une douve. Peut-être la mère aimait-elle l'Asanogawa.

« Suzumi ! si nous allions tous prendre le frais au bord de la rivière ? Oh, mais… on devrait choisir le Suzumibashi ! » proposèrent ses camarades.

Un sourire d'approbation éclaira le visage de Kinu qui ne réalisait pas encore bien qu'elle s'appelait désormais Suzumi. Malgré son beau kimono, elle se sentait triste sans savoir pourquoi, et bien que ce moment tant attendu, « être une geisha », était arrivé, elle ne se faisait pas à son nouveau nom.

C'était la fin de l'été. Les six geishas et leurs trois clients appréciaient la fraîcheur du soir après la chaleur étouffante du mois précédent. La brise de la rivière soufflait agréablement dans le chignon *ichôgaeshi*[1] de Kinu, légèrement soulevé à la racine. Quand le groupe arriva au Suzumibashi, les lucioles dansaient au-dessus du murmure des eaux. Elles ressemblaient à une nuée de petites étincelles, et, de temps à autre, un coup de vent les projetaient en avant comme un jet de gouttelettes d'une vague rejaillissante. Kinu se souvint des feux que les pêcheurs utilisaient pour leurrer le poisson, lors de son enfance à Uodo. Dans son esprit, lucioles et feux des pêcheurs se mêlaient dans l'air, semblables à une longue flammèche tremblotante.

Tout à coup, Kinu sentit quelqu'un lui toucher la poitrine. C'était la première fois ! Soudain, la vigoureuse main droite d'un client venu se plaquer contre elle se glissa par la large ouverture de l'emmanchure de son kimono et lui saisit le sein droit. Choquée, Kinu se tortilla pour se dégager mais en vain, la main restait collée sur le sein. Elle sentit les pulsations de son cœur s'accélérer et les lucioles émettre plus de lumière.

Dans l'obscurité, elle tenta de distinguer le visage de l'homme. Il avait une belle peau blanche, celle d'un jeune maître d'une maison de commerce existant depuis

---

1. Coiffure simple et élégante. Ce chignon séparé en deux de chaque côté de la tête est assez plat et bas, avec un ruban de papier au milieu recouvert d'un tissu cloqué. Une grande boucle divise le chignon et ressort à l'arrière.

des générations. Kinu sursauta car il s'agissait du jeune père qui venait de fêter dans la maison de thé, en sa présence, la naissance de son premier enfant. La jeune geisha débutante se demanda si tous les hommes se comportaient de la sorte, mais elle comprit qu'en fait, elle n'avait d'autre solution que de se laisser faire. Ses aînées lui avaient enseigné que l'une des règles de son métier consistait à ne pas s'opposer aux clients dans un *zashiki*, quoi qu'ils fassent. Par conséquent, quand elle allait ensuite dans la nuit prendre le frais sur la berge en leur compagnie, elle devait considérer cette sortie comme le prolongement du *zashiki* et ne pas repousser un tel geste.

Kinu se dévouait corps et âme aux adultes. Elle n'avait que douze ans. Avant que soient rassemblées dans l'*okiya* toutes les geishas, vers onze heures du matin, les apprenties devaient avoir terminé les préparatifs, ceux des vêtements en particulier. Dans la salle d'habillage, elles avaient aligné soigneusement – en ayant pris soin de respecter l'ordre à suivre – les kimonos, les accessoires, les *tabi*… et elles passaient ensuite à leurs aînées un à un, à chaque signe du regard, les articles demandés : long kimono de dessous, cordons, etc. Dans le vestibule, elles rangeaient les chaussures en position du départ, et, les jours de pluie, elles ouvraient le parapluie quand l'une des grandes sœurs sortait, relayées ensuite par le serviteur. Une novice restait debout près d'une geisha plus âgée et étudiait son art du maquillage ou de l'habillage en la regardant faire, fascinée par sa façon de peindre un sourcil ou sa manière d'ajuster son costume jusqu'au moindre accessoire. La mère d'une *okiya* choisissait dans son établissement une geisha confirmée, de talent, pour former sa petite favorite et lui montrer les manières correctes lui permettant de devenir une geisha de premier rang.

Comme ces « courtisanes de haut rang » tenaient compagnie à des clients habitués au luxe, la jeune débutante destinée à une si belle carrière apprenait les secrets de l'érotisme mondain, le raffinement naturel et toutes les bases de sa culture. Une apparence soignée était primordiale. C'est pourquoi, dès l'âge de treize, quatorze ans, Kinu passait beaucoup de temps à « polir son corps ». Koyakko, une apprentie de quatorze ans, lui dit un jour : « Souviens-toi toujours de ça : tu peux embellir, affiner même, beaucoup de parties de ton corps. Il suffit de le polir. Tu verras, il va briller. » La jeune fille lui montra comment frotter soigneusement sa nuque à partir du lobe de l'oreille avec un petit sachet de son. Puis elle poursuivit : « La forme des yeux, le nez petit ou grand, ça, tu ne peux rien y faire puisqu'ils te viennent de tes parents. En revanche, avec des efforts quotidiens, tu peux vraiment améliorer ton physique. » De ce jour, Kinu voulut devenir une geisha avec une belle nuque.

Les geishas se tenaient assises en rang dans la salle d'habillage, leur long torse dénudé. De nos jours, elles sont mieux proportionnées et, surtout, elles ont de la poitrine, comparé aux femmes du début du siècle chez qui elle restait bien discrète. Pour préparer leur fond de teint, elles diluaient dans une cuvette en métal de la poudre blanche avec de l'eau, puis elle l'étalaient avec soin sur tout le visage, le cou et la nuque très dégagée. Ensuite, elles mettaient trois légères touches de rouge pour rendre les nuances d'ombre et de lumière.

Posées sur la coiffeuse, des grenouilles en porcelaine, un mâle et une femme, reposaient sur un petit coussin plat en crêpe rouge devant lequel les geishas plaçaient une coupelle d'eau. Par superstition, elles pensaient ainsi attirer le client. Le maquillage terminé, commençait la séance d'habillage. D'abord, le jupon *koshimaki*, un pagne en tissu de coton blanchi, et le *susoyoke*, celui-là en crêpe de soie écarlate, puis le *hada-juban*, le sous-vêtement du haut porté directement sur la peau, et le *naga-juban*, le long kimono de dessous. Jusque-là, rien que des sous-vêtements traditionnels. La différence se trouvait dans le col du sous-kimono, d'ordinaire pastel, qui était dans une étoffe luxueuse, brodée en fils de brocard or, ou rose foncé. Le bas du kimono touchait terre comme une traîne. Pendant que les geishas se préparaient dans cette pièce, Kinu restait debout à servir ses aînées et entretenir la conversation. Chacune lui semblait magnifique, et la jeune débutante comprit que leurs manières raffinées, leurs gracieux mouvements si naturels étaient le résultat de longues années d'un apprentissage très sévère.

Kinu, de son côté, se faisait aider par la jeune *taabo* Sato, sa sœur âgée de sept ans.

En 1906, son père Hisatarô mourut, à l'âge de cinquante-six ans. Après trois ans de maladie et de soucis, son visage couperosé d'alcoolique avait pris un teint terreux et sa maigreur faisait peine à voir. Même alité, il avait gardé près de son oreiller une bouteille de saké et ce n'est que peu avant sa mort qu'il cessa, à son grand regret, de boire, vaincu par la maladie.

Kinu, âgée de quatorze ans, retourna pour la première fois dans la maison paternelle et pria pour le défunt. Elle se sentait triste finalement, sans pour autant verser de larmes.

« On ne pleure pas de tristesse, c'est de joie que l'on doit pleurer », pensait-elle d'après ses expériences vécues ces dernières années. Une dizaine de personnes seulement, des voisins pour la plupart, assistèrent à cette triste cérémonie funéraire. Resté pauvre tout au long de sa vie, Hisatarô n'avait jamais pu s'acheter une maison.

Le soir, les siens installèrent sur le buffet l'urne mortuaire dans une grande jarre, s'étant souvenus de ses paroles à l'époque où il sculptait des statues : « Quand je serai mort, je veux que vous mettiez mes cendres dans cette jarre. » Il s'agissait d'une urne en porcelaine de Suzu qui rappela à Kinu leur vie sur la plage à Noto. Puis les quatre se mirent à discuter de l'avenir, et la dispersion de la famille leur sembla inéluctable.

La mère Mine, depuis la maladie de son mari, aidait au ménage dans le temple proche de Nanzen-ji. Payée à la journée, elle s'occupait aussi des petits plateaux lors des services commémoratifs et nettoyait les autels. En échange de son travail, elle recevait du riz, du sel, du *miso*, du sucre ou des légumes. Sans doute aurait-elle pu gagner un peu plus d'argent en se plaçant comme domestique, logée et nourrie, chez des patrons. Solution qu'elle n'avait pu envisager cependant, à cause de son mari malade, et aussi parce que le petit Goichi, âgé de dix ans, suivait encore les cours de l'école primaire en quatrième année. Mais quand celui-ci eut terminé ses cinq années de scolarité normale, sa mère, désireuse de le voir suivre le cours supérieur, décida de ne pas quitter sa maison.

A douze ans, deux années après la mort de son père, Goichi choisit d'arrêter l'école et il entra en apprentissage chez un menuisier, près de Kôrimbô, le quartier des restaurants le plus animé de Kanazawa. L'atelier de son patron se trouvait dans une rue étroite et côtoyait les échoppes des ouvriers travaillant pour les maîtres laqueurs et les charpentiers. Dans la maison vivaient les neuf enfants du menuisier plus cinq petits commis (quatre, dont lui, vivaient à demeure) qui devaient tout faire : puiser l'eau, cuire le riz, laver le linge, garder les enfants. On avait attribué une chambre de six tatamis aux jeunes garçons, et, quand ils dormaient, il y en avait toujours un qui faisait pipi au lit, un autre que les cheveux grattaient à cause des poux, etc.

L'apprentissage chez un menuisier durait en général cinq ans plus une année non rémunérée comme post-apprenti, en guise de remerciement pour sa formation. Ensuite, l'ancien apprenti accédait au rang d'employé, avec pour commencer une rémunération de trois yens. Yota et Goichi, les « nouveaux », et les plus jeunes des apprentis, se levaient tous les jours avant cinq heures du matin et accomplissaient des corvées domestiques jusqu'à six heures. Aussitôt après, ils partaient avec le patron dans les montagnes de Nodayama et Mitsukô-jiyama pour couper le bois nécessaire à leur travail. Ils marchaient une à deux lieues en portant sur le dos une lourde boîte à outils de plus de vingt-cinq kilos. Un exercice qui rendit Goichi très costaud, et, à seize ans, il pesait déjà soixante-trois kilos. Plus robuste que son compagnon, c'était lui qui abattait les arbres, marronniers d'Inde et magnolias.

L'apprentissage des deux premières années consistait à savoir équarrir correctement le bois en planches et émonder les grosses branches, travail que Goichi effectuait à la hachette. Il attrapait sans cesse des ampoules qui éclataient et saignaient. Mais il continuait de travailler en enveloppant ses mains couvertes de plaies dans un bout de tissu en coton. A l'âge où un adolescent a envie de s'amuser, le jeune garçon était surchargé de travail et ne bénéficiait que d'une demi-journée de repos, le 1er et le 15 de chaque mois. Et même ce jour-là, il devait comme toujours garder les enfants.

« Je me demande encore comment j'ai pu grossir, s'étonnera bien des années plus tard Goichi auprès d'un ami. Je ne mangeais que de la bouillie de riz. Et encore, elle était si légère qu'on aurait dit de l'eau ! » Ses quelques heures de liberté, il les passait dans une librairie, un enfant dans son dos, soutenu par une large ceinture enroulée autour de sa taille épaisse. Le jeune apprenti lisait le journal, debout dans le magasin d'Utsunomiya à Kata-machi. Si le patron le voyait à la maison une publication à la main, il lui criait : « Espèce de vaurien, dès le matin, tu as déjà un journal à la main ! Tu vas avoir de mes nouvelles ! » Néanmoins, quand l'artisan n'avait rien à faire le soir, il demandait à Goichi de nettoyer le verre de lampe et de se mettre près du lit pour lui lire un *kôdan*, un récit dramatique de faits historiques. Quand le jeune homme s'assoupissait, un coup de règle venait le réveiller.

L'apprentissage de l'équarrissage et de l'émondage terminé, commençait celui du vrai métier de menuisier. L'apprenti apprenait d'abord à raboter, mais, avant tout, il devait fabriquer lui-même le socle du rabot et aiguiser la lame avec interdiction de bavarder. Lorsqu'un garçon discutait, l'esprit ailleurs, et exécutait mal un travail, le patron le frappait durement avec une règle de presque deux mètres de long. Un jour, Goichi était en train de raboter quand, soudain, il reçut un coup : « Tu parles alors que tu es en train de travailler, tu regardes ailleurs ! Espèce de crétin ! » Défense absolue de parler : c'était la loi.

Un jour, Goichi fera simplement cette constatation auprès de Kinu : « Les prisonniers russes, pendant la guerre russo-japonaise, étaient bien mieux traités que moi. » Mais grâce à la dureté de ses années d'apprentissage passées sous la férule d'un patron qui déclarait péremptoire qu'on ne peut pas bien raboter en parlant, Goichi devint un artisan très compétent et il attendait avec impatience sa rémunération de trois yens par mois. Une attente vite déçue. « En fait, le patron ne me donnait pas cet argent. Il se contentait de payer le bain public et ma coupe de cheveux ! »

Ses années d'apprentissage avaient été si pénibles que les raconter dans le détail lui semblait impossible. A l'instar de ses sœurs apprenties geishas à douze ans, qui devaient obéissance à leurs aînées, Goichi était au service d'un patron et de garçons plus âgés. Les trois suivaient leur voie respective pour atteindre l'âge adulte tandis que leur mère vivait dans des conditions difficiles.

Après le départ de Goichi, Mine était devenue bonne à tout faire chez l'usurier du crédit municipal, dans la rue principale de Rokumai-chô, près de la gare de Kanazawa. Elle logeait là et avait, entre autres, l'obligation de garder les enfants vingt-quatre heures sur vingt-quatre. Prise de pitié pour sa mère esseulée qui connaissait une existence si peu agréable, Kinu eut tout à coup envie de la voir. Mais comme elle n'avait pas remboursé sa dette, les autorisations de sortie s'obtenaient très difficilement. Au bout d'un certain temps cependant, la patronne de son *okiya* finit tout de même par céder. Elle lui donna son accord, et Kinu put enfin rendre visite à sa mère.

Comme le crédit municipal prêtait à usure, la maison avait la réputation d'être avare. Levée avant cinq heures, Mine ranimait le feu et faisait cuire le riz. Quand la cloche du temple devant la maison sonnait les cinq coups, le riz était prêt, mais destiné uniquement au maître de maison et aux divinités qui protègent la maison, sur l'autel domestique, *kami-dana*, « l'étagère à dieux ». Les apprentis et le reste de la famille mangeaient une modeste bouillie de riz. Mine apportait bien haut en signe de respect le plat de nourriture à son patron assis dans une pièce à part, puis attendait dans la pièce voisine.

Après chaque visite à sa mère, Kinu pleurait sur le chemin du retour à la pensée d'une vie aussi misérable.

« Les huit enfants de l'usurier couraient dans tous les sens. Ma mère portait toujours un bébé dans le dos et tirait deux autres enfants par la main. Sato et moi, nous avions été très tôt séparées d'elle, et j'avais du mal à accepter l'idée que ma mère, qui ne s'était presque pas occupée de ses propres enfants, gardait ceux des autres. Goichi, lui aussi, gardait les enfants de son patron. »

Higashi-Kuruwa se trouvait à une trentaine de minutes à pied de Rokumai-chô. En partant de l'un de ces deux quartiers, il fallait également marcher une trentaine de minutes pour atteindre Kigura-machi où vivait Goichi. Kanazawa n'était certes pas une grande ville, mais les membres de la famille Yamaguchi n'avaient pas l'occasion de se croiser. Au service de patrons sévères, ils ne cessaient de travailler.

Et comme Kinu et Goichi ne voulaient pas causer de soucis supplémentaires à leur mère, ils ne lui racontaient pas les pénibles épreuves qu'ils enduraient.

Kinu vêtue d'un kimono à rayures, ses motifs préférés.

5

Prisonniers russes et quartiers de plaisirs

Kinu devint une apprentie, « une geisha aux longues manches », en 1904, l'année qui marque le début de la guerre russo-japonaise.

Une nuit d'été de la fin de juillet, le 24 plus précisément, la jeune kinu raccompagnait, après une soirée, un client jusqu'au grand pont Ohashi de l'Asanogawa lorsqu'elle fut étonnée par la clarté sur l'autre rive, comme si on était en plein jour.

Elle vit, allumées sur la berge, une rangée de lampes à huile allumées avec un abat-jour en papier décoré de dessins. Le numéro du journal *Hokkoku Shinbun* daté du 24 explique :

Fin juillet. Lampes à huile de Hashiba-chô : les habitants ont décidé après concertation qu'à partir d'aujourd'hui seront exposées des lampes sur pied, décorées de dessins relatifs à la guerre russo-japonaise et disséminées dans tout le quartier ainsi que devant les étalages ouverts le soir.

Les dessins représentaient des soldats de la cavalerie, le général d'armée Nogi Kiten, le visage barbu du général de la 9e division Oshima Hisanao, des trains militaires sur la voie ferrée qui traverse la Saigawa, la flotte militaire japonaise qui coule les navires ennemis...

Chaque navire avait son nom d'inscrit : *Izumo*, *Yakumo*, *Kasuga*. On pouvait lire aussi : « Nous allons prendre Port-Arthur ! » ou encore « Victoire ! »

Les promeneurs venus prendre le frais le soir regardaient, le visage souriant, les dessins des lampes à huile posées devant les étals des vendeurs de *dango*, des boulettes grillées à base de farine de riz, ou bien de pêches de Kizu, de melons, de bonbons et que sais-je encore… Kinu se souvient que la plupart des marchands vendaient de la nourriture et combien elle avait insisté auprès du client pour qu'il lui achète des *umi-hôzuki*, ces lanternes japonaises du bord de mer emplies de graines noires. Elle mit dans la bouche un de ces *hôzuki* mûrs marron clair aussi plats qu'une feuille d'arbre fanée, et le suça en appréciant son goût salé. Elle le mâchonna un bon bout de temps avant qu'il ne fasse enfin son drôle de bruit. Cela lui rappelait les *hôzuki* de son enfance qui « sifflaient » sur la plage de Noto.

La vue de ces cuirassés dessinés sur les lampes lui rappelait le bruit des vagues de Noto. Bateaux de pêche et navires militaires se superposaient dans son esprit. Aux *zashiki*, les clients ne parlaient plus que de cette guerre russo-japonaise. Apparemment, la bataille faisait rage. La ville de Kanazawa était envahie par les soldats et les chevaux, et, depuis le début de l'année, les journaux sortaient des éditions spéciales chaque jour.

Le 6 février 1904, le Japon rompit les relations diplomatiques avec la Russie et, le 11, l'empereur déclara la guerre, à la suite du combat naval au large de Vladivostok et de l'attaque par l'armée japonaise de Port-Arthur.

Au nouvel an de cette année-là, il avait fait doux à Kanazawa. Les habitants se déplaçaient dans les rues, chaussés de leurs socques en bois. Mais, le 16 janvier,

le froid, suivi de la neige, étaient subitement arrivés.
Passé cette période, la neige continua malgré tout de
tomber, bien après le début des hostilités. Au pays entré
en guerre, le gouvernement annonça la nécessité de
faire des économies et interdit le commerce de la soie.
De leur côté, les marchands de feuilles d'or de la ville
se réunirent sans tarder pour créer un syndicat, et, le
26 février, d'un commun accord, ils décidèrent la fermeture de leurs commerces. Les feuilles d'or étaient
utilisées pour les autels bouddhiques, les paravents, les
laques, vendues principalement à Kyôto, à Nagoya et à
Osaka. L'industrie du battage de l'or à Kanazawa était
florissante mais, en raison de la réglementation sur ce
métal, le syndicat décida de fermer et d'attendre la paix.
La ville n'avait cependant pas l'air de souffrir de la
guerre. Pour la fête des cerisiers en fleurs, *hanami*, du
16 avril, un journaliste écrit que la population a festoyé
jusqu'à une heure avancée de la nuit dans le jardin Kenrokuen.

Le *Hokkoku Shinbun* sortait quotidiennement des
éditions spéciales sur la guerre russo-japonaise, et les
livreurs couraient distribuer les journaux de maison en
maison à travers toute la ville, prenant à peine le temps
de sonner aux portes.

Au début de juillet, les éditions spéciales se firent
plus nombreuses, et, selon les jours, le journal en sortait
une, deux, voire trois dans la journée. La population
était tenue au courant presque heure par heure de
l'avancée de l'armée nippone. La bataille faisait rage.
La flotte japonaise remportait victoire sur victoire et
coulait nombre de torpilleurs russes, mais au prix de
pertes terribles. Port-Arthur était assiégé, sous la direction du général Nogi Kiten. Les habitants apprenaient
l'arrivée de l'armée impériale à Yalou le 1er mai... l'occupation de Dalny... les défaites infligées au général

Kropotkine dans la bataille de Liaoyang, la progression des armées en Mandchourie...

A Kanazawa, ville de garnison, régnait une véritable agitation.

Après la suppression des fiefs en 1871 et la création de départements, le terrain de l'ancien site du château avait été cédé au ministère de l'Armée. En vue de la guerre avec la Russie, l'armée de terre avait constitué la 9e division et l'état-major avait installé là ses quartiers généraux. Des régiments d'armes différentes comme la cavalerie ou l'artillerie furent installés sur les deux côtés de la route qui menait à Nodayama, sous le commandement de la 3e armée dirigée par le général Nogi Kiten.

Le 9 mai, la 9e division reçut son ordre de mobilisation, et huit maisons sur dix à Kanazawa logèrent des soldats. Ces hommes restaient une à deux semaines ou parfois plus d'un mois dans la même famille. Les habitants se montraient fort hospitaliers à leur égard, comme dans chaque ville de garnison d'ailleurs. En effet, les soldats de l'armée avaient tous été appelés en même temps, dès le début de la guerre.

Après un séjour d'un mois environ à Kanazawa, les troupes se mirent en route pour Hiroshima. Les habitants accompagnèrent les soldats jusqu'à la gare, et les élèves des écoles de tous les villages et villes traversés vinrent les voir partir pour le front en se postant le long de la voie ferrée pour crier *Banzai !* Kanazawa grouillait de monde et retentissait du bruit des sabots de chevaux. Les maisons des quartiers réservés ne logeaient pas de soldats, mais les geishas étaient invitées à prier pour la victoire, et on organisait quotidiennement des banquets en l'honneur de l'armée victorieuse. Les maisons de thé et les restaurants que fréquentaient souvent, avant leur intervention, les officiers du 7e régiment de la 9e division, ressemblaient à de vrais campements. Les geishas, la nuit du 16 avril, servirent le saké aux nombreux festins que donnèrent les officiers pour fêter la nouvelle : le navire amiral russe *Petropavlovsk* avait été coulé par la flotte japonaise à Port-Arthur. Elles participèrent également à la procession des lanternes en papier, *chôchin*.

Il y avait la guerre, certes, mais les geishas parlaient beaucoup entre elles du phonographe. Car, peu avant l'ordre de mobilisation de la 9e division, lors d'une cérémonie d'adieu donnée au Kinjôrô pour les officiers militaires partant sur le champ de bataille, certaines avaient vu et entendu un phonographe pour la première fois, apporté par un officier qui venait d'en faire l'acquisition.

Il avait fait enregistrer leurs voix aux femmes. Les disques de l'époque, des cylindres de cire, s'usaient par frottement au bout de deux ou trois passages et il en sortait un son étrange, grinçant et nasillard. Mais les geishas adoraient s'entendre.

Les hommes qui participaient à ce festin furent tués lors d'une attaque de Port-Arthur. Peu en réchappèrent. Comme le camp de cette division se trouvait à Kanazawa, les habitants de la ville se sentaient proches de ces hommes. Inquiets pour les soldats quand les troupes partirent pour le front le 29 mai, ils fêtaient leurs victoires ou priaient dans les temples pour les morts d'un régiment lors d'une attaque sanglante.

Au nouvel an de l'année 1905 fut annoncée officiellement la capitulation de Port-Arthur – forteresse imprenable, disait-on auparavant – et sur le coup de midi, les cloches et les tambours de tous les temples et de toutes les écoles retentirent. Sa Majesté l'empereur cria par trois fois *Banzai !* en même temps que l'armée de terre et l'armée navale. Le 5 janvier, on célébra l'événement devant le monument commémoratif Meiji à l'intérieur du jardin de la ville, en la présence de vingt mille personnes, et les lanternes en papier de la longue procession vinrent éclairer l'eau des douves du château.

Le 19 mars, la population et le gouvernement célébrèrent la victoire de la bataille de Moukden, également devant le monument commémoratif Meiji.

L'armée japonaise remportait de nombreuses victoires depuis le début des hostilités mais elle faisait aussi beaucoup de prisonniers. L'été 1904, des prisonniers russes avaient été transférés à Shikoku. D'autres furent dirigés dans diverses régions du pays.

A Kanazawa, les premiers prisonniers russes débarquèrent en pleine nuit, le 26 mars 1905, à minuit cinq. Ils étaient environ sept cents et furent regroupés dans le temple Higashi-Betshuin de la secte Jôdo Shinshû à cinq minutes à pied de la gare. Les arrivées de prisonniers se poursuivirent jusqu'au 31 mars pour atteindre le nombre total de trente-sept officiers et trois mille huit cent quatre-vingt-cinq simples soldats dans la ville, sur les cinquante mille Russes répartis à travers tout le pays.

Certains d'entre eux furent installés dans le musée Kangyô à l'intérieur du jardin, les autres conduits vers les très nombreux temples bouddhiques de Kanazawa, mais aussi de toute la région de Kaga et de Noto. Clos par de hauts murs d'enceinte, ils devenaient les uns après les autres des camps de prisonniers. Pour les habitants d'une ville du « Japon de l'Envers », cela représentait un nombre considérable d'étrangers chez eux. La population de Kanazawa autrefois, mais encore de nos jours, se montre extrêmement réservée. Elle fait la distinction entre les résidents « locaux » et les résidents « étrangers » originaires d'une autre région. A plus forte raison s'ils viennent d'un autre pays. Les gens se sentaient, par conséquent, très mal à l'aise dans leur ville envahie par cette foule de soldats russes.

Chaque jour, dans le journal de quatre pages du *Hokkoku Shinbun*, les lecteurs pouvaient lire, sur une colonne, l'article « Informations sur les prisonniers » consacré aux soldats russes.

Selon les journalistes, les prisonniers étaient plutôt bien traités. Un exemple : les principaux responsables du département d'Ishikawa et le préfet lui-même rendirent visite aux officiers prisonniers dans le camp installé à l'intérieur du musée Kangyô. Soucieux de leur apporter du réconfort, ils s'enquirent de leur santé et offrirent thé et tabac. Un capitaine de navire se déclara touché par leur amabilité et les remercia pour leur accueil au nom de tous les prisonniers.

Bien que leurs conditions de détention n'aient jamais été très pénibles, moins de deux mois après leur arrivée, les prisonniers furent aussi autorisés à se promener librement. Mais dans une zone très restreinte, comprise entre les rivières parallèles Asanogawa et Saigawa, la limite se situant au niveau des grands ponts. Ces hommes n'avaient pas le droit de se rendre dans les quartiers de plaisirs situés sur les rives opposées.

A Kanazawa, les prisonniers russes venaient de Port-Arthur, où la 9e division avait elle-même subi beaucoup de pertes, mais aussi de Moukden. Les premiers prisonniers étaient arrivés de Port Arthur. Vêtus de vêtements corrects, ceux-ci avaient en leur possession des sommes d'argent relativement importantes. Lorsque le régiment russe de Port-Arthur, qui disposait de fonds militaires importants, s'était résolu à capituler, l'argent public avait été partagé entre tous les militaires présents afin d'éviter qu'il ne soit confisqué par l'armée ennemie.

Ces soldats faisaient la fête dans les restaurants, et lorsqu'ils y furent autorisés, dans les quartiers de plaisirs. Toutefois, les prisonniers fréquentaient surtout un restaurant chic de cuisine occidentale (rare dans la région), le *Morihachi*, aménagé dans l'ancien entrepôt de la pâtisserie du même nom qui exposait ses rangées de gâteaux à la manière occidentale. La direction avait engagé un cuisinier compétent de Tôkyô et employait une femme ayant passé plusieurs années à Vladivostok, capable de converser en russe avec les prisonniers.

Contrairement à ceux de Port-Arthur, les prisonniers de Moukden avaient piètre allure. Il faisait déjà chaud à leur arrivée dans la ville de Kanazawa, mais tous étaient vêtus d'épais manteaux en fourrure retournée et coiffés d'un grand chapeau, également de fourrure. Les cheveux noirs de crasse, ils portaient en bandoulière une grande gourde en aluminium. Ruisselants de sueur, ils empestaient.

Une photographie prise le jour de leur arrivée montre un groupe de prisonniers robustes et bien bâtis conduits par des soldats japonais qu'ils suivent lentement, tête baissée. Les chaussures qui dépassent sous le long manteau rasant terre sont trouées, et la semelle se retourne même pour certains. Le visage marqué par la chaleur, ils semblent éblouis. L'ombre de chacun est mince et courte.

De plus en plus nombreux étaient les commerçants qui apprenaient quelques mots de russe pour attirer le client. Bientôt apparurent quelques enseignes rédigées dans cette langue.

Dans le *Hokkoku Shimbun* du 20 mai 1905, un journaliste fait remarquer :

Quand les prisonniers russes vont faire leurs courses au grand magasin Miyaichi *(maintenant le* Daiwa*), les employées ont toutes les peines du monde à se faire comprendre par leurs clients étrangers au moment de rendre la monnaie. Elles disent leur embarras lorsque, par exemple, l'un d'eux achète un chapeau en feutre de quatre yens cinquante sens avec un gros billet de cent yens. Il est donc nécessaire d'engager des vendeuses parlant russe.*

Les autorités augmentèrent peu à peu le nombre d'heures de promenade des prisonniers autorisés à sortir depuis le 10 mai, et la zone fut élargie :

29 mai : « Depuis le 27 mai, les sous-officiers russes peuvent sortir librement entre huit heures et dix-sept heures, pendant une durée de quatre heures maximum. »

12 septembre : « La zone de promenade des soldats russes a été étendue aux quartiers réservés de Higashi-Kuruwa et de Nishi-Kuruwa. Mais attention de ne pas porter atteinte aux bonnes mœurs. »

L'automne venu, le vent se mit à agiter les saules près des berges de l'Asanogawa. Les fleurs de cerisiers précocement jaunies se mélangeaient aux feuilles des arbres, et l'ombre du feuillage était plus douce.

La berge devenait animée le soir et les petits groupes de prisonniers ne tardaient pas à se diriger vers le pont Ohashi. La nuit tombée, trois, quatre lunes se reflétaient sur l'eau du gué, seuls points lumineux de la rivière plongée dans l'obscurité. Les vibrations des roues de pousse-pousse résonnaient sur le grand pont.

Les pas des clients ivres chaussés de sandales en paille grandissaient en nombre à mesure que la nuit avançait. Le bruit des pas ne s'arrêtait jamais. Attirés par la clarté de la rue qui menait au quartier réservé, les soldats russes sur la berge se détournaient de la rivière obscure et s'engouffraient dans le quartier de plaisirs Higashi-Kuruwa et, en particulier, du côté d'Atago. A l'époque, le pont du Prunier n'existait pas encore. La chaussée de la rue de Kannon-machi bordée de maisons basses et mitoyennes éclairées par des lampes à huile était occupée par les hommes qui déambulaient par deux.

Les geishas qui se rencontraient dans les rues parlaient évidemment de ces étrangers bizarres.

« A un *zashiki*, hier soir, il y avait des *Rosuke* ! des Ruskofs ! Ils m'ont fait un peu peur…

— Oui, mais… ils sont plutôt sages, non ?

— Parce qu'ils ne savent pas parler japonais, je pense. J'espère qu'ils ne vont pas nous créer des problèmes un de ces jours.

— Je plains les prostituées du quartier des bordels ! Elles doivent coucher avec ces types-là ! Ils sont si grands, comment on doit faire ?…

— Je me demande si elles y arrivent… à coucher avec eux ! »

Puis l'une d'elles dit d'une voix presque inaudible :

« Vous savez ce que j'ai vu ! Eh bien… dans un coin, il y a maintenant une nouvelle baraque pour "la toilette du bas". Les Ruskofs attendaient leur tour devant, en rang serré… C'est dégoûtant, beurk… ! »

Kinu s'aperçut un jour qu'on venait de construire une baraque pour « la toilette du bas » et elle crut tout d'abord qu'il y avait un nouveau marchand de couleurs. Une construction apparemment si solide qu'elle paraissait une vraie maison en dur.

Plusieurs palissades en bois la protégeaient des regards, comme des paravents. C'était nouveau, et les geishas aînées criaient après Kinu qui se mettait sur la pointe des pieds pour essayer de regarder. A l'intérieur retentissaient toujours des sifflements et des éclats de rire. Les visages de ces étrangers que Kinu apercevait par-dessus les claustras ressemblaient à des *daifuku mochi*, ces gâteaux de riz blancs et ronds fourrés de pâte de haricots, à l'aspect mou et gonflé. Ils avaient les lèvres incroyablement rouges. Cette « toilette du bas » était une mesure de protection prise par les responsables de Higashi-Kuruwa contre la syphilis. Car les femmes du quartier réservé avaient la hantise d'attraper des maladies avec les soldats russes. Au Japon, à l'époque, on savait la syphilis fatale et le risque de contagion élevé, mais on ignorait comment s'en protéger. Et les soldats russes étaient eux-mêmes complètement ignorants en la matière. C'est pourquoi les patronnes des maisons de geishas qui avaient été contraintes par les autorités de la ville, sur ordre du ministère de l'Armée, de recevoir des Russes, s'inquiétaient terriblement.

Certains établissements demandèrent à leur médecin d'effectuer un contrôle et de détecter les cas de syphilis qui avait fait son apparition à l'arrivée des soldats russes dans les quartiers de plaisirs. Jusque-là, le contrôle de cette maladie n'existait pas dans la ville. Et quand Kinu perdit sa virginité à l'âge de quinze ans au cours du dépucelage obligatoire pour les geishas, il n'existait pas encore d'examen périodique et le test de syphilis restait encore une expression nouvelle.

Kinu avait treize ans. En tant qu'apprentie geisha, elle allait toujours trottinant *choko, choko* en compagnie des grandes sœurs dans les maisons du quartier réservé. Les prisonniers russes qui venaient se divertir à Higashi-Kuruwa se montraient fort gais et parfois ils allaient se promener avec les geishas dans le parc Kenrokuen et le bois d'Utatsuyama. Mais en dehors de la « chambre à coucher », les soldats ne restaient jamais seuls avec une geisha, ils se déplaçaient toujours en groupe. Ces hommes et ces femmes entretenaient des relations de camaraderie peu propices aux histoires d'amour ou de passion.

Une fois, Kinu fut appelée pour un *zashiki* dans un restaurant traditionnel du Kenrokuen qui était à l'origine un jardin extérieur au château de Kanazawa, d'une superficie de trente-cinq mille *tsubo* (1 *tsubo* = 3,31 m²), et désormais ouvert au public. Le cinquième seigneur féodal Maeda fit creuser là un étang et construire un pavillon de divertissement typique de l'époque Edo. Ce lieu subit ensuite diverses transformations pour prendre l'aspect définitif d'un jardin paysagé de prestige au cours du règne du treizième seigneur Nariyasu au début du siècle dernier.

Kinu put enfin voir de près le visage des étrangers russes dans ce très ancien *ryôtei* face à l'étang où se reflétaient les arbres. Dix geishas entouraient plusieurs soldats assez âgés, sans doute des officiers. Elles-mêmes étaient des femmes mûres au talent artistique confirmé. Mais, allez savoir pourquoi, les hommes demandèrent à Kinu de leur montrer une danse.

Chaussée de ses *tabi* salies, la jeune geisha fit une profonde inspiration. Jusque-là, elle avait maintes fois croisé ces Russes dans le quartier de plaisirs. Mais à l'idée de danser devant des étrangers dont elle avait soigneusement évité le regard en gardant les yeux baissés, elle se sentit troublée.

Kinu ne se souvient plus de la danse choisie. En revanche, les paroles prononcées d'une voix forte par un soldat russe, elle les a toujours présentes en mémoire, tant elles furent surprenantes. Pour elle, mais également pour toutes les geishas groupées autour des hommes.

« O-jô-san ! Ma-de-moi-selle ! *su-te-ki !* ma-gni-fique ! *o-jô-san* ! »

Jamais personne n'avait appelé Kinu « mademoiselle ». Elle avait entendu ce mot pour la première fois dans ce *zashiki*. En effet, un client était venu fêter chez les geishas la naissance de son enfant et celles-ci lui avaient demandé : « C'est une petite mademoiselle ou un petit monsieur ? » Les grandes sœurs avaient expliqué qu'il s'agissait là de termes employés pour nommer un enfant de bonne famille.

Dans sa petite enfance, son père et sa mère l'appelaient Kinu. Les autres la surnommaient *taata*, la petite. A son entrée au Fukuya, tous l'appelèrent *taata* ou *taabo*, puis, une fois devenue apprentie geisha, elle reçut le nom d'artiste de Suzumi. Le *o-jô-san* malhabile du Russe lui alla droit au cœur. Il était assis dos au *tokonoma* à la place d'honneur. D'après son âge et son apparence, il devait être le chef du groupe.

Kinu n'a jamais, oh non, jamais oublié le plaisir de se faire appeler mademoiselle. Sans tenir compte de son statut de jeune geisha, l'homme l'avait complimentée pour sa danse comme si elle était la fille bien élevée d'une famille respectable !

« *O-jô-san !* il a dit… Vous vous rendez compte ! Les geishas en herbe ou les petites *taabo*, ça n'existe donc pas en Russie ! » s'étaient exclamées les femmes présentes, les yeux ronds d'étonnement. Une anecdote qui fit le tour du quartier réservé et alimenta longtemps les conversations.

En raison, sans doute, d'un souvenir aussi agréable, Kinu ne trouve pas les Russes aussi effrayants que certains voudraient bien le faire croire. Ce soldat avait dû utiliser, sans en connaître la portée ni le sens réel, un mot de japonais qu'il venait tout juste d'apprendre. Ce fut la seule et unique fois. Personne ne s'adressa plus jamais à Kinu de cette manière. C'est à se demander si, en fin de compte, elle n'a pas rêvé !

Le 5 septembre 1905 fut signé le traité de paix de la guerre russo-japonaise. Victorieuse, l'armée nipponne avait cependant subi des dommages considérables, avec un nombre impressionnant de morts, d'invalides et de navires coulés. Cependant, sur le million d'hommes partis sur le front, seule une dizaine furent faits prisonniers alors que du côté russe, on en comptaient cinquante mille.

Dans *L'Historique de la 9e division*, il est dit que sept mille soldats de la 9e division périrent sur le champ de bataille. Les derniers rescapés de cette unité militaire revinrent le 13 janvier 1906. Au milieu d'une tempête de neige, le général de division Oshima Hisanao fit un retour triomphal, car en signe de bienvenue, les habitants de Kanazawa avaient construit un arc de triomphe sur la grand-place de la gare et hissé des drapeaux japonais de chaque côté de l'avenue.

L'ensemble des prisonniers russes avaient déjà été évacués de la ville et tous étaient rentrés chez eux depuis un mois, le 1er décembre 1905 plus précisément, à l'exception de cinq blessés graves.

Onze de ces soldats étaient morts à Kanazawa, emportés par la maladie. Les cendres d'un sergent furent ramenées dans son pays par un soldat rapatrié, et dix pierres tombales, une pour chaque homme de troupe, furent placées dans le cimetière du mont Nodayama aux côtés des tombes de soldats japonais morts pendant la guerre sino-japonaise en 1894 ou celle du Japon avec la Russie. En août, à la fin de l'*o-bon*, de fines campanules violettes fleurissent çà et là sur les terrasses envahies par les hautes herbes estivales.

Kinu avait donc passé la majeure partie de ses trois ans d'apprentissage dans le tumulte de la guerre russo-japonaise.

Mais le temps était venu pour elle de passer à l'âge adulte selon les règles du monde des geishas, ce qui se traduisait par la perte de la virginité.

6

Le jour de l'initiation sexuelle

Le *mizu-age* de Kinu, littéralement « la montée de l'eau », autrement dit le dépucelage, eut lieu au printemps de ses quinze ans.

Une geisha connaît son initiation sexuelle dans la « pièce à l'écart » de la maison de thé qui l'appelle régulièrement pour un *zashiki*. Kinu était venue bien des fois avec des grandes sœurs dans cette maison. Mais c'est la nuit de son initiation qu'elle découvrit la petite pièce de cet établissement qu'elle connaissait pourtant bien. Les réceptions étaient toujours données au premier étage dans de grandes salles communicantes de huit tatamis, mais cette pièce se trouvait tout au bout du couloir qui se terminait en coude près de l'escalier de derrière.

« Je compris enfin pourquoi il y avait un lavabo sous cet escalier ! »

Chaque maison de geishas possédait un large escalier principal et un autre très étroit et peu confortable. Les rampes étaient recouvertes d'une laque si brillante que les visages s'y reflétaient.

Pour monter au premier, les geishas et les clients empruntaient obligatoirement l'escalier principal situé à proximité du salon où se tenait la mère devant le brasero oblong. Les angles étaient arrondis par l'usure du temps et les marches creusées en leur milieu comme le fond d'une barque.

Dès le nouvel an, la mère avait indiqué à Kinu l'homme qui allait se charger de son initiation sexuelle afin de la préparer à l'idée. Il s'agissait d'un client dont Kinu connaissait déjà le nom et le visage pour l'avoir vu à un banquet. Mais elle l'avait aperçu fugitivement parmi tous les convives qu'elle servait en saké, et il ne lui était pas spécialement resté en mémoire. Ce n'était en quelque sorte qu'un passant.

La veille de l'initiation, la mère étala délicatement sur les tatamis un kimono de dessous rouge. Resplendissant, il ressemblait à une grande fleur éclose décorée de motifs ronds avec trois pins stylisés entre lesquels ondulaient de fins rubans colorés. La mère lui dit de le mettre le lendemain et fit d'un air entendu : « On doit toujours porter un kimono de dessous flambant neuf le soir de son *mizu-age*. »

Le matin du jour dit, elle envoya Kinu au bain public plus tôt que d'habitude. « Surtout, prends bien soin à ta toilette », spécifia-t-elle en lui passant un jupon *yumoji* rose – ce tissu passé autour des reins qui fait office de culotte – enveloppé dans un carré de tissu, *furoshiki*.

Puis Kinu fut envoyée chez la coiffeuse « noueuse de cheveux ». La confection minutieuse et laborieuse de la coiffure lui sembla prendre le double du temps normal. Dans son chignon *shimada*[1], la femme piqua à hauteur des oreilles une épingle ornementale pourvue d'une parure de corail. « Il faut faire attention de ne pas la faire tomber, dit la coiffeuse, ce n'est pas un corail ordinaire. C'est un très bel artifice d'importation, une antiquité. » Kinu se demandait bien ce que pouvait signifier les termes : « article d'importation, antiquité ». La femme

---

1. Chignon *shimada* : queue de cheval très basse lâchement remontée derrière l'occiput et maintenue par des peignes de façon à former une seconde queue de cheval.

*Kinu, à droite, aide une toute jeune geisha
à revêtir sa tenue de zashiki.*

s'occupa aussi de son maquillage et lui étala consciencieusement l'épais fond de teint blanc sur le visage, la nuque, le cou.

Sur les lobes d'oreilles et les paupières, elle appliqua un rouge plus épais que d'ordinaire. La coiffeuse accomplissait à la lettre les gestes communiqués par la mère, et la jeune geisha se laissait manipuler comme une marionnette. Une fois ce travail fastidieux terminé, il faisait déjà sombre au-dehors lorsque Kinu sortit dans la rue, embarrassée par sa coiffure et son maquillage sophistiqués. Son entrain habituel avait disparu. Le *mizu-age* auquel elle avait jusque-là songé distraitement était prévu pour ce soir, et l'inquiétude l'envahit soudain à l'idée de cette chose inconnue.

« Certes, je savais qu'au Fukuya, un lit était prêt nuit et jour. A dix heures du matin, je voyais souvent des clients entrer discrètement.

« Mais dans mon innocence, je croyais que le futon était uniquement destiné aux clients qui désiraient dormir dans l'établissement. J'avais beau vivre depuis toute petite dans le quartier réservé, je n'étais pas du tout au fait des affaires sexuelles. Mère m'interdisait toujours, et très sévèrement, de monter au premier.

« Une fois… il est arrivé un incident : on m'a demandé de faire chauffer l'eau dans la bouilloire et de la poser sous l'escalier de derrière. Je ne sais pourquoi, car c'était toujours mère, et uniquement elle, qui s'en occupait. Croyant bien faire et rendre service, j'ai porté la bouilloire rouge au premier et jeté par hasard un œil dans la pièce.

« Alors, j'ai vu ondoyer comme une grande vague un édredon en soie *yûzen* parsemé de petites fleurs de pruniers blanches sur un fond mauve. Des gémissements me sont parvenus à l'oreille, mais je n'ai pas vu de visage. Inconsciemment, j'ai senti que c'était mal de regarder. J'ai donc posé sans bruit la bouilloire à l'entrée et suis redescendue. Quand mère a appris que j'étais montée au premier, qu'est-ce qu'elle m'a crié dessus !

« A quoi servait l'eau dans la bouilloire ? Qui l'utilisait ? Je l'ignorais. En tout cas, quand le client était sorti de la pièce, j'apercevais toujours le récipient vide posé en bas, sur la troisième marche de l'escalier de derrière. Dans le cabinet du lavabo, on voyait des taches par endroit, et plus tard, j'ai compris ce que ça voulait dire. J'étais souvent chargée de récupérer la bouilloire vide.

« Donc, lorsque l'on m'a expliqué que l'homme et la femme devaient s'allonger ensemble dans le même lit, je n'ai pas été étonnée. Mais je pensais que pour le *mizu-age*, les deux corps se touchaient et *pan !* c'était fini ! Juste un frôlement quoi ! Une situation qui m'impressionnait malgré tout.

« On m'avait montré des estampes érotiques anciennes. Mère m'avait expliqué : "Tu retires ta ceinture, tu gardes ton kimono de dessous et tu entres dans le lit. Tu dois te coucher le visage tourné vers l'homme." Grâce à ces "images", je m'étais fait vaguement une idée mais jamais je n'aurais imaginé que nous devions nous coller comme ça ! Et se mettre dans des positions aussi inconfortables me semblait vraiment ennuyeux. »

Il semble, en effet, que la plupart des geishas élevées d'une manière stricte à cette époque ignoraient ce qui se passait entre un homme et une femme lorsqu'arrivait le jour de leur initiation sexuelle. La mère d'une *okiya*, consciente que les mots et la théorie ne suffisaient pas, avait trouvé un bon moyen pour faire comprendre schématiquement à ses filles les gestes à accomplir quand on allait au lit en compagnie d'un partenaire masculin : elle avait décidé de les enseigner en « vrai » et d'employer pour le cours pratique la vieille *yaritebaba*.

Vêtue d'un *monpe*, large pantalon noir serré aux chevilles, celle-ci jouait l'homme et montrait de manière concrète les mouvements des différentes phases de ce premier soir. Pendant une dizaine de jours précédant son *mizu-age*, la jeune geisha, en sueur, devait s'entraîner à faire des exercices qui lui semblaient fastidieux en cette saison déjà chaude du début de printemps. Seul le moment où la femme et l'homme se touchent suscitait en elle un peu de curiosité. Pour leur première expérience sexuelle, ces filles qui s'éveillaient tout juste à l'amour se voyaient attribuer d'office un homme, qu'elles n'avaient pas choisi, pour les dépuceler. Toutes espéraient tomber sur un bon numéro, comme à la loterie.

Les geishas couchaient avec un partenaire dont elles ne savaient pas grand-chose, et Kinu ne fit pas exception. Elle me raconta d'une traite son expérience de cette nuit-là.

« L'homme qui m'a dépucelée, un riche négociant, avait au moins vingt ans de plus que moi. J'étais la troisième fille qu'il initiait, m'a-t-on appris par la suite. Dans l'escalier qui conduisait à la petite pièce, mère m'a dit de ne pas m'inquiéter et de confier mon corps en toute sécurité à ce monsieur. Elle m'a accompagnée jusqu'à la porte.

« J'ai ouvert le *fusuma* mais, soudain, l'appréhension m'a paralysé les membres et puis je suffoquais, car j'avais glissé dans ma ceinture quantité de serviettes en papier, ce qui me coupait la respiration. Je n'avais pas encore l'habitude.

« La lampe à l'huile diffusait la lumière vers le bas. Oh !... interloquée par ce que je venais de voir, j'ai détourné les yeux en vitesse et aperçu un *haori*, une veste jaune pâle de kimono appartenant à un homme. Une odeur flottait dans la pièce, sans doute de l'huile capillaire. J'essayais désespérément de parler, de saluer… mais les mots ne sortaient pas. Puis j'ai décidé de relever les yeux et de m'approcher.

« Il y avait là un édredon blanc décoré de pivoines rouge foncé et rose, un bord rabattu.

« Les yeux du monsieur allongé sur le dos dans le lit étaient éclairés par la lampe placée près de l'oreiller. Il a redressé brusquement la tête. Je ne savais plus où me mettre. Puis il a repoussé l'édredon en silence et je me suis souvenue des paroles de mère.

« J'ai enlevé l'*obi* et gardé mon kimono de dessous fermé solidement par une ceinture large et rigide, rouge et blanc, et je me suis assise au bord du futon. Le monsieur m'a saisie vigoureusement aux hanches pour m'attirer dans le lit. Je suis tombée à l'horizontale et me suis retrouvée, je ne sais trop comment, couchée de tout mon long sur le dos, le corps toujours crispé.

« Sans préambule, il a brutalement ouvert mon jupon. J'ai fermé les yeux… Comme vous savez, je n'avais pas de culotte. Je l'ai senti monter sur moi et écarter de force mes cuisses serrées. Qu'est-ce que c'était ? Qu'est-ce qu'il m'arrivait ? Je ne comprenais rien.

« J'ai soulevé un peu les paupières pour regarder ce qu'il faisait à califourchon sur moi. Il s'est mis à tripoter mon sexe. Ça faisait un drôle de petit bruit. Il a continué longtemps… Je me demandais ce qui se passait quand tout à coup, il a fait trois mouvements du bassin.

« Je sais maintenant que cet homme devait être très excité. L'édredon avait complètement glissé en dehors du lit et son *yukata*[1] est venu se plaquer contre mon visage et… ah… aaah ! J'ai eu mal et j'ai senti mon sexe qui me brûlait.

---

1. Simple kimono de coton porté après le bain ou pour dormir. Egalement tenue décontractée pour les loisirs.

« Mais il est fou ? C'est ça, le *mizu-age* ? Bouleversée, je haïssais cet homme. Il restait sans bouger et pesait très lourd sur moi. La large ceinture raide de mon kimono était remontée et m'oppressait la poitrine. J'avais l'impression que cela avait duré une éternité, et, pendant tout ce temps, j'avais gardé les bras le long du corps. Du début à la fin. J'étais restée aussi inerte qu'une poupée.

« Après s'être laissé tomber près de moi, il a essuyé mon sexe avec une serviette en papier, desserré les doigts de mon poing droit puis levé ma main jusque devant mes yeux.

« T'as eu mal ?

« Le papier était taché de sang. Que pouvais-je répondre ? Je pensais qu'il était brutal et qu'il m'avait blessée. Il n'a prononcé que ces trois mots ce soir-là. C'est absolument tout ce qu'il m'a dit ! Ensuite, il a remonté l'édredon sur lui, m'a tourné le dos et sans une parole de plus, s'est endormi.

« Je me demandais si c'était terminé, si la séance du *mizu-age* était finie. Je suis restée allongée, immobile, malgré mon envie folle d'aller aux toilettes et je me retenais désespérément tant j'avais peur de voir du sang couler.

« Mais si c'était déjà mes "choses du mois" ? me suis-je soudain demandé. Elles ne venaient pas encore régulièrement et je ne savais jamais vraiment quand j'allais les avoir.

« Mes choses du mois sont arrivées la première fois à l'âge de douze ans. Oh oui ! je m'en souviens très bien… C'était un peu avant le nouvel an, il y avait de la neige poudreuse dans les rues. Je courais à droite et à gauche pour ramasser dans les maisons de thé les cartes *hanafuda* quand j'ai subitement senti quelque chose. J'ai baissé les yeux… et là ! oh ! mais qu'est-ce que je voyais ? C'était quoi ? Sur la neige à mes pieds, des gouttes de sang avait coulé de mon talon, nu dans la sandale.

« Morte de frayeur, je suis rentrée en vitesse pour pleurer dans les bras de *beebe*. La domestique a pris un bout de tissu en coton blanc décoloré qu'elle a déchiré avec les dents. "Tiens, m'a-t-elle dit, tu le mets comme ça !" "Regardez-moi ça ! s'est exclamé une grande sœur, c'est rare, une enfant pareille ! En général, les choses du mois font leur première apparition dans une période comprise entre le début du printemps et l'été." Mais nous étions en plein hiver et il faisait un froid glacial en plus !

« On ne m'avais pas vraiment précisé ce que c'était, les "choses du mois". Tout juste m'avait-on dit de ne pas m'inquiéter, que c'était un état normal qui arrivait de temps en temps.

« J'ai très mal dormi cette nuit-là et j'ai été réveillée par les premiers rayons du soleil qui pénétraient dans la pièce par la petite fenêtre. Le monsieur, qui s'était tourné vers moi dans son sommeil, ronflait. C'était plus que je ne pouvais supporter.

« "Oh ! il faut que je me dépêche de rentrer… je ne veux plus avoir mal." Discrètement, je me suis glissée hors du lit. Il y avait au milieu de la pièce une coiffeuse et un paravent avec un *ukiyo-e*, une estampe de l'époque Edo, que dans mon affolement je n'avais pas vus la veille au soir. J'ai arrangé ma coiffure en désordre, remis bien en place mon épingle ornementale et priant pour qu'à cette heure-ci la porte principale soit ouverte, je me suis enfuis en laissant le monsieur. Dans l'entrée, je n'ai pas pu trouver mes chaussures, alors je suis sortie telle quelle, sans demander mon reste.

« La rue était toute blanche, parsemée de pétales de fleurs de cerisiers. Un sol si doux que je n'ai pas senti le froid sous mes pieds.

« A mon arrivée au Fukuya, *beebe* était en train d'arroser le sol en terre battue de l'entrée. "C'est pas vrai ! s'écria-t-elle, qu'est-ce qui t'arrive ? Et sans chaussures !" La domestique n'avait jamais élevé la voix aussi fort.

« Sans prendre le temps de m'essuyer la plante des pieds, je suis rentrée sans faire de bruit dans le réduit qui servait de chambre à coucher. Sous la soupente de l'escalier de derrière, ma petite sœur et une autre *taabo* dormaient, bras et jambes enchevêtrés.

« Je me suis écroulée de sommeil, mais, à mon réveil, vers dix heures du matin, je tremblais à l'idée que mère ne me réprimande pour ma fuite de la nuit dernière. J'ai jeté un œil dans le salon. Heureusement, elle était sortie. Quel soulagement ! Mais personne ne m'adressant la moindre parole de réconfort, je me suis sentie déprimée et fiévreuse pendant toute la journée comme le jour de mes choses du mois. »

Après son *mizu-age*, la mère et les grandes sœurs insistèrent sur son maquillage et sa tenue, passant plus de temps auprès d'elle pour lui donner des conseils.

« "Tu es maintenant une femme à part entière, tu dois devenir plus féminine", me recommandaient-elles. »

Son entourage lui disait d'étaler un fond de teint blanc encore plus épais et d'employer des mots flatteurs pour complimenter le client. Elle qui n'avait aucun goût naturel pour les flatteries.

La phase des premiers contacts sexuels de Kinu se répéta plusieurs fois avec le même premier homme.

Mais elle restait aussi immobile qu'une poupée, dans l'attitude de quelqu'un qui dort : les bras le long du corps, les jambes allongées, le visage inexpressif. Elle ne pouvait pas étreindre son partenaire.

Kinu détestait violemment accomplir cet acte avec un homme pour lequel elle n'éprouvait aucun sentiment amoureux, mais elle y était contrainte.

On ne devenait pas une femme à part entière en une seule fois, et c'est tout. Non, il fallait renouveler cette pénible expérience encore deux ou trois nuits. Sinon, lui avait dit la mère, elle ne pourrait pas devenir une geisha vraiment adulte.

Mais Kinu avait plus de chances que les autres. D'après ce que ses camarades lui disaient, beaucoup étaient confiées à plusieurs hommes successifs pour leur *mizu-age*. Le tarif d'un dépucelage étant particulièrement élevé, la maison de thé gagnait beaucoup d'argent. C'est pourquoi les patronnes forçaient souvent une geisha à coucher avec un homme en l'obligeant à se faire passer pour vierge. Elles pouvaient ainsi tromper de nombreux clients amateurs de ces jeunes filles pures qui représentaient une importante source de revenus. Kinu considérait donc que la mère du Fukuya était une personne respectable.

« En fait, la geisha se faisait dépuceler pour devenir une vraie femme en empruntant le mari des autres », me dit un jour Kinu le plus sérieusement du monde.

Ces mots avaient dû lui échapper. Cependant, ils reflétaient bien la réalité.

Mais la nuit de leur *mizu-age*, je ne pense pas que toutes les femmes arrivaient aussi ignorantes de la chose que Kinu. Celui qui les initiait était toujours plus âgé qu'elles car, disait-on, il savait s'y prendre et ne pas se montrer brutal ni les blesser. L'autre raison, et de taille, c'est que le dépucelage d'une geisha coûtait beaucoup d'argent et il était réservé aux très riches clients travaillant dans le textile. On rencontrait évidemment des clients aisés de toutes professions : médecins, antiquaires... mais c'étaient toujours les mêmes qui racontaient leur dépucelage d'une geisha, propriétaires d'un magasin de soie *habutae* (un taffetas luxueux) ou bien directeurs dans l'industrie du textile.

En tout cas, l'âge de leur « initiateur » répugnait à toutes.

Certaines *yaritebaba* enseignaient dans le détail les différentes positions possibles dans un lit avec un homme. Un jour, une geisha qui suivait à la lettre les indications de la vieille femme raconta qu'elle avait ainsi éveillé les soupçons du client. « Dis donc toi, tu m'as l'air de t'y connaître ! s'était-il écrié, tu as déjà de l'expérience. Tu me sembles bien entreprenante ! » Et du coup, se sentant floué, l'homme était parti pour ne plus jamais revenir dans l'établissement.

« Et c'est tant mieux ! avait dit joyeusement la geisha, heureuse de ne pas renouveler l'expérience avec celui-là. Il ne me plaisait pas du tout ! »

Il existe à Kanazawa une vieille geisha qui sait très bien que l'homme chargé de son dépucelage est encore vivant. Eh bien… elle se refuse à prononcer son nom tant elle en garde un mauvais souvenir. Encore de nos jours !

« Il avait un commerce de feuilles d'or, m'expliqua-t-elle. De dix-sept ans mon aîné, il était si maigre que les os de son bassin me rentraient littéralement dedans. Ça me faisait mal et je pleurais chaque fois. Ça a continué plus d'un an avec lui, j'en avais vraiment assez. J'espérais toujours qu'il finisse au plus vite. Alors, j'ouvrais bien les yeux et je comptais ses mouvements de bassin. Aujourd'hui… trois coups ! Cette nuit… c'était cinq coups ! Je comptais un coup pour chacun de ses mouvements et je pensais : "Qu'est-ce qu'il est fort !" »

A la fin des banquets, les clients se laissaient aller et parlaient souvent librement aux geishas. « Hier soir, j'ai tiré deux coups ! » « Moi, trois coups ! » renchérissait l'autre. Kinu croyait que ce dont ils semblaient si fiers correspondait à leurs mouvements de bassin ! Elle eut un sourire gêné en m'avouant sa naïveté, précisant qu'elle ne s'était aperçue de sa méprise qu'un an après son dépucelage.

Les geishas discutaient souvent ensemble de leur dépucelage, et à tous propos. Toutes exécraient l'homme du premier soir. Quand il faisait partie des convives dans un *zashiki*, elles sautaient volontairement son tour et ne lui servaient pas de saké. Les geishas présentes comprenaient en silence que l'homme non servi était celui du *mizu-age*.

Jusqu'à ce qu'on lui ait désigné un protecteur « à vie », Kinu couchait avec un client de temps à autre. Au lit avec un partenaire masculin, elle se disait à chaque fois, pour accepter et supporter la situation : « Allez ! ça fait partie du travail. »

Certains hommes peu exigeants ne demandaient pas beaucoup, mais d'autres ne la laissaient pas dormir de la nuit. Et s'il n'y avait eu que ceux de la nuit ! Beaucoup ne venaient que la journée. Et pour une petite heure tout au plus, elle faisait une passe appelée le *konbu-maki-ne*. Une image traduisant l'idée que, serrée dans son fourreau de soie, elle était comme un *konbu-maki*, un petit poisson roulé dans une algue laminaire. Elle se laissait alors prendre par l'homme toute habillée. En se prostituant, une geisha pouvait augmenter de quelques dizaines de yens ses revenus insuffisants avec les seuls honoraires *hanadai* de *zashiki* fixés à quinze sens l'heure. Ainsi pouvait-elle réduire la durée du remboursement de sa dette à l'*okiya*.

D'après les histoires des geishas de l'époque, il est clair que le principe selon lequel les établissements de première catégorie, de la restauration de Meiji à l'ère Taishô (1868-1912), n'employaient qu'une seule prostituée n'était que pure hypocrisie.

Les geishas avaient dans la réalité deux activités et ne pouvaient survivre sans la prostitution. « Les femmes du quartier réservé vendent leur cul ! » disaient les gens dans la société normale. C'étaient des propos qu'elles n'auraient évidemment pu démentir.

Sans négliger pour autant ses études dans le domaine artistique, Kinu apprenait de ses camarades, au cours de leurs nombreuses discussions, les différentes techniques sexuelles lui permettant de satisfaire un partenaire masculin. Un art à ne pas dénigrer pour une femme qui exerçait le métier de geisha.

Un jour de nouvel an, une année où tombait la neige à gros flocons…

Les deux côtés des rues étaient envahis par les tas de neige tombée des toits, et les passants marchaient sur un tapis blanc. Les pousse-pousse ne circulaient évidemment pas et les femmes avançaient lentement, chaussées de leurs *geta* de neige. Pour éviter les glissades, du caoutchouc épais était cloué sous les hauts supports en bois. Les socques étaient très lourdes, et pour progresser sur la chaussée, les femmes devaient forcer exagérément sur les hanches.

En compagnie de la geisha Koyakko, Kinu revenait d'un *zashiki*. De la main droite, elle portait un parapluie en papier huilé, et sa main gauche relevait gracieusement un pan de son kimono. Sa compagne était la maîtresse d'un marchand aisé de Kata-machi. Tous admiraient sa peau plus blanche que neige. Tandis que les deux femmes se déhanchaient à chaque pas pour soulever leurs lourdes socques, les pieds en dedans selon la démarche traditionnelle, les garnitures rouges recouvrant l'avant pour protéger de la pluie et de la boue retenaient un peu le bas de leur beau kimono noir armorié de cérémonie, un *montsuki*. Koyakko marchait en tête. Soudain, elle s'arrêta et se retourna vers Kinu.

110

« Marcher dans les rues enneigées, ça fait faire des mouvements et ça améliore la fille. Tu comprends ? C'est ce que dit mon protecteur. Tiens, je vais t'expliquer pourquoi les hommes aiment les femmes du pays des neiges. »

Et Koyakko poursuivit avec un petit sourire :

« Quand on soulève nos lourdes *geta* pour marcher, on se déhanche terriblement. Eh bien... sans le savoir, on fait un exercice qui resserre fermement notre sexe. Et dire qu'on fait ça depuis que nous sommes toutes petites !

— Dans ce cas, marchons au maximum. Mais nous allons avoir les fesses gelées !

— Ça va... ça va... plus le cul est au froid, plus il chauffe à l'intérieur !

— J'en sais rien... j'ai honte... » répliquait Kinu.

Admirative, elle regardait le bout des pieds de Koyakko.

De nos jours encore, pour marcher dans une rue très enneigée, Kinu porte une paire de ces hautes *geta* qu'elle a gardées précieusement et elle se souvient des garnitures rouges des socques de Koyakko.

Considérées comme des adultes après la nuit de leur dépucelage, les apprenties geishas devenaient geishas à part entière à quinze ans pour la plupart. Age auquel les filles, dans la société ordinaire, se mariaient.

L'étymologie du mot *mizu-age*, « faire monter l'eau », dérive d'un mot lié au bateau. Dans le temps, la nouvelle mariée, vierge évidemment, était appelée « nouvelle barque ». Une image qui évoquait l'activité fluviale : autrefois étaient montées à terre les marchandises apportées par une péniche et que l'on chargeait sur une barque plus légère, tirée ensuite jusque dans la maison du marchand. Au cours de ce trajet, de l'eau s'égouttait de la barque.

« L'union entre un homme et une femme, c'est aussi nécessaire que l'eau, et ça ne se produit pas seulement dans le monde des geishas. L'épouse qui n'est pas une professionnelle a naturellement des rapports sexuels avec son mari. Entre nous, pour évoquer le dépucelage, on parle de *mizu-age*, "faire monter l'eau". Les femmes mariées, elles, font davantage de manières et disent : "le premier lit", "le premier oreiller". La femme peut être comparée à un puits, n'est-ce pas ? Et pour faire monter l'eau du puits, la pompe doit être amorcée. Et pour montrer qu'elle n'est pas un puits asséché, la femme doit faire l'amour avec un homme, me répétait la mère. Seulement, vous savez… je n'ai jamais entendu parler de ce genre de belle aventure qui se termine par une histoire d'amour entre la geisha et l'homme du *mizu-age*. »

A l'âge de quinze ou seize ans, une *furisode geisha*, « aux longues manches », devenait une *tomesode geisha*, « aux manches à taille normale » qui raccourcissaient dès son dépucelage. Elle avait désormais un corps de femme adulte. D'autre part, elle était aussi devenue une artiste confirmée qui possédait tous les arts comme le *shamisen*, la danse traditionnelle, le tambour.

La coutume, pour annoncer une nouvelle geisha en titre, était l'*eri-naoshi*, « changement du col ». En effet, le passage à l'âge adulte se traduisait par le changement du col brodé rouge de la novice pour un col blanc et noir, ou une autre couleur de son choix. Son apprentissage terminé, la geisha pouvait gagner sa vie et commencer à rembourser sa dette à l'*okiya*.

Autant l'annonce d'une nouvelle apprentie « aux longues manches flottantes » restait relativement simple, autant celle d'une « geisha aux manches normales juste au-dessous de la hanche » s'accompagnait de tout un cérémonial. Quelquefois, le jour du *mizu-age*, on installait devant les façades en lattis de l'*okiya* propriétaire de la geisha et devant la maison de thé qui la recevait pour la nuit, des récipients dans lesquels étaient cuits à la vapeur les gâteaux de fête, *mochi* ou *dango*. Les mêmes que pour une cérémonie de mariage. Les patrons des deux établissements et les geishas les plus intimes buvaient du saké en l'honneur de l'événement.

D'autres allaient encore plus loin. Le lendemain du *mizu-age*, la nouvelle geisha adulte revêtait la tenue préparée par sa grande sœur marraine et, durant deux jours, elle se présentait dans toutes les *okiya* et tous les restaurants. Le Fukuya étant une maison économe, tout resta plutôt modeste dans le cas de Kinu. L'établissement en fit le minimum mais la tradition fut respectée.

GEISHA

Kinu, à vingt-deux ans.

1

Les arts de divertissement

Les quartiers de plaisirs, si animés le soir et jusqu'à une heure tardive, étaient plongés dans le silence autour de midi. Mais pendant les dix premières années de l'ère Taishô, à partir de 1912, le bruit ne cessait jamais.

Les fêtes de mariage duraient souvent toute la nuit, et les geishas ne pouvaient fermer l'œil pendant trois jours et trois nuits de suite. Elles devaient se contenter d'un somme, cachées à l'abri des regards dans un lieu isolé. Kinu, pour sa part, s'assoupissait dans les cabinets. Ils étaient vastes dans ce quartier, adaptés aux longs kimonos qui traînaient à terre, obligeant les geishas à tenir toujours un pan relevé. Le plancher brillait autant que celui du *tokonoma*. Kinu remontait très haut son kimono et dormait en position inconfortable mais les jambes presque allongées, le buste appuyé contre le mur. Parfois, les mauvaises odeurs remontaient jusqu'à elle. Tenaillée par le sommeil, elle ne s'en préoccupait pas et n'avait plus qu'une obsession, dormir. Son corps sans forces se laissait aller mais son nez restait en éveil. Il fallait qu'elle dorme. Elle voulait dormir... dormir. Jamais je n'y arriverai dans un endroit pareil, se disait-elle. Inquiète également à l'idée que quelqu'un pût entrer soudain. Désireuse de ne plus rien entendre, Kinu se recroquevillait cependant à chaque bruit de socques masculines passant dans la rue.

117

Sa petite sœur Sato dormait souvent dans le placard réservé au rangement de la literie où s'entassaient, soigneusement pliés, des futons de tout genre, comme cette paire en soie *yûzen* toute neuve avec son édredon bien gonflé, ou un autre aux bords tout aplatis pour avoir beaucoup servi. A côté, il y avait une pile de petits oreillers en bois teinté. Sato se glissait entre les matelas pour s'y faire une place et voler quelques instants de sommeil.

Elle demandait à Kinu de la réveiller au bout d'une dizaine de minutes. Mais on l'oubliait au milieu de toute cette agitation, et une heure passait aisément. Le *taiko-obi*, le « nœud du tambour » de la ceinture de Sato, qui dormait en boule à poings fermés dans sa cachette, se soulevait doucement au rythme de sa respiration. Kinu lui secouait énergiquement les épaules. Sa sœur finissait par redresser son visage, le grand nez tout congestionné. Pleine de compassion, Kinu s'arrangeait toujours pour la faire dormir dans le placard des futons.

Lorsqu'une apprentie geisha connue pour sa tendance à s'endormir participait à un banquet, on n'oubliait pas de lui placer dans la paume de la main un flacon de saké rempli à ras bords, sur ordre de sa grande sœur. Un tant soit peu incliné, et le saké coulait aussitôt sur le kimono. Une tache considérée comme la pire des fautes et sévèrement sanctionnée par les mères.

Les geishas avaient des trucs pour se sortir de certaines situations. Une novice les apprenait en observant ses aînées, mais elle-même trouvait aussi des idées. Du temps où elle portait ses longues manches, Kinu descendait et montait l'escalier, même si personne ne lui avait rien demandé, pour tenter d'échapper au sommeil en remuant.

Elle allait prendre deux bouteilles de saké à la porte de la cuisine puis remontait. Quand elle était arrivée au milieu de l'escalier, une aînée passait par là et attrapait les flacons pour les mettre sur son plateau et les apporter au premier. Les mains vides, Kinu ne pouvait retourner au *zashiki*. Alors, elle redescendait demander timidement à la *beebe* du saké chaud. « Je viens de t'en donner ! » grondait la domestique. Mais c'était une manière pour la jeune geisha de rester active.

Le plus pénible, c'étaient les jours fastes, *taian*, choisis inévitablement pour les cérémonies de mariage, car cela signifiait un nombre incalculable de banquets successifs.

Les geishas revêtaient alors un superbe kimono à longue traîne et un large *obi*. Elles enchaînaient restaurant sur restaurant, indifférentes aux paroles du *nakôdo*. Cet intermédiaire qui avait arrangé la rencontre des jeunes gens débitait les traditionnelles louanges sur les nouveaux mariés, assis respectueusement devant le paravent doré. Les geishas, elles, considéraient avec envie la mariée.

On ne les appelait que pour les mariages des enfants de grande famille. La fête durait deux, trois jours. Certaines geishas avaient été dépucelées par le père de la mariée assise là, devant elles. D'autres se retrouvaient en présence de leur protecteur, celui qui donnait de l'argent tous les mois. Il y en avait même qui avaient eu un enfant avec cet homme. La geisha, par définition une femme achetée, assistait souvent à la noce de la fille de celui qui l'avait dépucelée, et leurs âges ne différaient pas tellement.

A ces banquets, les pourboires affluaient. Mais les jeunes geishas mettaient beaucoup de temps à comprendre qu'elles exerçaient un vrai métier. Elles devaient laisser leurs sentiments de côté et attendre les jours fastes uniquement pour l'argent. Kinu, qui avait tant rêvé de son premier *zashiki*, ne se sentit détachée sur le plan émotionnel qu'au bout d'un an.

Dans un quartier de plaisirs, le *danna* était un protecteur financier qui versait une rente mensuelle à la patronne de l'*okiya* et faisait de la geisha sa chose à lui. On disait qu'il « l'occupait ». Autant de contraintes, financières et physiques, conduisaient ces femmes à rechercher sans se l'avouer une raison de vivre dans les arts de divertissement. Kinu n'échappait pas à la règle.

« Vous allez peut-être me trouver excessive mais les geishas se montraient fières de leur métier. Beaucoup apprenaient avec acharnement deux ou trois arts, sans se limiter à un seul. »

Les geishas de premier rang à Higashi-Kuruwa étaient des artistes virtuoses aussi connues à Kyôto qu'à Tôkyô, une réputation qui attirait des protecteurs venant des grandes villes.

Une fois son *danna* désigné, la geisha était tenue de n'avoir de relations sexuelles qu'avec cet homme. Ce qui lui permettait de se consacrer à l'approfondissement des arts. Celle qui ne respectait pas ce principe était regardée d'un mauvais œil. La vie devenait difficile pour elle à Higashi-Kuruwa et on finissait par s'en débarrasser en la revendant discrètement dans un autre quartier.

Une mesure qui faisait de Higashi-Kuruwa un quartier réservé de première catégorie, comme les clients qui le fréquentaient. L'accès aux divertissements dans une maison de thé était refusé au client de passage, et de nos jours encore.

L'été de ses dix-huit ans, Kinu tomba malade. Curieusement, elle saisit cette occasion pour se consacrer davantage aux disciplines artistiques.

Elle souffrait de sinusite chronique. L'inflammation nasale qui la gênait depuis son enfance s'était aggravée. Elle avait le nez bouché en permanence et les yeux battus. Son mal de tête devenait intolérable mais personne, aux *zashiki* ou ailleurs, ne réalisait sa souffrance. Toute petite, elle avait déjà des difficultés de respiration, et pour son entrée au Fukuya à l'âge de huit ans, sa chère maman avait pensé à lui mettre des paquets de mouchoirs en papier dans sa malle en osier.

Ses jours et ses nuits surchargés ne lui permettaient pas de se rendre quotidiennement à l'hôpital pour un lavement du nez.

« Sans une opération chirurgicale, lui dit le vieux médecin, tu ne pourras jamais guérir. Je ne peux te garantir une guérison complète, mais il vaut mieux essayer. »

Malgré son inquiétude, Kinu décida de se faire opérer. En ce temps-là, cela n'avait rien à voir avec les opérations modernes destinées à soigner la sinusite. La compétence du médecin semblait plus que douteuse ; le matériel médical était horrible et la pièce des soins si mal éclairée que Kinu se demanda comment diable on pouvait opérer dans de telles conditions. Quant à l'anesthésie, son efficacité n'était pas garantie.

Le médecin se mit à taper sur son nez avec un petit maillet en métal *katsun katsun*, *doshin doshin*. Affolée, elle avait l'impression qu'il lui fracassait le nez, sans savoir si elle avait vraiment mal ou si c'était la peur qui la mettait dans cet état. Le médecin employait les grands moyens, le traitement était violent. Kinu priait, les yeux fermés. Elle priait pour que son nez ne se casse pas, pour qu'il ne se courbe pas, pour qu'elle ne découvre pas à la fin un visage très laid qui lui interdirait de participer aux *zashiki*. « Je n'aurais pas dû, se lamentait-elle intérieurement. Qu'est-ce qui m'a pris d'accepter l'opération ? »

Quoi qu'on en dise, le visage d'une geisha représente une part de son gagne-pain. Ce n'était d'ailleurs pas sans raison qu'elle s'inquiétait. En tout cas, l'opération chirurgicale qui avait nécessité trois séances se termina, tant bien que mal. Et elle avait toujours son nez !

Quand Kinu se regarda dans un miroir après l'opération, elle éprouva de la tendresse pour ce nez si mignon, tout calme en plein milieu de sa figure.

Mais à son grand désespoir, elle s'aperçut qu'un élément de son beau visage ovale était atteint d'une paralysie momentanée. Sans nulle doute un symptôme postopératoire. Sa paupière gauche ne fermait plus complètement, et son œil pleurait sans raison. Il n'était absolument plus question pour elle d'aller à un *zashiki*. A la fleur de la jeunesse et de la beauté, Kinu se mit à pleurer, pour de bon cette fois. A la différence de l'époque actuelle, cent à deux cents geishas travaillaient dans les quartiers réservés et aucun client n'aurait demandé par simple curiosité une femme pourvue d'un seul œil. Fort ennuyée, la patronne du Fukuya pensait à son investissement : cette geisha au chômage ne lui rapportait rien.

« Si j'étais restée à attendre sans rien faire au Fukuya, je me serais sentie coupable vis-à-vis de mère. C'est pourquoi je restais des heures durant au *kenban*, dans l'attente d'un improbable appel des clients. »

Consciente de son inutilité, Kinu sanglotait constamment au point de passer pour une pleureuse chronique. Mais vêtue de sa tenue de *zashiki*, une geisha ne devait surtout pas laisser couler une seule larme, car l'épais fond de teint blanc s'écaillait. Force lui était donc de retenir ses larmes, dès le début de la soirée. Dans la grande salle comble du *kenban*, les geishas attendaient en grande toilette qu'un établissement daigne réclamer leur participation à une soirée. Elles restaient assises jusqu'à l'aube, parfois en vain, le dos bien droit, pour ne pas déranger leur coiffure ni leur col si bien ajusté.

Délaissée par les clients, Kinu était pleine d'amertume au souvenir de sa popularité passée. Comme certains hommes passaient la nuit dans l'établissement, la mère l'exhortait à coucher avec plus de partenaires qu'auparavant, pour travailler au moins la nuit. Elle n'avait d'autre solution que de s'exécuter sans mot dire.

Durant un an, Kinu ne participa qu'en de rares occasions aux *zashiki*. Mais une jeune geisha ne pouvait s'abaisser à n'être plus qu'une prostituée. Après plusieurs mois de découragement, elle prit un jour la décision de se reprendre et de profiter de ce temps de repos forcé pour se perfectionner dans les disciplines artistiques et y faire carrière, à l'instar de sa grande sœur Tatsukichi.

Le protecteur de Kinu sera désigné un peu plus tard, après la disparition de sa paralysie faciale. C'était le propriétaire d'un commerce de feuilles d'or, et elle l'avait rarement vu. Cet homme ne lui plaisait guère, mais grâce à son aide financière, elle pourra continuer de s'adonner aux arts sans craindre de gêner la mère.

En attendant, Kinu renonça à contrecœur à la danse et se consacra en priorité au *shamisen* et au tambour. Il était hors de question pour elle de songer à danser avec un tel visage. Après le décès de son ancien maître de *shamisen*, elle devint donc l'élève d'une femme professeur âgée d'une quarantaine d'années qui vivait à l'extérieur du quartier, célèbre pour sa sévérité. C'était une personne irritable qui se mettait parfois à crier de manière incroyable. « Tu es une bonne à rien ! hurlait-elle, tu ne fais aucun progrès ! » Une fois, elle tapa si fort sur le *shamisen* que le plectre se brisa.

Kinu était abasourdie par une violence pareille, mais l'audace de ce professeur qui osait casser un instrument aussi onéreux l'étonnait davantage encore. Elle était « concubine » et le bruit courait qu'elle se disputait constamment avec son protecteur au sujet de son épouse. Qui sait si Kinu ne recevait pas les éclaboussures de la querelle. Fait curieux cependant, ses crises se produisaient toujours en début du mois. Peut-être après tout coïncidaient-elles avec ses menstruations ?

Kinu étudiait aussi avec ferveur le tambour. Son professeur vivait près du quartier des maisons closes et gagnait sa vie en enseignant les arts à de jeunes geishas. Egalement entretenue par un homme, sa violence ne cédait en rien à celle du professeur de *shamisen*, mais c'était une âme charitable.

Ses professeurs ne firent aucune remarque à Kinu sur son visage, mais elle savait bien que le charme d'une geisha dépendait malgré tout de la beauté des traits. Profondément choquée par ce qui lui arrivait, elle refusait de se plaindre. La compassion des autres n'aurait pas dissipé sa peine, et l'indifférence la délivrait au contraire. Elle se plongea dans les études pour tâcher d'oublier ses idées noires.

Une geisha populaire n'avait pas assez de temps pour se perfectionner dans les arts. Les clients des lieux de plaisirs couraient après leur favorite et les réclamaient jour et nuit. Résultat : la geisha la plus en vogue devenait la moins forte sur le plan artistique.

L'amie intime de Kinu, Tsuruko de *l'okiya* Kichiriki, était le type même de ce genre de geisha appréciée par les clients pour sa beauté et non pour son talent.

A la fin de l'ère Meiji, grâce à son visage ovale et à sa peau si pâle, elle gagna le concours de la plus belle femme du département d'Ishikawa, organisé par le *Hokkoku Shinbun*. Aux soirées dans les *ryôtei* de première catégorie tels que le Kinjôrô ou le Goriya, les convives faisaient part de leur mécontentement quand elle n'était pas présente.

Les clients préférés de Tsuruko, personnalités du monde de la finance et de la politique, venaient du Kansai, de Kanazawa évidemment, mais aussi de Tôkyô, de Nagoya… Tsuruko avait une telle réputation qu'à elle seule, elle représentait les geishas de Higashi-Kuruwa. Pour la société, toutes les femmes de ce quartier réservé étaient très belles. Ses aventures galantes défrayaient la chronique, et on lui prêtait des histoires d'amour avec le directeur général de Mitsui, avec le ministre des Finances ou un autre personnage important. Mais personne n'a jamais pu vérifier.

On se l'arrachait, si bien qu'elle ne pouvait s'entraîner à la danse ni apprendre suffisamment le tambour ou le *naga-uta*, ce chant accompagné au *shamisen*. Tsuruko enviait Kinu et regrettait intérieurement d'être une geisha à la mode.

« C'est grâce à notre métier de geisha que l'on peut approcher des ministres », se vantaient les femmes de Higashi-Kuruwa qui devaient cependant ce privilège à leur connaissance des arts et des règles de la cérémonie du thé. La beauté est éphémère, et Tsuruko confia son inquiétude à son amie en la priant de l'accompagner à ses *zashiki*. Kinu accepta avec joie. Devenue le faire-valoir de Tsuruko, elle pouvait côtoyer de riches clients.

L'allure de Tsuruko dans un pousse-pousse était célèbre. Son image évoquait un *ukiyo-e*, une estampe de l'époque Edo, qui représentait souvent des geishas. « Nous sommes fiers de transporter l'élégante Tsuruko à travers la ville, disaient les tireurs de ces véhicules. Grâce à elle, nous accédons au grade supérieur. »

Rarement femme était montée avec tant de grâce. Elle savait garder un dos bien droit et accorder les mouvements de son corps au rythme du pousse-pousse en pleine course. Une cliente particulièrement facile à conduire qui ne se laissait pas ballotter de droite à gauche. Pour avoir l'honneur de prendre Tsuruko dans leur pousse-pousse, ces coureurs tiraient au sort.

Parmi les quatre bonnes amies de Kinu, il y avait aussi O-Ei du Nômura-ya, la meilleure joueuse de *tsuzumi* (un petit tambour en forme de diabolo) du Hokuriku[1]. Mais O-Ei était confrontée à des problèmes inattendus. A force de taper sur le tambour, la paume de sa main s'était épaissie et avait perdu la douceur féminine. « Quand je couche avec un homme, disait O-Ei, je me sens toujours gênée. »

La pratique intensive d'un art comme le *tsuzumi* tourmentait le corps à un point effrayant. Mais le plus pénible était la flûte traversière. Mitsu, une geisha virtuose dans ce domaine, avait sa lèvre inférieure constamment en contact avec l'instrument, rouge et épaisse, si déformée et gonflée qu'elle ressemblait à un ver de terre. « L'art prime sur la beauté », répétait-on aux geishas… Il permit en tout cas à Kinu de surmonter quelque peu son handicap, à savoir ses traits provisoirement altérés par la maladie.

Au bout de quelques années, elle était devenue une joueuse de tambour talentueuse. Quand elle dansait, plus jeune, ses beaux cheveux noirs, son visage mince et délicat rendaient son regard et ses mouvements de hanche naturellement séduisants. Mais désormais, sa maîtrise remarquable du *tsuzumi* acquise grâce à un travail acharné faisait dire à l'auditoire que rien n'était plus beau que le son du tambour sur lequel elle tapait.

Lors des deux festivals de danse et de musique, Konohana Odori et Onshûkai, organisés en automne et au printemps à Higashi-Kuruwa, Kinu avait la main en feu.

Dès 1911, les geishas donnèrent deux représentations publiques dans le théâtre du quartier réservé, l'ancienne école du Nyokôba transformée en salle de spectacles au moment de la construction du pont du Prunier sur l'Asanogawa, le 28 juin de l'année précédente. Konohana

---

1. Une région qui couvrait trois départements actuels : Fukui, Ishikawa et Toyama.

Odori se déroulait sur deux semaines à partir du 23 avril, et celui de l'Onshûkai durait cinq jours, à partir du 31 octobre. Pendant plusieurs années, ce furent des festivals annuels réguliers.

Une raison bien particulière avait poussé les responsables du quartier à créer ce théâtre. Jusqu'alors, en effet, les geishas se produisaient devant un nombre restreint de personnes, se limitant au divertissement des convives de *zashiki*. Bien que le niveau artistique de chacune fût très élevé, ces petits spectacles manquaient d'harmonie lorsqu'elles dansaient à plusieurs, et les musiciennes ne jouaient pas souvent en rythme. Une absence d'unité due aux professeurs des geishas, parfois dénuées de talent et qui avaient chacune une méthode différente. D'autre part, il n'existait aucun local suffisamment vaste pour que les geishas puissent s'exercer ensemble.

Un jour, le commissaire de police de Shin-machi, chargé du contrôle de Higashi-Kuruwa, se rendit dans la région de Kyôto-Osaka. Après avoir assisté dans la salle de spectacles de Gion aux répétitions des apprenties geishas de Kyôto pour le festival de Miyako Odori, il lui vint tout à coup une idée. Car, dans ce théâtre, il avait vu les professeurs rester près de la scène et enseigner minutieusement chaque mouvement en prenant à tour de rôle les geishas par la main pour leur indiquer les gestes corrects. Dès son retour à Kanazawa, le commissaire avait raconté son voyage aux responsables du *kenban* et proposé de créer rapidement une salle de spectacles. Très intéressés par la proposition du commissaire de police qui leur rendait toujours divers services, les membres du *kenban* étaient partis en repérage à Nagoya, à Osaka, à Kyôto et, convaincus, ils avaient investi des milliers de yens pour transformer le Nyo-kôba. C'est ainsi que le quartier réservé eut son théâtre.

Au printemps de l'année suivante, le théâtre avait été inauguré par les représentations du festival de Kono-hana Odori. Trois séances par jour. Cette salle de deux étages pouvait contenir trois cents spectateurs, et il y avait des loges pour les *zashiki* avec tatamis, coussins et brasero. Une représentation durait une heure et demie, la première débutant à cinq heures du soir. Les geishas dansaient sur scène chaque jour en alternance. Au fil des années, elles firent des progrès considérables et finirent par remporter un franc succès. Une photo publiée dans le journal daté du 21 avril 1916 montre toute la troupe rassemblée : les cent vingt-sept char-mants visages des danseuses, des chanteuses et des musiciennes appelées les *jikata* (« assises »), plus les femmes qui accomplissaient la cérémonie du thé. Somptueusement vêtues, les danseuses portaient des kimonos identiques tout en couleurs. Le dos était décoré par des cerisiers et des saules sur un fond « vio-let Edo », les manches parsemées de fleurs multicolores des quatre saisons : rouges, blanches, jaunes, bleu clair. Ces costumes venaient de chez un fournisseur de Kyôto, et les motifs variaient chaque année.

La représentation débutait par un prélude musical, sur le modèle de Miyako Odori. Huit musiciennes se produisaient dans un petit orchestre avec flûte, tambour, tambourin, grand tambour et chant.

Deux passerelles *hanamichi* traversaient la salle du théâtre, à gauche et à droite. Au premier, face à la scène, se trouvaient les sièges réservés aux invités d'honneur, préfet, président du tribunal, commissaire de police et journalistes. De chaque côté, il y avait des stands réservés à la cérémonie du thé accomplie par les geishas qui préparaient le *matcha*, thé vert en poudre, et une salle destinée à l'exposition des compositions flo-rales, ikebana, des geishas. Tous les frais étaient pris en charge par les *okiya*, le *kenban* et les protecteurs. Les geishas n'avaient pas à débourser un sen. Le festival Konohana Odori, danses accompagnées de poèmes chantés, était une fête du printemps locale. Elle avait lieu pendant la saison des cerisiers en fleurs et jouissait d'une haute réputation. La première année, la chanson s'appelait *Rafusen*.

Des sommets, et de toutes parts, loin d'ici-bas
Dans un autre monde pur et paisible
La maison de l'ermite n'est pas loin
Le ciel est clair, l'air est pur
Shiyû s'est amusé pendant toute la journée à Rafu

Au crépuscule, dans la forêt de pins
Une jolie femme élégante est apparue
Qui parle de belle manière, il l'accueille
Tous deux boivent du saké dans la montagne
Si bien que chacun les envie

A chaque festival, on présentait une nouvelle composition créée pour l'occasion, comme celle du propriétaire de l'auberge *Yoshikura* intitulée : *Les Quatre Saisons de Kanazawa*. Accueillie favorablement par le public, elle fut jouée de nombreuses fois. Ces chansons accompagnaient des danses raffinées et élégantes comme *Les Huit Vues de Kanazawa*.

Kinu fait grand cas d'un bol de cérémonie du thé décoré d'un emblème représentant une fleur de cerisier sur fond gris. C'est un *tenmoku*, un bol de faïence verni d'origine chinoise fabriqué par Ohi Chôjurô. Après la fermeture du théâtre, on distribua en souvenir à chaque *okiya* un de ces bols, destiné au *matcha* des spectateurs. Les places de luxe coûtaient quarante sens, thé vert et gâteau compris. Celles de seconde catégorie coûtaient vingt sens, et huit sens la troisième catégorie.

Les danseuses évoluaient sur scène par huit. A gauche se trouvaient tambour et petit tambour, et, à droite, les joueuses de *shamisen*. La représentation du Miyako Odori de Kyôto comprenait trente-deux personnes contre seize pour Konohana Odori. Les costumes coûtaient une petite fortune, plus chers encore que ceux du festival de l'Onshûkai en automne. Les mères d'*okiya* désireuses de faire des économies commandaient kimonos et *obi* à un grossiste de Kyôto, décorés des mêmes motifs que pour le festival de Gion. Le journal local offrait des places à ses lecteurs pour ce spectacle réputé.

Lors de la première représentation, Kinu joua du petit tambour malgré son état postopératoire. Elle s'entraîna pendant un mois. Comme il lui fallait se rendre à des *zashiki* dès onze heures du matin, elle répétait tôt le matin ou bien à une heure avancée de la nuit. Les répétitions se déroulaient évidemment au théâtre.

Le festival de l'Onshûkai en automne était un gala qui permettait aux geishas de montrer leurs talents dans les arts traditionnels et d'établir leur réputation personnelle. Les frais étaient donc en partie à leur charge. Chaque geisha devait acheter une cinquantaine de billets d'entrée, ce qui représentait leur participation pour la location de la salle. Le plus important était d'établir le programme tiré ou inspiré du répertoire de kabuki ainsi que les numéros de danse traditionnelle proposés au public. Les membres du *kenban*, les professeurs de chaque discipline artistique, les patronnes des *okiya* et les geishas amenées à se produire sur scène discutaient jusque tard dans la nuit des choix possibles et des enchaînements. Une fois le programme mis au point, après des jours de discussion, il était soumis pour accord à la propriétaire du Kagetsurô, établissement très prospère à l'époque. La cérémonie d'« approbation » se révélait théâtrale : le groupe des geishas arrivait en

130

grande pompe dans la petite pièce jouxtant la chambre de la patronne. Elles s'inclinaient très respectueusement avant de présenter bien haut au niveau des yeux le plateau qui portait une feuille d'un très beau papier et un sceau à encre noire. Vêtue d'une veste noire, *haori*, frappée de l'emblème de sa maison, la patronne tenait dignement devant elle son éventail blanc et prononçait les paroles d'usage consistant à dire d'une voix douce sa reconnaissance pour tout le mal qu'elles s'étaient données et ses vœux de réussite pour l'Onshûkai.

Le *kenban* organisait les deux festivals mais portait plutôt ses efforts sur les représentations de l'Onshûkai, qui ne durait que cinq jours, à raison de trois séances quotidiennes également. Mais le prix du billet d'entrée était trois fois plus élevé que pour le Konohana Odori. Heureux bénéficiaire de l'Onshûkai, le *kenban* remerciait les interprètes en leur offrant une nuit dans un *onsen*, une station thermale, de Kaga comme *Yamashiro* ou *Yamanaka*.

Les geishas se montraient appliquées et sérieuses à l'approche de l'Onshûkai qui allait leur permettre de montrer leurs talents. Elles prenaient les représentations publiques du printemps plus à la légère. C'était un gala que leur enviaient les geishas des autres quartiers réservés de Kanazawa qui finirent par les imiter.

Pour ce festival, les femmes devaient répéter et prendre des leçons à longueur de journée. Tout leur argent passait dans les pourboires aux professeurs, la contribution aux frais de location de la salle et l'achat des superbes et onéreux costumes. Les mères des *okiya* payaient aussi très cher pour la participation de leurs filles aux représentations et se plaignaient de ne pas s'en sortir, en prétendant que les dons des protecteurs ne représentaient qu'une goutte d'eau dans la mer. C'est pourquoi les geishas s'efforçaient de travailler davantage pour augmenter leurs revenus, sans pour autant négliger leurs répétitions. Certaines tombaient malades, souvent de la tuberculose. Une geisha atteinte d'une maladie grave ne pouvait plus exercer son métier, mais celle qui n'avait pas remboursé sa dette était coincée financièrement. Elle se tuait alors à la tâche. Certaines mouraient d'épuisement.

Même Higashi-Kuruwa, un quartier pourtant réputé pour la qualité de ses artistes, n'eut pas de professeur digne de ce nom jusqu'au début de l'ère Taishô, en 1912. Pour pallier ce manque, les mères des *okiya* avaient trouvé un moyen. Lors des tournées à Kanazawa d'acteurs du théâtre kabuki ou de musiciens, elles choisissaient les plus compétents puis les invitaient dans la luxueuse salle réservée aux réceptions du premier étage de leur établissement et leur offraient un copieux et délicieux repas arrosé de saké de première qualité. Ensuite, elles leur demandaient de se produire devant certaines geishas et leurs professeurs réguliers. Ainsi ce public privilégié perfectionnait-il sa connaissance des arts traditionnels en suivant les indications de ces invités. Les talentueuses danseuses de Higashi-Kuruwa étaient d'ailleurs celles qui avaient appris directement auprès des acteurs de théâtre. Distinguées des autres en raison de leur niveau artistique déjà avancé, elles étaient enviées par leurs camarades qui n'avaient pu bénéficier de cette instruction. Un lien très fort se tissait entre les femmes du quartier réservé et les acteurs de kabuki.

Dans les théâtres de la ville, on donnait constamment des représentations. Les acteurs locaux les plus célèbres vers 1910 s'appelaient Arashi Kanjûrô III et Kikukawa Inosaburô III. Certains acteurs de Kyôto et d'Osaka décidaient de se fixer définitivement à Kanazawa, tel Jitsukawa Yûjirô, et ils vivaient leurs vieux jours comme propriétaires dans un « quartier-fleur », aidant de leurs précieux conseils les geishas à leurs répétitions de danse. Celles-ci ne prenaient pas seulement plaisir à danser des pièces du répertoire de kabuki mais elles s'intéressaient à toutes les disciplines comme par exemple le *naga-uta* (chant accompagné au *shamisen*) et le *shinnai* (complaintes également accompagnées par cet instrument).

Des quatre théâtres de Kanazawa au début du siècle, c'était le Oyama-za près du pont du Prunier qui faisait le plus d'entrées. Des troupes venaient de Tôkyô, de Kyôto, d'Osaka. Parmi ces artistes figuraient le père et le fils Matsunaga, des chanteurs virtuoses de *naga-uta*, un chant qui apparaît dans le kabuki. Le fils adoptif de Matsunaga, Tesshirô, se surpassait quand il se produisait sur la scène de Kanazawa, et toutes les geishas raffolaient de son art.

Svelte, il avait le visage mince et délicat, la peau pâle, les sourcils nets et épais. Il fut entouré par les geishas à sa sortie du théâtre dès la fin de son premier spectacle. Les patronnes du Kagetsurô et d'Odaya l'invitèrent dans leur établissement. Elles lui offrirent des mets recherchés et délicats en le priant de bien vouloir faire une démonstration de son talent devant un groupe de geishas triées sur le volet et de les considérer comme ses élèves. Le jeune chanteur ébloui par cet accueil décida de rester un temps à Higashi-Kuruwa pour enseigner sa façon de faire.

Surnommé familièrement Tettchan, il mit en émoi toute la communauté du quartier le jour où il annonça son départ. Malheureuses de le voir partir, les geishas décidèrent de l'escorter en pousse-pousse jusqu'au bout de la ville à Nomachi et se firent prendre en photo avec lui. Lors de son séjour, Tesshirô s'était amouraché d'une geisha et il revenait de temps à autre assister aux répétitions de Higashi-Kuruwa. Il est mort à trente-trois ans.

Les autres professeurs de geishas étaient appelés par les gens ordinaires des « artistes de quartier ». Il s'agissait d'anciennes geishas ou de personnes qui s'étaient produites dans de petites fêtes locales, sachant suffisamment jouer d'un instrument ou danser pour donner des cours, ayant pris elles-mêmes des leçons dans leur jeunesse. Ces « artistes » habitaient à proximité du quartier réservé mais, désormais, elles n'étaient plus à la hauteur des fières et célèbres geishas de Higashi-Kuruwa. Les patronnes des *okiya* s'étaient également rendu compte que l'enseignement des acteurs ne suffisait pas, et, après concertation, le *kenban* prit l'initiative d'engager à Kanazawa des professeurs de métier très compétents du Kantô et du Kansai. Il leur fut demandé d'enseigner *naga-uta, tokiwazu* (ballade au *shamisen*), *kiyomoto* (genre lyrique de *shamisen*), danses… Quant à la danse traditionnelle, on invita à Higashi-Kuruwa le maître Wakayanagi Yoshizô, et, à partir de ce moment, les geishas adoptèrent la technique de l'école Wakayanagi. Après la venue de maître Fujima Shizue dans le quartier réservé de Kita-Kuruwa, c'est la danse de l'école Fujima qui fut adoptée. Et ainsi de suite dans chaque quartier de Kanazawa. Le style de danse et de *shamisen* de ces grands maîtres était bien plus raffiné que celui des précédents professeurs. Les artistes de quartier perdirent peu à peu leurs élèves après l'engagement de ces remarquables professionnels et se retrouvèrent sans gagne-pain, pour la plupart dans la misère. A la fin de leur vie, elles furent parfois aidées par les propriétaires d'établissement en souvenir de leurs services rendus.

Grâce à la qualité de leur enseignement, les geishas se montraient maintenant éblouissantes sur scène à l'occasion des représentations publiques de Konohana Odori et d'Onshûkai.

Le nom des geishas amenées à se produire au théâtre était affiché au *kenban* environ deux mois avant le jour prévu. Comme dans tout milieu, la « famille » avait son importance. La réussite sociale d'une geisha qui n'était pas parrainée par une grande sœur réputée tardait à venir tandis que celle inscrite dans une *okiya* influente décrochait beaucoup plus facilement un rôle intéressant. Quand l'une d'elles commençait à obtenir de bons rôles pour les représentations d'Onshûkai et de Konohana Odori, elle était vraiment devenue une geisha à part entière aux yeux de la communauté de Higashi-Kuruwa. Les artistes autorisées à jouer sur scène venaient s'incliner avec respect devant leurs professeurs et grandes sœurs en disant :

« Je vous prie d'accepter mes remerciements pour m'avoir permis, grâce à vos précieux conseils, de jouer aujourd'hui. »

(Paroles qu'il ne fallait surtout pas oublier de prononcer.)

Le début de l'ère Taishô fut l'âge d'or de la musique, du chant et de la danse à Kanazawa, lors de ces premiers festivals bi-annuels. Le dernier Konohana Odori se déroula au printemps 1924 sur la proposition du *kenban* organisateur. Financièrement gêné par le coût de cette fête, il invoqua le ralentissement économique du pays après le grand tremblement de terre de 1923. De plus en plus populaire, l'Onshûkai poursuivit ses représentations jusqu'en 1970. Mais en raison du nombre en constante diminution des *okiya* et des geishas, ce festival finit par être supprimé.

Kinu cherchait sans cesse à s'améliorer et ne réservait pas ses efforts aux seules répétitions de ces représentations publiques. Artiste sincère et consciencieuse, elle s'exerçait plusieurs heures par jour. Les geishas de son âge, mais également les plus jeunes, prirent l'habitude de lui demander conseil.

Geishas photographiées pendant un moment de détente dans
le jardin Kenrokuen. (Kinu est la deuxième en partant de la droite.)

2

Les quatre saisons dans le quartier de plaisirs

La neige

En 1912, lorsque Kinu devint geisha en titre, il y avait des *zashiki* dès le 1er de l'an, que l'on surnommait « première fleur » ou tout simplement « premier *zashiki* ». Trois maisons de coiffure situées dans le voisinage de Higashi-Kuruwa restaient ouvertes toute la nuit du réveillon. Geishas et patronnes venaient se faire faire les chignons traditionnels du Japon. Pour *shôgatsu*, le nouvel an, les femmes portaient un kimono noir décoré de motifs dans la partie inférieure seulement et étaient chaussées de hautes socques en bois teintes en noir et de *tabi* blanches. Comme les geishas se déplaçaient dans les rues, un pan de leur kimono relevé d'une main en un geste gracieux, elles laissaient apparaître le revers écarlate du vêtement de dessous qui se détachait, éblouissant, *chira chira*, sur la neige. Les femmes allaient tout d'abord par groupes de trois ou cinq prier le dieu Bishamon dans le temple situé à l'extrémité de Higashi-Kuruwa, puis elles se rendaient dans leurs *okiya* habituelles présenter les vœux de bonne année. Ensuite, elles traversaient la ville en pousse-pousse et faisaient le tour des restaurants et des commerces de leurs clients réguliers. A cette époque, « la première vente de l'année » avait lieu dans chaque établissement dès le 1er janvier, au lieu du 2 par la suite. Une fois de retour dans leur *okiya*, elles célébraient le nouvel an en dégustant ensemble leur plat du nouvel an, le *zôni*, un bouillon aux *mochi* avec des légumes. Dans les bols de *zôni* pourvus d'un haut socle, décorés par des grues aux ailes déployées, les *mochi* coupés en rectangle trempaient dans le bouillon qui les recouvrait à peine, le tout garni, à Kaga, de deux ou trois petits poissons roulés dans une algue laminaire. Les geishas mangeaient lentement et du bout des lèvres pour ne pas abîmer leur maquillage. Un jour fastueux entre tous.

En général, le 1er janvier à Kanazawa, il tombe de la neige à gros flocons. Ce jour-là sans neige n'est pas un vrai nouvel an, disent les habitants.

Ensuite, les clients arrivaient dans les *okiya* pour offrir leur cadeau, et les chaussées enneigées étaient comme labourées par les traces des roues de pousse-pousse et les socques en bois. A l'approche de midi, les deux comiques du Kaga *Manzai*[1] venaient, selon leur habitude, célébrer la nouvelle année. Ils dansaient dans les maisons, prononçaient leurs vœux de prospérité et souhaitaient longue vie à tous.

Ils ne se produisaient pas dans la rue mais à l'intérieur des maisons. Au rythme d'un petit tambour accompagné de cris *yare, yare, yare !* Manzô, l'acteur principal, dansait avec son éventail. Coiffé d'un chapeau traditionnel de samouraï à forme conique, il portait un kimono armorié en lin avec des rayures noires constituées de grandes et de petites lignes intercalées, sous une longue jupe de cérémonie, *hakama*, et un

---

1. Littéralement « dix mille ans ». Ces comédiens sont à l'origine du *manzai* moderne, populaire ces dernières années parmi les jeunes et qui consiste en un dialogue comique échangé entre deux artistes.

sabre glissé dans la ceinture, le tout recouvert d'un simple manteau décoré d'envolées de grues. Le « bouffon » Saizô chargé de jouer du petit tambour était vêtu d'un kimono armorié et d'un *hakama*, coiffé d'un chapeau plat agrémenté d'un motif rond avec des pétales de fleurs de pruniers. Leurs *tabi* blanches brillaient sur les tatamis quand ils dansaient dans la vaste salle de réception.

Kinu connaissait les splendides motifs des *hakama*. Car ces longues jupes-culottes avaient été confectionnées avec les larges ceintures de cérémonie ayant appartenu à ses aînées, Nishikida et Shimemaru. Ces comédiens demandaient souvent que leur soient données les anciennes ceintures des geishas. Elle reconnaissait aussi les interprètes de la danse, qu'il s'agisse du propriétaire d'un magasin de *tabi* à Kannon-machi ou du marchand de poissons, c'était à chaque fois une surprise de retrouver là ces personnes familières.

Le Kaga *Manzai* est, dit-on, originaire de Fuchû dans la région d'Echizen et date de l'époque des seigneurs Maeda. Mais Kinu ne connaissait aucun de ces noms. C'était en tout cas une danse introduite dans les fêtes de Kaga depuis fort longtemps. Kinu aime le *manzai* et la conversation s'anime lorsqu'on aborde le sujet.

« J'aimais les voir arriver. Ils apportaient tant de gaieté, et, à la fin, nous dansions même avec eux en nous souhaitant une longue vie à tous.

« Les comédiens parlaient en dialecte, si rapidement qu'ils avalaient complètement les mots. Comme leur danse rythmée était amusante ! Sans parler des dialogues échangés entre les deux protagonistes ! C'était d'un comique ! C'est que… ils racontaient des histoires de garçons et de filles en faisant plein de calembours osés, vous me comprenez ! Quand le ton devenait égrillard, l'œil des spectateurs se faisait égrillard également ! Les comédiens du Kaga *Manzai* se produisent encore de nos jours au nouvel an, ou même à d'autres fêtes. »

De toutes les histoires de *manzai*, Kinu préférait *Le Mariage de la jeune O-Fuku*.

Nombreux sont les villages dans tout le pays, mais Mataemon, du village de Shimeno, a une fille. D'une beauté incomparable, elle s'appelle O-Fuku. Comme mari pour elle, on a pensé à un garçon du village de Tanoshima, ou bien à un autre, de Wakamatsu. Mais une nuit, O-Fuku dit dans son sommeil : « Je ne veux pas, je ne veux pas ! Ni Tanoshima ni Wakamatsu ! Comme je suis née près de la Saigawa, j'en voudrais un du village d'Oshima, au bord de la même rivière. Comme dot de mariage, je veux cent sept cuves en bois, soixante-dix petits seaux à excréments utilisés pour l'engrais, les palanches pour les transporter et les pelles pour les ramasser. Et encore cinquante planches et cinquante longues barres pour la fabrication des nouilles au sarrasin, cent dix paravents, cent sept braseros, douze paires de chaussures pour les belles toilettes, douze paires de sandales en paille lacées, cinq chevaux chargés de pots contenant la teinture noire pour les dents. »

Les comédiens du Kaga *Manzai* réjouissaient la mère, les geishas, les petites *taabo*, le serviteur, les domestiques, tous réunis dans la grande salle et qui laissaient éclater de bon cœur leur « premier rire ».

Jusqu'à la période d'avant-guerre, la tradition voulait que les geishas portent une coiffure traditionnelle japonaise avec de vrais cheveux. Pendant les quinze premiers jours de janvier, elles revêtaient un *tomesode*, kimono noir, aux longueurs de manche normales, qui devenait ensuite coloré. Puis, au mois de février, elles s'habillaient d'un *tomesode komon*, orné de discrets motifs en forme de petits médaillons.

Dans un chignon de type *shimada*, elles piquaient une « épingle ornementale de devant » porte-bonheur. Une pendeloque commandée chez un perruquier, agrémentée d'un minuscule pigeon en tissu tout blanc perché sur un épi de riz qui tremblotait à chaque mouvement de tête. La pendeloque était livrée avec un pigeon sans yeux. Le jour de l'an, il était d'usage que la geisha demande à son protecteur, à son amoureux, ou en tout cas au client régulier qu'elle séduisait vraiment, de dessiner les yeux du pigeon à l'encre de Chine.

La geisha qui avait un bon protecteur – entendez, généreux et gentil – s'empressait de lui faire tracer les yeux de pigeon de la taille d'un grain de sésame pour montrer fièrement sa chance aux autres. Si l'emplacement des yeux de l'oiseau restait désespérément blanc dans sa coiffure, honteuse, la geisha finissait par les ajouter elle-même en cachette dans la nuit. Après son opération du nez vers dix-huit ans, Kinu s'inquiétait beaucoup pour ses yeux de pigeon puisqu'elle ne plaisait pas aux hommes en raison d'un visage abîmé.

« De mon temps, c'était à celle qui obtiendrait le plus vite les deux yeux. Aux *zashiki*, nous observions nos pigeons respectifs. Les geishas délaissées par les hommes recouraient donc à cet artifice. A l'inverse, d'autres femmes à succès trichaient, mais d'une autre manière. Elles se commandaient trois ou quatre pendeloques avec pigeon, car elles couchaient avec plusieurs partenaires réguliers et faisaient croire à chacun d'eux : "C'est toi mon favori, c'est toi mon chéri, dessine-moi les yeux !" En fait, quand leur protecteur ne se montrait pas suffisamment généreux, elles se tournaient vers plusieurs clients en fonction de leurs besoins : un pour offrir le kimono, un autre pour la ceinture, etc. Evidemment, une geisha de premier rang ne se comportait pas de la sorte, mais certaines filles devaient en arriver là pour pouvoir renouveler leur garde-robe de nouvel an. »

Les geishas ne voyaient pas passer les trois jours du nouvel an, fête somptueuse où l'on recevait le client comme un seigneur. Vêtues de leurs magnifiques mais très lourds costumes, elles étaient épuisées et tendues malgré leur joie de participer à des réceptions, toutes plus belles les unes que les autres. Leur vraie fête du nouvel an avait lieu à la fin du mois de février, organisée par le *kenban* qui tenait à les remercier de leur travail pendant les trois premiers jours de janvier. On conviait à cette fête les fournisseurs du quartier réservé qui venaient exprimer leur reconnaissance. Ce qui faisait en tout trois cents invités, geishas incluses.

Ce groupe était composé des drapiers, des marchands de saké, des coiffeuses qui coupaient les cheveux, des « noueuses de cheveux », des journalistes, du commissaire et des agents de police de Shin-machi, des professeurs de chaque discipline artistique et même des patrons de pousse-pousse. Le seul lieu capable de recevoir autant de monde était bien évidemment la salle de spectacles de Higashi-Kuruwa. Un traiteur livrait les repas. A cette occasion, les geishas portaient leurs kimonos et coiffures préférées, très souvent coiffées dans le style *sokuhatsu*, un chignon à deux boucles dressé sur la tête, le reste des cheveux tombant dans le cou et liés par des cordons et bandes de tissu ornées de pierres précieuses. Autrefois coiffure des femmes de haut rang, elle était à la mode en 1904 à Kanazawa. Mais une seule coiffeuse installée à Kannon-machi se montrait capable d'arranger ce chignon.

Invitées d'honneur, les geishas ne faisaient que bavarder en se régalant des plats servis, sans jouer du *shamisen* ni danser. Assises en rang, elles se laissaient servir en saké par les personnalités du *kenban*, les patronnes d'*okiya*, les drapiers, les propriétaires de pousse-pousse…

Pour les geishas, la deuxième réunion de nouvel an se passait entre bonnes camarades. Elles répondaient à l'invitation d'une *okiya* pour s'amuser au *hata genpei*, le « jeu des étendards des familles Genji et Heike » et jouaient avec des tireurs de pousse-pousse et des agents de police. Le jeu des étendards est une spécialité de Kanazawa, un divertissement du 1er de l'an, hérité de la période Edo. Le *daimyô* Maeda du fief de Kaga encouragea l'industrie du textile et de la porcelaine ainsi que les occupations calmes tels que la cérémonie du thé, le *utai* (déclamation d'un texte de nô), les arts traditionnels et l'artisanat. Pour rassurer le shogun Tokugawa à qui il avait fait serment d'allégeance, ce seigneur féodal ne prenait pas les armes. Mais il avait gardé l'esprit des arts martiaux et inventé un jeu relatif à la guerre. Le *hata genpei* évoquait la bataille des deux célèbres familles rivales, Genji et Heike. Deux équipes composées d'un même nombre de joueurs figuraient les adversaires. Ils dressaient au bord des tatamis d'un *zashiki* trois étendards en tissu, petit, moyen et grand, et un fanion. L'étendard du clan Genji était blanc, orné d'une fleur de chrysanthème stylisée et celui des Heike avait pour emblème un papillon, blanc également, aux ailes relevées sur fond rouge. On lançait les dés, et en fonction du nombre de points, c'était à qui s'emparait du fanion et de l'étendard de l'adversaire.

Chin-chin-ka-mo-ka-mo
nya-nya
go-sshi-ri-ha-na-ka-ke
shi-sa-ma-no-kan-kan-dô

chantaient les joueurs quand on jetait les dés, et vivats ou huées fusaient dans un vacarme inimaginable.

Jusqu'à l'aube retentissaient les cris débordant d'enthousiasme. Le groupe qui obtenait le premier les étendards et le fanion de l'autre camp devenait évidemment le vainqueur. L'équipe victorieuse gagnait des gâteaux *futtoku* et *fukuume*. Les premiers sont des gaufrettes de trois centimètres de diamètre remplies de minuscules *konpeitô*, des bonbons très sucrés, et d'une petite poupée en terre. Si quelqu'un agitait un gâteau, on entendait *koto koto*. Les deuxièmes, blancs et rouges, sont aussi des gaufrettes, en forme de fleur de prunier, l'emblème de la famille Maeda. Ils sont fourrés de crème de haricots sucrés, comme pour le traditionnel gâteau rond *monaka*. Empilés sur un plateau, les *fukuume* ressemblaient à des fleurs de prunier tombées dans la neige.

Il existe une autre fête pendant cette période : le *setsubun* du 3 février, précédant l'ancienne nouvelle année et veille du premier jour de printemps selon le calendrier lunaire. Il est célébré chez les geishas par la coutume de l'*obake*, le déguisement. Kinu a gardé quelques photographies aux couleurs passées de cette époque.

L'une représente sa meilleure amie, Tsuruko, de l'*okiya* Kichiriki, en robe à volants très occidentale. Elle a l'air d'une vraie poupée française avec son chignon encore plus gros que le *yakaimaki* considéré comme une coiffure de soirée élégante à l'européenne. Tsuruko fait la coquette et pose devant le photographe, un bras sur la hanche et la tête légèrement inclinée sur le côté. Serrée tout contre elle et reconnaissable à ses grands yeux, on voit Kinu coiffée d'une casquette. Elle nage dans des vêtements trop grands qui appartenaient à Akira Yokoyama. Grandes toutes les deux, elles semblent bien s'amuser. En toile de fond se détache une très belle arche. Cette photographie date de 1910.

Les geishas se rendaient déguisées à leurs réceptions. Il y avait tous les genres : certaines étaient habillées en homme, d'autres en samouraï ou en tireur de pousse-

pousse ou encore en jeune mariée. Elles déployaient beaucoup d'ingéniosité et recevaient de bons pourboires de la part des clients. Même les vieilles geishas participaient à la fête, et elles se faisaient un visage de jeune femme grâce à leur maîtrise de l'art du maquillage. Ce jour-là, c'étaient les riches marchands qui dansaient ou chantaient aux *zashiki* devant un décor simple. La fête était l'occasion de faire de folles dépenses pour, pensait-on, écarter les malheurs.

Kinu se souvient avec nostalgie du soir de l'*obake*.

« Vous pouvez deviner le déguisement préféré des geishas ? Je vais vous le dire… C'était la coiffure aux cheveux noués en un chignon rond, *maru-mage*, réservé à la femme mariée. Large et aplati, elle le gardait jusqu'à la fin de sa vie. Aucune n'y échappe finalement. Elles en rêvaient toutes, du statut de l'épouse respectable. Chaque année, dans la nuit glaciale du *setsubun*, des geishas se tenaient debout jusqu'à une heure tardive aux croisements des rues couvertes de neige du quartier et faisaient, sans prononcer un mot, un discret appel de la main dans l'obscurité. Selon l'une de leurs croyances, elles pourraient se marier dans l'année si un homme passait devant elle après ce geste. Et leur futur mari ressemblerait à ce passant.

« Alors, il arrive, oui ! s'impatientaient-elles en sautillant d'un pied sur l'autre dans le froid et souhaitant ardemment la prompte venue d'un homme. Mais leur longue attente était déçue car aucun ne se présentait jamais. Ne s'approchaient d'elles que les chiens qui venaient les renifler. »

Le vent soulevait la neige poudreuse qui se glissait subrepticement sous leur jupon et atteignait même le haut des cuisses.

L'appel de la main la nuit du *setsubun* était un geste que toute geisha avait fait au moins une fois dans sa vie. Il y en avait même qui répétaient leur petit manège deux ou trois soirs de suite, en cachette des autres. Kinu n'échappa pas non plus à cette superstition et resta debout à attendre dans l'obscurité à l'angle d'une rue. Elle ne se souvient pas si un homme passa devant elle après son appel de la main mais en revanche, elle ne peut oublier ce qui arriva cette nuit-là à cet endroit. Du fond d'une ruelle éclairée par la neige monta la complainte du *shinnai Ranchô*. Cette ballade plaintive et violente lui est restée bien présente à l'oreille.

Kinu attendait à un croisement. Tout était si calme qu'il lui semblait impossible que quelqu'un habitât dans une si étroite ruelle. Les jalousies rouge Bengale laissaient filtrer une vague lueur, comme celle d'une lanterne votive en pierre. Kinu espérait tant voir enfin apparaître une ombre humaine dans ce paysage de neige semblable à une mer blanche. Le corps glacé, elle se sentait seule et triste, mais elle supportait vaillamment.

Ces femmes faisaient un peu comme la fée de la neige, Yuki Onna, qui attire un homme et le charme. Mais elle finit par le tuer. Kinu voulait rencontrer quelqu'un dont elle serait vraiment amoureuse, avec qui elle resterait mariée toute la vie. Et, des heures durant, elle attendait celui qui ressemblerait à ce futur mari.

Akira Yokoyama, le client qui avait prêté à Kinu sa tenue de déguisement, appréciait tout particulièrement le *setsubun*. Il appartenait à la puissante et riche famille Yokoyama célèbre pour ses fêtes fastueuses et pleines d'éclat qui firent l'âge d'or de Higashi-Kuruwa. Les meilleurs clients que le quartier ait jamais connus.

« Ils dépensaient à tout va l'argent qui leur tombait du ciel, raconte Kinu. A une époque, la plupart des factures des maisons de thé étaient pour eux. Les membres de la famille avaient l'habitude de venir se divertir

146

toutes générations confondues, père et fils, grand frère et petit frère, branche aînée et branche cadette. L'ancêtre Nagataka Yokoyama était le principal vassal du fief de Kaga. On les disait richissimes. Takatoshi Yokoyama, son fils et son petit-fils Akira étaient tous trois beaux et riches. Les geishas rêvaient toutes d'être appelées à leurs réceptions. »

Takatoshi était le chef de la branche aînée. Il occupait le poste de président directeur général des mines Yokoyama. Il est mort en 1930 à l'âge de soixante-neuf ans. Propriétaire d'une luxueuse résidence bâtie sur un immense terrain, il se faisait raccompagner jusqu'à son domicile, par une vingtaine de geishas parfois, après avoir dépensé des sommes folles au quartier de plaisirs. Dans la pièce de réception du fond, le son du *shamisen* résonnait jusqu'à l'aube. Il aimait tous les genres de divertissement.

Takatoshi, que toutes appelaient *Gozensama*, « seigneur », laissait apparaître une rangée de dents en or quand il riait aux éclats. De grande taille, il n'hésitait pas à danser, sous les applaudissements des geishas, un *shimai* (danse de nô exécutée sans costume de scène) ou à montrer ses talents dans le chant *ko-uta* (air populaire très court), comme celui-ci :

Les mois se succèdent, ton ventre s'arrondit
Si ton ventre s'arrondit, qu'allons-nous faire...
Devant la porte d'un riche, alors...
Va-t-on le jeter ? Va-t-on le jeter ?

Il chantait à merveille et l'auditoire ne se lassait pas de l'entendre. De forte corpulence, il aimait tripoter les geishas. Il glissait sa main baguée de gros diamants brillants par l'ouverture des manches de kimono et touchait la poitrine de toutes sans exception. Les bagues laissaient sur le sein des griffures qui ne disparaissaient pas tout de suite. Les femmes craignaient de coucher avec leur protecteur avant la cicatrisation complète et elles trouvaient toujours une raison quelconque pour gagner du temps.

Le deuxième fils de Takatoshi Yokoyama était considéré dans le département comme le grand patron de la finance, de Meiji aux premières années de Taishô. Directeur de la banque privée Kashû, il prit la direction des mines du Hokuriku. On le surnommait le « roi des mines ». Son fils aîné, Akira, le secondait, et, en 1904, celui-ci adopta les toutes nouvelles méthodes occidentales d'affinage. Le nom de ce groupement financier très puissant, le *zaibatsu* Yokoyama, fut connu de tout le pays. En mars 1915, Akira se présenta aux élections en tant que représentant du parti Dôshikai contre Tokugorô Nakabashi du parti Seiyûkai. Il les remporta. Cette victoire lui permit de se tailler une place dans le monde de la politique.

« Akira venait parfois en compagnie d'un homme, Tokuda Shûsei, un écrivain, ai-je appris par la suite. Mais…, fit Kinu avec un sourire, il affichait un tel air d'ennui que je me demandais quel intérêt il trouvait à notre quartier. Le frère de M. Tokuda travaillait dans l'administration des mines Yokoyama et il fréquentait régulièrement le quartier réservé avec un membre de la famille.

« Sans avoir de geisha attitrée, Tokuda Shûsei avait cependant un goût bien particulier. Il existe deux types de geisha : celle qui ressemble à une pivoine éclose et salue à l'entrée du *zashiki*, et la geisha effacée qui ferait plutôt songer à un fantôme en position assise. Shûsei n'aimait que le genre effacé. »

Evidemment, les « geishas Yokoyama » étaient de premier rang. Assises sur les talons et serrées les unes contre les autres, elles formaient deux ou trois cercles

autour de leurs riches clients. Et quand les geishas à
l'extérieur entendaient tout à coup la musique d'un
orchestre dans la grande salle de réception du premier,
elles accouraient en vitesse, sachant qu'il s'agissait
d'un divertissement de luxe commandé par Akira
Yokoyama. Généreux, il régalait même celles qui
n'avaient pas été invitées.

« Allez… entrez, disait-il, servez-vous, vous pouvez
manger tout ce vous voulez ! »

Quand il ouvrait son portefeuille pour sortir deux ou
trois billets, les yeux éblouis de l'assemblée voyaient
apparaître des liasses de billets si épaisses qu'on aurait dit
un livre de *kôdan* (récits dramatiques de faits historiques).

Après avoir ôté sa veste et son gilet, le fils Yokoyama,
accompagné par Kinu au *shamisen*, dansait avec talent
une danse populaire sur le demi-tatami resté libre au
milieu du groupe compact des femmes assises autour de
lui. Même en plein hiver, la sueur coulait de son front, et
les « maîtresses Yokoyama », parmi lesquelles Koyakko,
devaient se lever et lui essuyer le visage.

Grâce à leur immense fortune et à leur position
sociale, les hommes de la famille Yokoyama pouvaient
avoir toutes les filles qu'ils voulaient et chacun d'eux
entretenait des maîtresses. Des geishas très jeunes, mais
aussi des femmes mûres. Des geishas en activité et des
maîtresses qu'ils entretenaient à l'extérieur du quartier.

Ces clients surnommés « les millionnaires Yokoyama »
ne demandaient pas systématiquement aux geishas de
les divertir avec leurs arts traditionnels. Et souvent, eux-
mêmes dansaient ou chantaient des airs populaires,
comme s'ils avaient organisé spécialement ces soirées
pour distraire les femmes. Les clients de premier rang
étaient à l'image de cette famille Yokoyama, et les geishas de catégorie supérieure, capables de tout danser,
jouer ou chanter, n'avaient pas à montrer obligatoirement

leurs talents artistiques. Mais elles devaient rester aux petits soins et connaître toute la panoplie de gestes, de mimiques ou de paroles susceptibles de les plonger dans le ravissement. Un érotisme raffiné qu'elles avaient appris au fil des années en observant leurs aînées.

En comparaison, les clients moins prodigues se montraient plus exigeants. Ils demandaient aux geishas de leur faire une démonstration de tous leurs arts, estimant qu'ils payaient suffisamment cher l'heure de divertissements. Ils buvaient, mangeaient, elles chantaient, dansaient, échangeaient des plaisanteries. Au cours de ces parties, les hommes dévoilaient au grand jour un visage qu'ils cachaient aux autres dans la journée.

Quand le dernier banquet se terminait, Kinu éprouvait toujours un soulagement.

Mais les clients réguliers raccompagnaient souvent les geishas jusqu'à leur *okiya*, et les mères les voyaient arriver d'un bon œil, sachant qu'ils allaient rester pour la nuit. Ces hommes repartaient au lever du jour, mais leurs partenaires féminines n'étaient pas assurées pour autant de dormir en paix.

En effet, l'établissement était aussi fréquenté par « ceux du matin » qui, n'ayant pu se libérer la veille au soir, venaient discrètement, de très bonne heure. L'un parce qu'il avait eu une affaire urgente à régler, l'autre parce qu'il était patron d'un commerce et n'avait pu s'esquiver dans la soirée en présence de son commis. Sans oublier « ceux de la journée », les préférés des patronnes. Ceux-ci payaient les honoraires *hanadai* aux geishas, et ils ne demandaient pas grand-chose en échange. L'hiver, ils se contentaient de rester assis devant le *kotatsu*, la petite table chauffante traditionnelle, et n'exigeaient rien d'elles, ni danse ni chant. Un travail aussi facile aurait dû plaire aux geishas, mais il leur était très pénible d'être privées d'heures de sommeil.

Par conséquent, quand des clients qui ne leur plaisaient guère s'étaient trop attardés, elles brûlaient en douce du moxa à l'arrière de leurs *geta* pour leur jeter un sort.

Beaucoup de riches artisans d'art de la ville venaient dans la journée. Leurs commerces étaient prospères, les arts décoratifs de Kanazawa étant aussi réputés que ceux de Hakata ou de Kyôto. Ils le sont restés. Tous les métiers traditionnels étaient représentés, avec en tête celui de batteur d'or. Parmi ces artisans, un décorateur spécialiste en motifs de soie *yûzen* de Kaga avait pris l'habitude, quand il se trouvait en manque d'inspiration, de venir deux ou trois jours de suite dans une maison de plaisirs à Higashi-Kuruwa. Il posait la tête sur les genoux d'une geisha qui faisait office d'oreiller et réfléchissait jusqu'à ce que jaillissent de nouvelles idées. Cet homme ne buvait pas de saké. Il laissait son kimono *yukata* dans l'*okiya* qu'il fréquentait régulièrement et se rendait au bain public du quartier. Il aimait discuter avec les geishas, et, quand les premiers clients arrivaient le soir dans l'établissement, il repartait et traversait en sens inverse le pont du Prunier en direction de Namiki-machi.

La renommée de ces quartiers réservés n'attirait pas seulement les gens du coin. Pour son sens de la fête et la douceur de vivre de l'ancienne capitale de Kaga, les habitants des autres régions, et en premier lieu ceux des départements voisins, considéraient Kanazawa comme la ville du divertissement par excellence.

Quand naît une petite fille au Japon, les grands-parents envoient traditionnellement au père et à la mère des petites poupées appelées *hina*. Or, la naissance d'un bébé est rare dans une *okiya*, si bien que le 3 mars, jour de *hina-matsuri*, la fête des Filles, il n'est pas d'usage d'exposer de telles poupées dans le quartier des geishas.

Un soir du 3 mars, des clients avaient invité Kinu dans leur maison. Et c'est à l'âge de dix-sept ans qu'elle découvrit pour la première fois, disposées sur une sorte de petite estrade, plusieurs poupées habillées en costumes traditionnels dont celles représentant l'empereur et l'impératrice. A son grand étonnement car elle n'avait jamais entendu parler de la fête des Filles. Kinu vit ce jour-là une exposition de ces figurines de *hina-matsuri* chez les Yokoyama et dans la maison du propriétaire de la pâtisserie *Morihachi*. Chez ce dernier, l'estrade ressemblait à un vrai palais miniature, aux yeux de la jeune geisha éblouie. Elle était décorée avec des sucreries *konpeitô* faits maison qui avaient la forme de leurs moules de bois respectifs : dorade, pêche, flèche… et qui sentaient la cannelle. La nuit de cette fête, on invitait toujours plusieurs geishas de Higashi-Kuruwa à qui était offert du saké servi dans des coupes en laque de Wajima.

A la vue de ces poupées représentant l'empereur, l'impératrice, des samouraïs… Kinu réalisa que, dans les petits plateaux placés en offrande sur l'estrade, les familles de Kanazawa avaient pour coutume de déposer un *sekihan*, le « riz rouge » à base de riz glutineux et de haricots rouges des grandes occasions. Ainsi qu'une soupe aux palourdes d'eau douce, de la morue séchée et des petits légumes blanchis.

Elle revint de chez Morihachi avec un *konpeitô* enveloppé dans une demi-feuille de fin papier blanc à calligraphie. Dans le salon du Fukuya, Kinu divisa en tout petits morceaux cette sucrerie qu'elle partagea avec ses camarades. Dans ses rêves, les jours suivants, elle se voyait dormant avec sa sœur dans la pièce décorée des poupées de *hina-matsuri*. Alors âgée de dix ans, Sato connaissait les dures journées d'une petite *taabo* et s'appliquait à l'étude du *shamisen*.

Après cette fête, Higashi-Kuruwa attendait d'un jour à l'autre le *hanami*, « voir les fleurs ». Et quand se répandait la nouvelle : « Ça y est ! les fleurs de cerisiers dans le jardin Kenrokuen sont écloses ! », les bourgeons des cerisiers devant le Fukuya s'ouvraient tout à coup, et les passants avaient l'impression d'avancer sous une voûte de pétales blancs.

A cette époque, on parlait beaucoup dans les *zashiki* du Hôraimaru, le bateau de plaisance pourvu d'un toit sur l'étang Kasumigaike du Kenrokuen. Le 21 mars 1909, Ichimaru Jinroku, l'exploitant du salon de thé Uchihashitei connu pour sa terrasse en surplomb au-dessus de l'eau, avait obtenu du préfet de département sa licence d'exploitation lui permettant de prendre des passagers à bord. Et pour un *sen*, ceux-ci pouvaient faire le tour de l'étang.

Une promenade appréciée des clients en compagnie de leurs geishas préférées. Le bateau était clos de chaque côté par des cloisons en bois tendues de papier translucide et divisé à l'intérieur en deux espaces, la poupe et la proue, compartimentés par des paravents. Les passagers buvaient du saké, mangeaient, chantaient, s'amusaient jusqu'au lever du jour, sans voir le temps passer. La nuit de la pleine lune du printemps, les geishas arrangeaient une composition florale avec des branches de cerisiers à l'avant du bateau et ouvraient les cloisons pour admirer la lune et les arbres en fleurs.

Les jeunes novices « aux longues manches » présentaient aux clients des plateaux ronds remplis de *hanami-dango*, des boulettes à base de farine de riz réservées aux réceptions des cerisiers en fleurs. Puis elles attendaient les ordres, debout derrière leurs aînées. Parfois, la lumière s'éteignait et les geishas se mettaient à jouer un air de flûte, la « flûte du ciel » en général.

Et puis, quand arrivait l'éclosion des iris qui longent de chaque côté les méandres du petit cours d'eau de Kenrokuen, Kinu était souvent invitée à tenir compagnie aux clients. Ils veillaient toute la nuit en s'amusant bruyamment pour pouvoir entendre tôt le matin le son des fleurs qui s'épanouissent. Quand les premiers rayons du soleil pénétraient dans le jardin encore sombre à travers les branches d'arbres, les iris s'ouvraient un à un *pon ! pon !* N'osant plus respirer, les spectateurs assistaient à l'éclosion des iris qui se reflétaient dans l'eau de la rivière semblable à un *obi* violet déroulé. Ces admirateurs aimaient également s'installer sur le bateau, divertissement très recherché depuis l'époque de la restauration Meiji jusqu'au début de l'ère Taishô.

Sur l'étang de leur propriété, les Yokoyama eux-mêmes organisaient fréquemment des réceptions à bord d'un bateau, et les photographies prises en ces occasions montrent toujours Tsuruko et Kinu.

Au printemps, tous se sentaient d'humeur gaie, et l'animation redoublait dans les quartiers de plaisirs avec les visites des clients voyageurs. L'une de leurs grandes distractions était le « jeu du choix des épingles ornementales ». Les participants, hommes et femmes, étaient réunis par couples en fonction du choix des épingles à cheveux. On appelait les geishas « princesse ». Assis sur les tatamis du *zashiki* de la maison de thé, tous chantaient en chœur ce refrain populaire :

Pour s'étendre aux côtés d'une princesse, tirons l'épingle à cheveux
Pour faire l'amour à la princesse, tirons l'épingle à cheveux
Si on fait l'amour à la femme d'un autre, il faut se dépêcher
Hore... sesse... sesse... sesse...

Au milieu du groupe, on avait disposé un plateau rond en laque noire et, en étoile, dix ou vingt épingles à cheveux, un nombre égal à celui des femmes présentes. La plupart étaient en corail mais de formes et de couleurs différentes. Deux hommes tiraient au sort en criant *jan-ken-pon !* et présentaient simultanément la main dans l'une des trois positions symbolisant les ciseaux, le papier ou la pierre. Chaque gagnant prenait l'épingle de son choix et allait passer la nuit avec sa propriétaire.

A la fin d'un banquet, les clients voyageurs jouaient toujours à ce jeu de l'épingle. Le choix terminé, les couples ainsi formés disparaissaient dans la rue obscure en titubant. Leur nombre étant trop élevé pour une seule *okiya*, on les répartissait entre toutes les maisons de geishas du quartier. Ces nuits-là, les domestiques *banba* et *beebe* ne pouvaient dormir. Elles somnolaient au bord de l'âtre creusé dans le sol du salon *cha-no-ma*, prêtes à répondre au moindre appel. Les tireurs de pousse-pousse restaient également toute la nuit à la station. Les hommes qui venaient d'Osaka, habitués aux distractions des quartiers réservés de Tobita et de Matsushima, demandaient à leur partenaire de pratiquer des techniques sexuelles sophistiquées. Au courant de leurs exigences, les patronnes ne leur proposaient pas les prostituées qui vendent simplement leur corps et sont pressées de conclure par souci de rendement. Elles leur préféraient les geishas qui prenaient leur temps et qui étaient au fait des jeux érotiques raffinés.

Mais ces femmes n'aimaient pas coucher avec un client du jeu de l'épingle. Elles s'y résignaient à contre-cœur, par crainte de s'attirer les reproches ou de provoquer la mauvaise humeur des patronnes d'*okiya*. Ces établissements étaient relativement nombreux, et chaque geisha avait quatre, cinq ou même dix maisons fidèles qui l'appelaient régulièrement pour les *zashiki*. Qu'une seule de ces maisons fût fâchée ou ne veuille plus d'elle, et cela se répercutait immédiatement sur ses honoraires. C'est pourquoi, quand une patronne insistait auprès d'une geisha pour qu'elle vienne participer au jeu de l'épingle, celle-ci ne cherchait pas à se dérober même si, à ce moment-là, elle tenait compagnie à l'un de ses riches clients dans une autre *okiya*. Elle s'empressait de se libérer et d'accepter, afin d'éviter des retombées néfastes.

Il y avait aussi autre chose. A partir d'un certain âge, la plupart des geishas, sauf motif grave, avaient un protecteur. Mais celui-ci versait sa rétribution mensuelle directement à la mère, et la geisha n'en touchait qu'une faible part comme argent de poche. Pour augmenter ses revenus, elle avait donc en cachette des clients réguliers, avec qui elle couchait dans d'autres *okiya* qui gardaient le secret, bien trop contentes de s'attacher des habitués. La geisha qui se contentait de servir le saké aux banquets ne gagnait pas suffisamment d'argent et elle ne pouvait pas non plus espérer garder de bons clients. Nombre d'entre elles s'attiraient ainsi les faveurs des patronnes, taisant évidemment leurs aventures à leur protecteur et à la mère de leur *okiya*.

Le client de passage se voit refuser l'entrée dans un établissement de Higashi-Kuruwa. Quand un groupe de voyageurs se présente, il faut que l'un d'eux ait une

relation en ville qui puisse l'introduire dans *l'okiya*. Ce
« parrain », qui joue le rôle de garant, est un natif de
Kanazawa et fait partie des « locaux »). Comme nous
l'avons déjà souligné, les habitants de la ville distin-
guent les résidents « locaux » des résidents « étrangers »
originaires d'une autre région, et les seconds sont considérés avec un certain mépris par les premiers. Les établissements n'acceptent pas le client de passage, car ils
craignent que leur facture ne soit pas réglée par la suite
ou bien d'avoir la mauvaise surprise de tomber sur des
personnes qui tiennent mal l'alcool, cherchent des histoires ou provoquent des bagarres. Parmi ces clients
incorrects, il y a par exemple celui qui urine dans le brasero, celui qui lance une petite coupe à saké sur le *kake-
jiku*, le tableau suspendu dans l'alcôve, ou celui qui
dérobe une estampe représentant une belle femme.

Quand le client est devenu un familier grâce à l'intervention de son garant, il peut dès la deuxième fois réser-
ver directement par téléphone à *l'okiya* la ou les geishas
qu'il désire et se mettre d'accord sur l'heure du *zashiki*.
Il réserve tout à l'avance et commande la musique qui
lui convient, tambour, *shamisen*. Les clients règlent
leurs factures groupées certains mois de l'année décidés
à l'avance. Ils paient la patronne directement en espèces.
De Meiji à Taishô, les factures étaient payées deux fois
l'an, à la fête de l'*o-bon* en août et à la fin de l'année,
mais certains réguliers à court d'argent pouvaient étaler
leurs règlements sur plusieurs mois.

Comme nous l'avons dit, l'autre source de revenus
importante pour les mères d'*okiya* provenait des gratifi-
cations versées mensuellement par les protecteurs, qui
étaient parfois des lutteurs *sumôtori*. A la différence de
maintenant, les lutteurs n'avaient pas plusieurs tournois
annuels de quinze jours au même endroit. Ils faisaient
donc des tournées en province et passaient évidemment

une fois par an à Kanazawa. Les geishas attendaient avec impatience l'arrivée de leur lutteur favori. Le premier jour de combat, le *sumôton* exécutait le *shiko*, consistant à lever une jambe très haut pour frapper ensuite le sol avec force, devant le Kagetsurô. Pour leur publicité réciproque, puisque le précédent patron de cet établissement était un lutteur de sumo.

Fondateur de Higashi-Kuruwa, il s'appelait Hachigorô. Né en 1833, il arriva à Kanazawa en 1854. *Sumôtori* à Edo, Hachigorô était un habitué du grand quartier réservé de Yoshiwara et, après son installation à Kanazawa, il avait eu envie de créer un quartier de plaisirs du même style. Sa femme Katsu était geisha près de la rivière Saigawa.

Hachigorô contrôla pendant longtemps Higashi-Kuruwa. A cette époque, il avait plusieurs maisons dont l'une possédait « la pièce de la cuve renversée ». Si un client ne pouvait régler ses folles dépenses, il était retenu dans une grande cuve retournée et il restait là tant que son garant n'était pas venu payer pour lui et le libérer.

Le poids des trois grosses pierres posées sur le dessus de la cuve l'empêchait de s'enfuir, et la nourriture lui était passée par un trou aménagé dans le « mur » de sa prison. Des geishas, dit-on, apportaient en secret des petits cadeaux au prisonnier.

Son du *shamisen*, voix flatteuses, l'animation se poursuivait jusqu'à l'aube dans toutes les maisons. Et si le tambour retentissait très fort, personne n'aurait songé à blâmer la musicienne. Lorsque Vénus, l'étoile du matin, apparaissait dans le ciel, les raconteurs de *shinnai* se taisaient. Au fond d'une étroite arrière-ruelle en impasse, une enseigne qui portait l'inscription : *Acupuncture*, *Moxa* pendait d'un avant-toit, et le dernier quartier de lune venait la frôler. La flûte de la masseuse s'éloignait dans la rue.

Quand Kinu rentrait d'un banquet ces nuits-là, les larmes qu'elle montrait désormais si rarement aux autres coulaient doucement sur ses joues.

La lune

En été, à Higashiyama (la zone est de la ville), et en particulier à Higashi-Kuruwa, on suspendait à l'entrée des maisons un épi de maïs frais. Enveloppé dans une demi-feuille de papier blanc maintenue par un *mizuhiki* rouge et blanc – ce cordonnet de papier finement torsadé qui entoure les cadeaux –, il était accroché a un clou, soit près du pilier de la porte, soit juste de l'autre côté, et les cheveux de l'épi frémissaient à chaque courant d'air. Il s'agissait d'un porte-bonheur, le *kado-mamori*, « gardien de la porte » auquel on attribuait le pouvoir de porter chance et d'éloigner les mauvais esprits.

Chaque année, Kinu suspendait un *kado-mamori*. Une tradition qu'elle respecta pendant plusieurs dizaines d'années. Les gens achetaient cet épi de maïs à Kannon-machi dans l'enceinte du temple, le jour qui célèbre Kannon, le bodhisattva de la Miséricorde, et en même temps, le marché du Maïs, fête annuelle très animée, très gaie, surnommée « quarante-six mille jours ». Quel merveilleux remue-ménage dans ce quartier tout au long de la journée !

Les forains qui vendaient des *mushi-manjû*, boules de pain cuites à la vapeur et fourrées de crème de haricots rouges, alignaient leurs étals à côté des vendeurs de bonbons ou de maïs. Des rangées d'épis de maïs grillaient sur les braises du charbon de bois des longs et étroits braseros. Les marchands attisaient la braise à coups d'éventail. Le maïs crépitait. Dès la tombée de la nuit, une foule bruyante se pressait : artisans vêtus de la veste ample *hanten* portant au dos l'emblème de leur maison, filles en kimonos de cérémonie, femmes accompagnées de leurs enfants. C'était noir de monde.

Le temple étant proche de Higashi-Kuruwa, les geishas venaient toujours en compagnie des clients vers une ou deux heures du matin. L'air frais dégrisait les hommes fatigués. Tous brûlaient des bâtons d'encens, et les femmes restaient là assises afin d'imprégner leur corps de cette odeur et de prier pour la prospérité de leurs affaires. Les gens qui étaient venus une fois au marché du Maïs dans le temple de Kannon revenaient ensuite chaque année. Tous les ans, ils achetaient un nouvel épi, le faisaient bénir et ils rendaient l'ancien qui allait être brûlé.

Apprentie geisha, Kinu aimait aller au marché du Maïs où elle se rendait avec les clients, sa mère ou sa sœur. Cette nuit de fête, on voyait souvent la lune au-dessus de la colline du temple de Kannon.

« Il existe une croyance populaire selon laquelle plus les cheveux de l'épi sont longs, plus la personne qui l'a acheté aura de chance de gagner beaucoup d'argent. Chacun en choisissait donc un pourvu de longs cheveux et priait pour que malheur et infortune passent leur maison.

« Quand nous nous rendions à Kannon, le maïs resté suspendu à la porte pendant l'année écoulée, nous remercions Kannon de ses bienfaits. Puis nous en achetions un de plus, également grillé mais avec de la sauce, celui-là, pour le manger lentement en montant les marches de l'escalier en pierre du temple.

« Le marché du Maïs de Kannon-in se déroulait généralement au début d'août. Les prières dans ce temple le jour de la fête du Maïs équivalaient à quarante-six mille jours ordinaires de prières. On célébrait Kannon avec des drapeaux de cinq couleurs, violet, bleu, blanc, rouge et jaune.

« Dans la rue se répandait l'odeur du maïs grillé et tous s'amusaient énormément. Maintenant encore, je me souviens d'une dispute entre ma mère et ma petite sœur. Sato adorait le maïs et elle en engloutissait plusieurs à la file sans prendre le temps de respirer. "Tu en as assez pris, dit ma pauvre mère, arrête d'en manger, sinon tu vas avoir mal au ventre !"

« D'après vous, qu'a bien pu répliquer Sato ? Vous ne le croirez pas ! Eh bien, elle a répondu : "C'est toi qui m'as faite avec un grand nez ! J'peux pas résister, j'ai un trop bon odorat !" Ma sœur dévorait ses épis de maïs comme un goinfre. J'avais l'impression qu'elle mangeait aussi par le nez. Maman ne savait comment l'arrêter.

« Quand j'accompagnais des clients au temple, habillée de mon beau kimono de *zashiki*, je flânais avec eux jusqu'à une, deux et parfois même quatre heures du matin, jusqu'à l'aube. »

La fête « quarante-six mille jours » était célébrée dans tout Kanazawa, mais la plus animée restait celle de Kannon-in dans la rue de Kannon-machi, très populaire en raison de son ancienneté. Autrefois, on jouait dans l'enceinte du temple une pièce de nô sur une scène de théâtre en plein air. La fête durait deux jours. Le premier jour, le seigneur Maeda du fief de Kaga et ses samouraïs venaient prier dans le temple, le deuxième, c'était au tour des habitants de la ville, et, tous ensemble, ils célébraient un office pour le repos de l'âme des ancêtres Maeda. Une pagode à trois étages se dressait également à cet endroit, mais en mars 1889, elle brûla accidentellement dans un incendie provoqué par un clochard.

Il ne reste de cette grande fête que le marché du Maïs à Kanazawa, et le vent souffle encore dans les cheveux des épis *kado-mamori* suspendus aux portes. Kinu aimait ce quartier de Kannon-machi où régnait une ambiance de vie quotidienne « normale » et elle finit par y acheter elle-même une maison.

Après la fête de Kannon-in, il y avait encore le Jizô-bon au Jukyô-ji. Dans ce temple bouddhique de Kannon-machi sont vénérées sept statues de pierre Jizô[1] portant des épis de riz. Des statues érigées pour soulager les âmes de sept martyrs, les principaux fomenteurs de la révolte du riz à Kaga le 11 juillet 1858.

Au bout de la rue de Kannon-machi, la voie se sépare en deux. A droite, elle conduit au temple de Kannon-in, et à gauche, elle devient un chemin qui monte vers le mont Utatsuyama et passe près d'une sculpture de pierre *kôshinzuka*. Pendant la période Edo, un millier de paysans avaient osé grimper sur la montagne interdite au peuple et hurler, à l'endroit où se trouve cette pierre, en direction du château : « Le riz est trop cher ! », « Nous avons faim ! » Des clients racontèrent cette histoire à Kinu une nuit du *sankôsan* alors qu'elle participait à la cérémonie *shintô* dans Utatsuyama. *Sankôsan* est une fête traditionnelle ancienne où l'on vénère la lune à l'apparition du dernier quartier vers une heure du matin, le vingt-septième jour du septième mois de l'ancien calendrier lunaire, c'est-à-dire à la fin d'août. Selon une croyance, les personnes qui révèrent la lune cette nuit-là échapperont à une calamité, à un accident, et ne souffriront pas du démon de la chair. Beaucoup grimpent jusqu'à la pierre dans la fraîcheur du soir.

Les clients accompagnaient les geishas pour prendre le frais et aussi aller voir la lune. Tous montaient lentement sur le sentier de la petite montagne. Entre les vieux pins, cryptomères et ormes du Caucase, les grimpeurs

---

1. Objets très familiers des croyances populaires au Japon. La plupart d'entre eux sont des statues dédiées à la protection divine des enfants.

peuvent apercevoir Kannon-in et l'Asanogawa. Au printemps, portant leurs boissons et leurs boîtes à casiers superposés contenant de la nourriture, beaucoup de gens empruntent également ce chemin large et raide pour se rendre à la fête du temple Rennyo-dô. Ils veulent honorer l'anniversaire de la mort du prêtre bouddhiste Rennyo, inspirateur du « royaume paysan » à Kaga au XVIe siècle. Ou bien en automne, des promeneurs vont admirer là les feuilles rouges des arbres.

La pierre se trouvait dans un bois de pins du Japon, et les sandales en paille s'enfonçaient dans l'humus formé par les aiguilles de pin. Kinu et ses compagnons étalaient côte à côte plusieurs nattes de paille, suivis par d'autres geishas et leurs clients, ainsi que des enfants avec leurs parents. Tout en chassant les moustiques, ils mangeaient et s'amusaient. Les adultes buvaient du saké en attendant l'apparition de la lune.

Quand elle surgissait en haut des arbres de derrière la montagne, les spectateurs pouvaient voir tout à coup trois faisceaux lumineux éclairer la terre. Ce croissant de lune appelé *sankô*, « trois lumières », était bien plus mince et lumineux que tout ce qu'avait pu imaginer Kinu. Dans l'obscurité, les gens claquaient des mains en signe de piété. « Il arrivera malheur, dit-on, à l'homme et à la femme qui ont des relations sexuelles la nuit de *sankôsan* ». Voilà pourquoi la grand-porte principale du quartier réservé était fermée plus tôt que d'habitude cette nuit-là, et tout restait calme et silencieux.

En automne à Utatsuyama, les feuilles tombées des cerisiers recouvrent le chemin. Mouillées par les brèves averses de la saison, elles exhalent l'odeur aigre-douce des feuilles de *sakura-mochi*, des gâteaux de riz glutineux légèrement rouges fourrés de crème de haricots rouges et enveloppés dans de vraies feuilles de cerisiers salées. Sous le prétexte d'admirer les feuilles d'automne

sur le chemin de montagne bordé de cerisiers, les geishas flânaient souvent avec leurs clients depuis Tera-
machi, le quartier des temples, jusqu'au pied de ce mont
Utatsuyama. La saison des feuilles rouges dans le Hokuriku ne dure pas longtemps et, passé le 10 décembre, il
n'en reste plus une seule aux arbres.

En cette saison, les plus occupés dans Kanazawa
étaient les prêtres. Ils étaient invités à venir prier à des
dates différentes dans chacune des maisons des nombreux fidèles de la secte bouddhique Jôdo Shinshû pour
hoonkô, les cérémonies commémoratives destinées à
honorer Shinran, le fondateur de la secte. Cérémonie
que l'on soignait particulièrement dans les maisons du
quartier de plaisirs, car – encore une de leurs supersti-
tions – les geishas pensaient avoir beaucoup de clients
ce jour-là si elles voyaient le prêtre le matin. Le service
se déroulait donc dans la matinée. L'assistance mangeait des *botamochi*, toujours des boulettes de riz, et
cette fois enrobées de purée de haricots sucrée, faites
maison, préparées par la mère de l'*okiya*.

Quand arrivait le dernier mois de l'année, les prêtres
terminaient tout juste leurs cérémonies commémoratives dans chaque maison et temple de la secte.

Au début du mois de décembre, pour « la dernière
petite fête de l'année », les geishas invitaient les professeurs de toutes les disciplines artistiques, et une fête était
organisée avec la seule participation des intimes dans un
restaurant *ryôtei*. A cette occasion, une prime, le bonus
en fait, était offerte à ces professeurs en remerciement.

Puis c'était déjà *omisoka*, le 31 décembre. Quand les
cloches retentissaient dans la ville pour annoncer le passage de la nouvelle année, les clients familiers se trouvaient avec les geishas dans les *zashiki*. Pour fêter
l'événement, on se faisait livrer le *toshikoshi-soba*, les
longues et fines nouilles du réveillon à base de farine de

164

sarrasin, symboles de longévité. En cercle autour de la mère, tous restaient un bon moment à parler des événements plus ou moins importants intervenus pendant l'année. Un jour, Kinu eut l'impression que la rue où voltigeaient les flocons de neige était la voie de l'Amour.

Répétition de tsuzumi.

3

La vie à Kannon-machi

Après son *mizu-age*, qui marquait le passage à l'âge adulte, Kinu s'était soudain retrouvée très occupée, du moins jusqu'à son opération du nez. Désormais, elle allait tous les jours chez la coiffeuse qui savait lui faire un chignon impeccable.

Kinu devait profiter de son charme de jeune fille en fleur pour trouver rapidement un bon *danna*, un protecteur très généreux qui lui permettrait de financer ses cours et de perfectionner sa grande connaissance des arts. Mais en observant ses camarades qui avaient la chance d'en avoir un et se trouvaient parfaitement satisfaites sur le plan financier et affectif, elle se rendit compte que toutes débordaient de sensualité. Une fois leur virginité vendue à prix d'or, ces filles n'hésitaient plus à coucher avec de nombreux partenaires pour trouver et séduire le protecteur idéal. Fort sérieuse, la geisha Kinu ne semblait pas attirer ce genre d'homme. Etre une virtuose de la danse devait jouer en sa défaveur et puisqu'il en était ainsi, elle décida de se consacrer encore plus aux arts traditionnels. Elle devint si talentueuse que, chaque soir, on la réclamait dans plusieurs *zashiki*. Tous voulaient voir danser la grande et mince Kinu.

« Suzu… ! Suzumi… ! » criaient les clients éméchés qui l'acclamaient à chacune de ses apparitions. Sa danse restait sobre et raffinée du début à la fin.

Certaines geishas soignaient leurs effets quand elles dansaient, et de manière très voyante pour un œil averti. Par exemple, dans un geste gracieux, elles tournaient vers un client la face de l'éventail qu'elles tenaient au niveau de la poitrine. Ou bien elles laissaient délicatement tomber près des genoux d'un homme assis la petite serviette, *tenugui*, qu'elles maintenaient entre les lèvres. Ces femmes accompagnaient de charmantes mimiques leurs gestes évocateurs et utilisaient de petits accessoires. Ainsi usaient-elles de stratagèmes pour séduire, en détournant la vocation première des arts. En comparaison, la danse de Kinu gardait une allure pleine de noblesse.

Kinu faisait très attention à sa toilette. Elle devait disposer d'un très grand nombre de ceintures et de kimonos pour répondre aux multiples invitations à danser jour après jour. Par conséquent, elle investissait beaucoup d'argent. Les clients étaient satisfaits mais en contrepartie, sa dette à l'*okiya* augmentait.

A peine était-elle arrivée à un *zashiki* qu'on la demandait déjà ailleurs. Cela n'arrêtait pas. Du bas de l'escalier, la patronne de l'*okiya* l'appelait constamment : « *O-me... !* on veut te voir !* » Un client voulait la regarder danser ne fût-ce qu'un instant alors qu'elle était dans un autre *zashiki*. Une fille à la mode ne pouvait jamais rester longtemps dans le même endroit et Kinu trouvait ennuyeux ces demandes de « *o... me* ». En effet, quand elle tenait compagnie à un client qui lui plaisait, elle aurait aimé rester longtemps avec lui, toute la nuit si possible. Et par un coup du sort, on la demandait toujours ailleurs à ce moment-là. En pleine fleur de l'âge, Kinu avait beaucoup de succès et passait de réception en réception, banquets, parties... Elle se rendait à des *zashiki* différents tout au long de la nuit, sans jamais prendre le temps de souffler. Suzumi, du Fukuya, devint

168

l'une des trois geishas à la mode avec ses deux amies, Tsuruko, du Kichiriki, et O-Ei, du Nomuraya.

Son talent artistique reconnu, elle fut promue relativement vite geisha de rang supérieur. Ces geishas qui faisaient la réputation de Higashi-Kuruwa, une dizaine dans le quartier, servaient les clients de rang supérieur. Les geishas s'efforçaient sans cesse de se perfectionner dans leur métier pour attirer et fidéliser des clients aisés.

Elles ne recevaient guère de pourboires à l'époque et ne pouvaient compter que sur leurs honoraires *hanadai*. Mais pendant les quinze jours du nouvel an, la « loterie du vêtement », *fukubiki*, remplaçait la prime. Chaque fille prenait un article au hasard dans un grand sac en papier rempli d'accessoires et de vêtements masculins ou féminins par un client. Un vêtement de nuit, un cordon pour ceinture *obi*, une doublure de kimono, un sous-vêtement, un savon, du maquillage... Lorsqu'il s'agissait d'un client de rang supérieur, les articles étaient de plus grande valeur, et ce pouvait être un *tan* d'étoffe (une pièce de 9,85 m sur 36 cm) ou un tissu précieux pour le *obi*. Si les jeunes geishas faisaient tant d'efforts pour pouvoir servir des clients de rang supérieur, c'était en prévision de cette loterie du nouvel an. Car elles rêvaient de gagner une étoffe de qualité supérieure, comme une soie *tsumugi* d'Oshima, si difficile à obtenir en temps ordinaire.

En dehors des divertissements artistiques, certains jeux remportaient beaucoup de succès : le *chonnuke*, « le jeu de l'escalier », ou « la rivière peu profonde ». Pour le premier, clients et geishas, ou geishas seules, jouaient à *jan-ken-pon* ! Chaque fois qu'un joueur perdait, il retirait un vêtement. A la fin, l'homme se retrouvait en cache-sexe et la femme en jupon. Il arrivait même que la femme dût enlever son sous-vêtement, exposant ses seins nus à toute l'assemblée. Personne ne savait jamais à l'avance quand allait survenir ce jeu. Il pouvait arriver chaque jour et à tout moment. Par précaution, chaque geisha enroulait autour du kimono une cordelette supplémentaire qui pouvait compter pour un vêtement. Kinu mettait l'obligatoire ceinture large et raide *datejime* maintenue fermée par un fin cordon. Mais comme elle était maigre, elle glissait également dans son encolure une dizaine de petites serviettes et des mouchoirs en papier, rembourrage judicieux permettant d'obtenir une belle ligne de kimono. Elle n'allait donc pas beaucoup plus loin que le kimono de dessous écarlate quand elle perdait au *janken*. Et lorsqu'elle se déshabillait, les mouchoirs en papier rose tombaient comme des pétales de fleurs. Une fois cependant, Kinu se retrouva, rouge de honte, en simple jupon et torse nu. Son adversaire de *janken* était un vieil homme édenté et chauve. Quelle humiliation ! Jamais elle ne pourra l'oublier. Et à la vue de la poitrine potelée et complètement inattendue de Kinu, tous écarquillèrent les yeux. Cette découverte devint un sujet de conversation apprécié des clients. Car, habillée, Kinu paraissait maigre.

On jouait souvent au jeu de l'escalier dans les parties de geishas. L'une d'elles faisait semblant de monter marche par marche un escalier en portant un petit flacon de saké et le redescendait de la même manière. Elle se mettait dans la position accroupie, puis dépliait peu à peu son corps, se redressait, se haussait sur la pointe des pieds, puis recommençait l'opération en sens inverse. Les jambes serrées dans son fourreau de soie, la geisha gênée dans ses mouvements manquait de tomber en avant, et ses tentatives pour garder l'équilibre laissaient voir la forme de ses fesses moulées, à la grande joie des convives qui trouvaient ce spectacle fort séduisant.

Le dernier jeu, « la rivière peu profonde », revenait constamment.

Si la rivière est peu profonde, on relève le kimono jusqu'aux genoux...
Si elle est plus profonde, on dénoue le obi...

chantait l'assistance en battant la mesure avec les mains tandis que dansait une jeune geisha. Et à la fin de la chanson, la danseuse devait relever son kimono très haut sur les cuisses et pivoter. Pendant longtemps, la jeune Kinu qui ne portait évidemment pas de culotte eut honte de jouer à cette « rivière peu profonde ». Mais si son visage indiquait qu'elle allait fondre en larmes, les grandes sœurs l'obligeaient à recommencer encore une fois. Il fallait du temps aux jeunes geishas pour comprendre qu'elles avaient intérêt à garder un air indifférent afin de ne pas s'attirer les réactions malveillantes de leurs aînées. Kinu dut supporter, comme ses camarades, ces divertissements qui permettaient aux plus « vieilles » de se moquer des plus jeunes, et à chaque nouveau *zashiki*, elle devenait un peu plus adulte.

On demandait souvent aux jeunes d'accomplir des choses très désagréables, mais elles devaient garder un visage impassible, supporter en silence, se dominer, ne jamais montrer leur répugnance et rester apparemment insensibles. D'autre part, elles prenaient soin de flatter les clients importants de leurs aînées pour s'attirer les bonnes grâces de celles-ci. Mais même quand elles cherchaient à plaire, les jeunes geishas ne se montraient pas familières avec les clients et protecteurs des grandes sœurs. Elles devaient adopter une attitude réservée et, surtout, ne pas avoir de relations intimes avec eux. Kinu apprit progressivement les règles du milieu des geishas. Impossible de les ignorer sous peine de ne pouvoir continuer ce métier.

Il ne fallait pas aguicher un homme en sachant pertinemment qu'il s'agissait du protecteur d'une autre, et encore moins coucher avec lui. C'était ce qu'il y avait de pire aux yeux de la communauté. Si un client faisait la cour à une nouvelle geisha ignorant qu'il était le protecteur d'une aînée, s'il la coinçait dans le couloir désert, elle devait se dérober poliment. Sinon, elle pouvait se retrouver aux prises avec une grande sœur enragée à l'idée de se voir dérober son bien. « Elle a piqué un protecteur... on lui a piqué son protecteur... elle le rend... elle ne le rend pas... » Ce genre d'histoires revenait fréquemment. Dans ces cas-là, la mère et même la patronne du restaurant s'en mêlaient et cela tournait à l'émeute.

Les femmes criaient, pleuraient et allaient jusqu'à se battre.

Kinu fit un jour ce genre d'expérience. Elle s'était laissée séduire naïvement par un homme, mais grâce au comportement intelligent de son aînée, l'affaire se termina sans scandale. « Dis donc ! lui fit celle-ci, il paraît que tu t'es très bien occupée de mon protecteur pendant mon absence. J'étais si débordée ! Il paraît même qu'il t'a donné un bon pourboire... » La voix doucereuse et le visage impassible de l'autre avaient mis Kinu très mal à l'aise. Par la suite, elle vérifia toujours ses fréquentations.

Après son dépucelage, plusieurs clients se proposèrent aussitôt pour devenir le protecteur de Kinu. Mais la mère du Fukuya semblait avoir quelque autre idée, et l'affaire tomba à l'eau. Vers l'âge de dix-sept, de dix-huit ans, Kinu couchait avec les hommes que lui imposait la mère sans émettre la moindre objection. Elle faisait preuve d'une obéissance aveugle et laissait le client la prendre en surmontant son dégoût. On lui avait dit de rester maquillée au lit et spécifié que ces partenaires occasionnels n'étaient que des clients avec lesquels il ne fallait pas rechercher le plaisir. Mais une fois, l'un d'eux l'emmena pour la nuit dans une station thermale. Quand l'homme allongé sur elle dans l'obscurité de la chambre la prit de force, Kinu éprouva un plaisir intense et connut l'orgasme. Elle s'aperçut qu'à son insu elle avait étreint son partenaire, ce qui ne lui était jamais arrivé. Ces sorties en dehors du quartier réservé se répétaient deux ou trois fois par mois. Elle recevait alors vingt-quatre heures d'honoraires *hanadai*.

Avec ses journées et soirées consacrées aux arts traditionnels et son travail au lit la nuit, Kinu ne voyait pas le temps passer. Posséder l'art du babillage et de l'érotisme mondain dans les soirées demandait cinq ans à une jeune geisha et requérait de sa part un sixième sens pour traiter les clients avec talent. Quand elle avait affaire à un nouvel interlocuteur, la geisha devait aussitôt deviner son type de femme et trouver sur-le-champ un sujet de conversation qui lui plairait. Fille mignonne... gentille fille... fille calme... elle devait se mettre promptement au diapason. Toute à la conversation, il lui fallait intervenir à bon escient et approuver les opinions de son interlocuteur. Chaque soir, une geisha à succès passait d'un *zashiki* à l'autre, et il était essentiel pour elle d'évaluer rapidement la situation et de se plonger dans l'ambiance de la nouvelle réception.

Vive et intelligente, Kinu s'adaptait immédiatement et savait instantanément à qui elle avait affaire, ce qui lui permettait de trouver les sujets de conversation adéquats. Il y avait tous les genres : l'homme qui aime les sujets difficiles, celui qui aime le chant ou l'autre qui aime la littérature.

A vingt ans maintenant, Kinu était devenue une geisha de *zashiki* accomplie et, en raison de son succès, un personnage important de l'*okiya*. En effet, liée par contrat à l'établissement, elle rapportait beaucoup d'argent. C'était la mère qui nourrissait Kinu et réglait toutes ses factures pendant la durée du remboursement de sa dette. Mais, en échange, la patronne gardait la presque totalité des gains de la jeune geisha à qui il ne restait pas grand-chose. Heureusement, le protecteur de Kinu, son *danna*, avait été désigné et elle pouvait recevoir de l'argent de poche qu'elle utilisait à son gré. Même si la rétribution mensuelle était versée directement à la mère, Kinu s'était arrangée pour recevoir chaque mois de son protecteur des sommes d'argent relativement importantes. Considérant qu'un *danna* représentait un bon moyen de gagner de l'argent, Kinu se consacrait dorénavant à Yamajin, choisi par la mère parmi ses clients réguliers et propriétaire aisé d'un commerce de feuilles d'or. Durant ces années de l'ère Taishô, l'industrie de la soie *habutae* était en pleine récession, mais en revanche, le battage d'or et la dorure à la feuille d'or restaient florissants. Kinu se mit à épargner sérieusement dans le but d'acheter un jour une maison pour y habiter avec sa pauvre mère. Elle ne faisait aucune dépense luxueuse, à l'exception d'une tenue toute neuve pour le nouvel an. Kinu économisait *kotsu kotsu*, sou après sou, les pourboires qu'elle recevait de temps à autre. Ou bien elle racontait à son protecteur que la geisha Une telle s'était fait acheter une bague par son *danna*, ou que telle autre avait reçu une pièce d'étoffe en cadeau. Pour ne pas être en reste, Yamajin lui versait de grosses sommes d'argent. Mais au lieu d'acheter ces articles, elle épargnait.

Fidèle à Yamajin qui se montrait généreux, elle n'éprouvait cependant ni amour ni passion pour lui. Mais, l'année de la fin du remboursement de sa dette, Kinu tomba secrètement amoureuse d'un homme. Pour la première fois. Il était de Kyôto. Lors de sa venue à Kanazawa une fois par mois, désireux de la voir danser, il l'appelait toujours pour un *zashiki* et buvait son saké en silence. Elle était fascinée par son visage ovale et ses traits distingués de noble de cour, et, tandis qu'elle dansait, son cœur palpitait d'émotion. Naturellement, c'était un amour sans issue.

En 1914, Fuku, la mère du Fukuya, annonça à Kinu âgée de vingt-deux ans qu'elle avait fini de rembourser sa dette. Elle lui fit quelques cadeaux en récompense de ses efforts, accompagnés de paroles d'encouragement. Kinu se souvient bien de l'un de ces présents qui était une pièce d'étoffe, un pongé *tsumugi* d'Ushikubi, blanc comme neige. Tissé à la main dans le village de Hakuhômura situé au pied du mont Hakusan, c'était un tissu si solide que Kinu l'a encore en sa possession mais teint en violet.

Fuku, originaire d'un village proche de Hakuhômura, possédait plusieurs kimonos en pongé d'Ushikubi, introuvable dans les magasins de la ville et qui faisait rêver Kinu. Venant de Fuku, ce don était un geste exceptionnel, car elle était avare. Elle avouait franchement avoir horreur de payer ou de donner quoi que ce soit. Avant de devenir patronne d'*okiya* dans le quartier réservé, elle avait tout fait, tous les métiers, excepté celui de tenir un établissement de bain public, et connu les dures réalités de la vie. En songeant à l'ancienne vie de Fuku, on pouvait admettre ses manières.

Entre l'époque où Kinu avait été vendue au Fukuya et la fin du remboursement de sa dette, quinze années s'étaient écoulés. Normalement, cette période s'étalait sur dix ans. Même si l'on comptait deux ans supplémentaires de travail gratuit en guise de remerciement, c'était long. Pourtant, elle n'avait pas été l'objet d'un *miuke*, « rachat », par ses parents ou par d'autres personnes. « Mais, songeait Kinu pour s'expliquer cette durée excessive, je suis tombée malade, ce qui a entraîné des frais médicaux, et j'ai gagné peu d'argent pendant ma maladie. » Elle se sentait fautive d'avoir causé des ennuis à la mère !

Il ne faut pas croire qu'elle n'avait aucun regret pour ses quinze plus belles années, privée de liberté physique mais aussi de pensée, sous la contrainte permanente. Mais pour elle, tout est écrit bien avant notre arrivée sur terre. Fatalité, destinée ou prédestination, elle ne savait pas comment appeler cela, mais en tout cas, c'était ainsi.

Pendant tout ce temps passé à l'*okiya* comme fille adoptive de la mère, Kinu avait été retenue captive et obligée, en quelque sorte, de payer sa propre rançon. Elle ne recevait que très peu d'argent pour le travail qu'elle était obligée de faire, quel qu'il fût. Elle devait même se montrer reconnaissante alors qu'elle rapportait beaucoup d'argent et que ses gains allaient directement dans la poche de la mère. Si Kinu voulait acheter quelque chose, la mère lui donnait la somme nécessaire, laquelle venait s'additionner au montant déjà dû, considéré comme un emprunt fait à l'*okiya*. Résultat, la durée du remboursement s'allongeait.

Pourtant, Kinu n'en voulait pas à la mère. Telle était sa vie, il n'y avait rien à faire.

Il arrivait qu'une jeune fille ait la chance d'être rachetée en cours de remboursement par le protecteur qui payait la dette pour qu'elle devienne sa femme ou sa concubine. Mais à la somme demandée pour le rachat d'une fille vendue s'ajoutait l'énorme coût du *hiki-iwai*, la cérémonie annonçant son départ du métier. En compensation, la mère demandait beaucoup d'argent au protecteur. Elle n'était donc pas perdante. Bien au contraire, car elle réclamait par avance les revenus que lui aurait rapportés la geisha jusqu'à la fin de son remboursement. Une concubine recevait de la part de son protecteur une allocation mensuelle et une maison.

Mais Kinu ne faisait pas partie de ces deux catégories et elle suivait la voie que lui avaient tracée ses parents, qu'elle haïssait parfois pour l'avoir vendue. Mais ils étaient du même sang, et elle ne pouvait se résoudre à les haïr vraiment. De plus, elle savait bien qu'il existait des parents bien plus terribles que les siens.

D'autre part, il y avait le « rachat » de la fille par sa famille. Avant que le remboursement ne touche à sa fin, normalement au bout de dix ans selon le contrat « vente-formation », les parents se rendaient à l'*okiya* pour racheter leur fille. Mais n'allez pas croire qu'ils avaient l'intention de retirer au plus vite leur enfant de son monde de souffrance et de prostitution. C'était l'inverse. La patronne de l'établissement, qui ne pouvait s'y opposer, annonçait son prix de rachat, jusqu'à deux cents yens, compte tenu des frais de nourriture, de formation, etc. Rappelons que l'enfant avait été vendue cent yens à la signature du contrat. A la suite de quoi, les parents revendaient leur fille pour trois cents yens à un autre établissement... Une manière de toucher à nouveau une forte somme. Dans le cas contraire, ils pouvaient emprunter une ou deux fois de l'argent à l'*okiya*, somme mise sur le compte de leur fille geisha. Une habitude qui venait augmenter encore le temps du remboursement. Les parents de Kinu, eux, n'avaient vendu leurs deux filles qu'une seule et unique fois. Et jamais ils n'avaient emprunté d'argent à la mère.

1914 est une année qui compte dans les souvenirs de Kinu. En effet, elle est celle de la fin du remboursement de sa dette, mais aussi celle du *mizu-age* de Sato. A la différence du sien qui avait eu lieu en 1907, le dépucelage de sa sœur donnait une impression de gaieté et de liberté.

Il n'y avait que sept ans d'écart entre les deux sœurs, mais l'époque et les mentalités évoluaient rapidement, même dans le quartier réservé. Le Nyokôba avait été fermé en septembre 1909 pour devenir, l'année suivante, après transformation, le théâtre de Higashi-Kuruwa.

Le pont du Prunier était construit. La ville comptait maintenant trois cent soixante pousse-pousse. Le 20 décembre 1912, après la création de la Société automobile du Hokuriku, l'exploitation commerciale de dix bus pour dix passagers avait été autorisée. Le 1er avril 1913 avait été ouverte toute la ligne Hokurikusen. Mais surtout, avec la nouvelle ère Taishô succédant à celle de Meiji en 1912, c'est la société tout entière qui eut le sentiment de changer radicalement. A la mort de l'empereur Meiji, la ville de Kanazawa porta le deuil pendant cinq jours à partir du 30 juillet. Chants et danses furent interdits. Le quartier réservé cessa son activité pendant cette période, mais dans l'ensemble, tous se sentaient gais.

Pour son *mizu-age*, Sato fut invitée à donner son avis, qui se révéla positif, sur le partenaire choisi pour elle. Une démarche impensable du temps de Kinu. A l'époque, il n'y avait qu'à s'exécuter. En revanche, l'homme était toujours âgé et riche, comme tout « spécialiste du dépucelage ».

« *Nechan !* sœur aînée ! Celui qui va se charger de mon initiation s'appelle M. Sugizen. Il paraît qu'il est très bien ! » dit Sato comme s'il s'agissait d'une chose normale. Sa sœur avait beau posséder une forte personnalité, Kinu eut pitié, émue à l'idée qu'elle trouvât tout naturel de devoir en passer par là.

La veille du *mizu-age* de Sato, Kinu se rendit au bain public avec elle. Elle prépara plusieurs cuvettes d'eau chaude pour que sa sœur se lave les cheveux. A la vue du dos courbé de Sato, Kinu se souvint de l'état d'esprit dans lequel elle se trouvait la nuit de son dépucelage et de la manière dont elle avait subi cette initiation obligatoire.

178

L'année suivante, ce fut l'intronisation, le 10 novembre 1915, de l'empereur Taishô. Pour célébrer l'événement à Kanazawa, des coups de canon furent tirés à Utatsuyama où se déroulait la cérémonie, et parmi la foule se trouvaient les geishas qui étrennaient de magnifiques tenues. Kinu et Sato resplendissaient dans leurs *montsuki*, des kimonos armoriés noirs.

Les geishas étaient toujours invitées à prendre part aux cérémonies, comme celle du 10 juin 1916 où une fête de bienvenue fut donnée, également à Utatsuyama, en l'honneur de la 9e division de retour de Corée. Plus de deux mille personnes y participèrent.

Deux ans après la fin de son remboursement, Kinu fit l'acquisition, à l'âge de vingt-quatre ans, d'une maison située à Kannon-machi qui coûtait mille yens.

Elle l'acheta à crédit et hypothéqua sa maison pour emprunter la totalité de la somme au Fukuya. Kinu s'endettait, certes, mais elle désirait faire venir rapidement auprès d'elle sa mère qui travaillait toujours comme domestique logée et nourrie. Kinu avait bien des économies mais l'emprunt lui permettait de ne pas entamer son capital. Femme prudente, Fuku lui avait conseillé de garder ses économies. Au cas où...

Kinu aurait pu tout aussi bien emprunter de l'argent à son protecteur Yamajin. Mais elle évita sciemment cette deuxième solution, et tant qu'à demander une aide financière, elle préférait se tourner vers la mère du Fukuya. Profondément honnête vis-à-vis des autres mais aussi d'elle-même, Kinu ne pouvait imaginer demander de l'argent à quelqu'un pour qui elle n'éprouvait pas de réel amour. Yamajin lui rendait visite deux ou trois fois par mois et se montrait très gentil avec elle, plein de sollicitude. Une exception chez les commerçants. Il était même son type. Seulement, il ne s'engageait pas suffisamment à son goût, toujours soucieux des réactions de sa famille. Hors de question pour lui de passer la nuit entière avec elle, il rentrait chez les siens le soir à dix heures pile, en rasant presque les murs quand il traversait le quartier réservé. Il ne se laissait jamais complètement aller et, même au lit avec Kinu, quand l'heure approchait, il commençait déjà à se rhabiller pour rentrer, manifestement peu troublé à l'idée d'abandonner la chaleur d'un corps féminin. Kinu ne pouvait absolument pas tomber amoureuse d'un homme qui ne se départissait jamais de son sérieux ni de son attitude raisonnable. Femme réfléchie, Kinu rêvait, au contraire, d'un homme passionné.

Après avoir acheté sa maison de Kannon-machi, elle fit venir aussitôt sa mère Mine qui se réjouit du fond du cœur, ignorant heureusement que sa fille s'était couverte de dettes pour la loger décemment. A Noto, puis près de la gare de Kanazawa, Mine n'avait vécu que dans des maisons en location, et quand elle apprit que sa fille était officiellement propriétaire de la sienne, elle crut rêver. Agée maintenant de cinquante-deux ans, elle paraissait plus vieille que son âge et son dos était déjà voûté.

Très vite, Kinu fit également venir son frère Goichi, entré à douze ans après la mort de son père comme apprenti chez un maître menuisier. Très costaud physiquement, c'était, contrairement à ce que l'on aurait pu attendre, un jeune homme doux, attentionné et timide, qui n'osait avouer aux autres le travail de ses sœurs.

Habile de ses mains, il ressemblait à son père et avait depuis des années le projet de bâtir une maison pour y regrouper toute sa famille. Mais cela ne se passait pas comme il l'entendait, ou du moins pas aussi vite, et il allait parfois demander conseil et parler de l'avenir avec sa sœur aînée. C'est pourquoi, quand il vint, sur la proposition de sa sœur, habiter avec sa mère dans la maison achetée à crédit, il se sentit coupable, s'excusant tout le temps de son incapacité.

Bien sûr, Kinu voulait que sa mère vienne vivre auprès d'elle, mais d'autres raisons lui trottaient dans la tête, que Goichi pouvait deviner. En fait, elle désirait que son frère se mette en ménage rapidement.

Les trois enfants de Hisatarô Yamaguchi n'avaient pu vivre ensemble dans leur enfance et Kinu voulait que son frère au moins puisse fonder une famille heureuse.

Sato, qui n'avait pas encore fini de rembourser sa dette, ne pouvait bouger d'où elle était, mais sa sœur aînée et son frère habitèrent enfin sous le même toit avec leur vraie mère. Une dizaine d'années s'étaient écoulées depuis la mort du père qui avait séparé tous les membres de la famille, les obligeant à vivre dans des endroits différents.

Kinu travaillait pour le Fukuya mais logeait maintenant dans sa maison de Kannon-machi. Très motivée désormais, elle avait fait part à la mère de l'*okiya* et à la domestique *beebe* de sa décision d'accepter tous les *zashiki*. Kinu avait toujours eu pour règle de ne pas choisir ses rendez-vous, mais s'ils devenaient trop nombreux, elle ne faisait pas l'effort d'être présente partout et en refusait facilement un ou deux, prétextant qu'elle était déjà prise. Kinu ne refusait plus rien maintenant. Sa mère et son frère vivaient avec elle. Elle avait une raison de vivre et tous s'accordaient à dire qu'elle avait très bonne mine.

Elle se rendit compte que c'était grâce aux repas que lui mitonnait sa mère. Mine était très bonne cuisinière et réussissait à merveille le *chawanmushi*, un plat composé de légumes, d'œufs, de poissons ou de viandes cuits à l'étouffée dans un bol de riz, et le *furofuki*, gros radis blanc ébouillanté et arrosé de bouillon de *miso*. Deux plats qui se mangeaient bien chauds.

Dans le *chawanmushi*, Mine ajoutait trois ou quatre noix de ginkgo. Kinu avait un jour aperçu la silhouette menue de sa mère qui se penchait pour ramasser précieusement des noix de ginkgo qu'elle venait de trouver par terre dans l'enceinte du temple d'à côté. Sans se permettre aucune réflexion, Kinu supportait l'odeur bizarre qui flottait dans toute la maison, contente de laisser sa vieille mère agir à sa guise. Et tandis que la pointe de ses baguettes jouait avec les noix de ginkgo dans le *chawanmushi*, Kinu aimait se dire que sa mère était heureuse pour la première fois de sa vie.

Contrainte au cours de longues années de faire la cuisine pour les autres, Mine s'activait maintenant à préparer les repas de ses enfants, les manches de son kimono maintenues relevées sur sa maigre poitrine par le *tasuki*, cordon marron dont personne ne savait s'il lui arrivait parfois de le dénouer.

Kinu se sentait rassérénée, elle qui depuis toute petite au Fukuya pensait sans cesse, avec nostalgie, à sa vraie mère qui n'était pas à ses côtés. Et surtout, elle éprouvait un sentiment de délivrance à l'idée de vivre ne serait-ce qu'à une centaine de mètres en dehors du petit village qu'était ce quartier réservé.

A vingt-quatre ans, Goichi se maria avec une femme choisie pour lui par Mine et Kinu. Il s'en était remis à elles deux à condition que ce fût une gentille fille. La jeune couturière proposée par une relation leur plut immédiatement. L'avoir aperçue dans la rue à son retour du travail avait suffi à les décider. Elle ressemblait tout à fait à une poupée traditionnelle de Kaga avec son visage rond et la fine ligne de ses yeux bridés. Kinu eut l'intuition que son frère serait heureux s'il la prenait pour femme et que de nombreux enfants naîtraient de leur union.

Kinu fut rassurée à la vue des hanches bien pleines de cette jeune femme mince. Ni Sato ni elle-même n'avaient la chance d'avoir des enfants, et elle désirait voir sa mère entourée de nombreux petits-enfants. Le père de la jeune mariée était un artisan sérieux, un jardinier-paysagiste originaire d'Etchû, qui se réjouissait de prendre pour gendre un menuisier et ne semblait pas du tout gêné par le métier de geisha des deux sœurs.

Le ménage de Goichi eut trois filles et un garçon.

Leur mère Mine vécut dans cette maison pendant près de six ans, mais le 4 février 1921, elle mourut d'une pneumonie après avoir contracté une mauvaise grippe. Un jour terrible que Kinu n'a jamais pu oublier.

« Malgré notre présence à tous dans la pièce voisine, ma mère se trouvait au bord de l'asphyxie, sur le point de mourir. Personne ne s'était aperçu de ce qui se tramait à deux pas de là. Le vieux médecin appelé en toute hâte a pris son pouls et, l'air inquiet, il a crié : "De la flanelle ! de la flanelle !" Il a étalé sur le tissu une pâte obtenue avec de la moutarde diluée dans de l'eau, retourné la malade, si maigre que cela faisait peine à voir, puis appliqué doucement le cataplasme sur le dos et la poitrine. Un traitement médical malheureusement bien insuffisant pour sauver ma pauvre maman. »

Quand Sato arriva à la maison, il était trop tard, Mine avait rendu son dernier soupir. Comme la sœur cadette participait à la fête des déguisements pour la nuit du *setsubun*, on avait eu beaucoup de mal à la trouver. Et, comble d'ironie, elle était accourue au chevet de sa mère déguisée en jeune bonze. A la vue de sa mère sans vie, Sato lâcha son *juzu*, le grelot pour appeler les divinités, et se mit à pleurer toutes les larmes de son corps. La mort de Mine affectait terriblement ses enfants, bien plus que celle de leur père. Ils l'aimaient. Femme discrète, silencieuse, elle n'imposait jamais sa volonté ou ne disait jamais : « Je fais ci… je fais ça… ». Si on lui demandait de se tourner vers la droite, eh bien, elle se tournait à droite et aurait pu rester éternellement dans cette position si nécessaire !

Le 3 juillet de la même année mourut Fuku, la mère du Fukuya. Kinu éprouva aussi du chagrin, moindre, il est vrai, que pour sa vraie mère. Elle n'était pas la seule fille adoptive de Fuku qui en avait tant d'autres. Mais pour quelle raison se succédaient ainsi deux décès qui la touchaient de si près ? Pourquoi ces grands malheurs si rapprochés ? Kinu ne pouvait apporter de réponse.

Elle venait de perdre ses deux mères, celle qui l'avait mise au monde et celle qui l'avait élevée. Très éprouvée, Kinu fréquenta pendant un temps les temples du voisinage pour soulager son chagrin. Mais ils étaient si nombreux qu'elle ne pouvait prier dans chacun.

En effet, juste derrière les maisons de Higashi-Kuruwa où Kinu a passé son enfance, il y a quarante-deux temples et sanctuaires. Le « groupe des temples de Higashiyama » comme disent les habitants. Et, dans le quartier réservé, le son du *shamisen* sortant des maisons closes se mêlait aux longues résonances des cloches de temple.

Après la mort de sa mère, Kinu vendit la maison de Kannon-machi. Car deux ans auparavant, en 1919, elle était retournée habiter au Fukuya. Et Goichi, qui vivait là, voulait avoir une maison bien à lui.

La patronne du Fukuya s'appelait maintenant Umeko, la *vraie* fille de Fuku. Sans la présence de celle-ci, l'*okiya* paraissait bien triste à Kinu, comme si l'âme de la maison avait disparu. Où était passé le Fukuya d'autrefois ? De plus, Kinu gênait Umeko.

Elle se sentait complètement rejetée dans ce Fukuya où ne régnait plus vraiment l'harmonie et finit par provoquer un énorme scandale.

4

Avec son amant

« Kinu s'est enfuie pour aller retrouver son amant ! »

La rumeur se propagea comme une traînée de poudre dans le quartier réservé : Kinu s'était entichée d'un homme marié et père de famille. Personne ne savait où elle était allée après son départ du Fukuya tard dans la nuit.

En 1924, Kinu avait trente-deux ans, un âge critique pour une femme. Elle avait pris la décision de s'enfuir pour se conduire une fois dans sa vie comme elle l'entendait. Après vingt-cinq années d'une existence remplie de contraintes mais qu'elle avait acceptée avec soumission, comme retenue par une force supérieure invisible, elle était partie. Résolument.

« La célèbre Kinu s'est enfuie ! » On ne parlait plus que de cette fugue dans les lieux de réunion : *kenban*, maisons de coiffure, bain public…

Mais la plus choquée de tous était Umeko, la nouvelle mère du Fukuya. De trois ans l'aînée de Kinu, Umeko avait l'âge d'être sa camarade plutôt que sa patronne. Avec le départ de cette geisha, elle savait pertinemment que tous se moquaient d'elle : « Sa mère Fuku à peine partie et le cercle de famille du Fukuya se dispute déjà ! »

Après tout, la « famille » d'une *okiya* n'était rien d'autre qu'une communauté composée d'étrangères. Le

185

même sang ne coulait pas dans leurs veines. Et si, vu de l'extérieur, tout semblait tranquille, c'était grâce au talent des mères qui se préoccupaient en priorité de donner une bonne image de leur établissement en cachant les troubles qui se manifestaient en privé. Umeko, elle, ne pouvait pas déclarer que Kinu l'avait quittée pour se mettre à son compte. Car si le bruit courait que la geisha était partie à cause d'un homme, on murmurait aussi que Kinu ne supportait plus certaines frictions internes.

De telles histoires arrivaient fréquemment. Une fille enregistrée dans une *okiya* disparaissait sans laisser de traces, une autre s'enfuyait avec l'homme qu'elle aimait, une geisha et la femme légitime se crêpaient le chignon à l'entrée de l'établissement et que sais-je encore… Chaque fois que survenait ce genre d'affaires, la défunte Fuku, avec l'air de quelqu'un qui regarde un incendie au loin, fumait calmement sa longue pipe près du brasero et critiquait ouvertement le manque de talent de ces patronnes incapables d'empêcher pareille inconduite.

A l'annonce de la fuite de Kinu, Umeko se remémora le visage sévère de sa mère Fuku. Elle se souvint en même temps de son pressentiment un an auparavant. Elle se rappela certaines chamailleries entre filles de la communauté, qui étaient parfois devenues de vraies querelles. Kinu, Umeko et Kogane, une autre fille adoptive, avaient à peu près le même âge et elles vivaient toutes les trois sous le même toit. Il était normal qu'il y ait des frictions. Mais il arrivait que les filles entrent véritablement en conflit.

« Par exemple, quand les geishas d'un âge identique ou presque devaient s'acheter une nouvelle toilette avec leur argent personnel, pour le nouvel an par exemple, eh bien… elles s'empressaient de détailler leurs voisines. Kimonos et *obi* représentaient leur tenue de travail, vous

186

Kinu Yamaguchi, en tenue de zashiki,
au premier étage de la maison de geishas.

comprenez… et celle qui avait les moyens de commander un kimono luxueux pour attirer les riches clients faisait des envieuses. Et puis… quand on vit dans la même maison, il est normal d'épier les autres. »

Dans les quartiers réservés, les filles étaient plus jalouses et orgueilleuses que dans toute autre société. Kinu excellait dans tous les arts, danse, musique et chant, et les clients ne cessaient de la demander aux soirées. Elle gagnait plus de deux cents *hanadai* par mois. Naturellement, les moins chanceuses se montraient cruelles envers elle, par simple jalousie. Et toutes ces rancœurs bien maîtrisées du temps de Fuku apparaissaient brusquement au grand jour. Néanmoins, si Kinu avait décidé de partir, ce n'était pas à cause de cette ambiance détestable. Le mobile de sa fuite se trouvait dans son cœur.

« Même une geisha, une fois dans sa vie, oublie d'être raisonnable et agit sur un coup de tête. Est-ce donc si bizarre que de vouloir vivre avec l'homme qu'on aime, librement, comme mari et femme ? Mais à l'époque, une femme liée à un protecteur, qui osait quitter le quartier réservé avec un homme marié, provoquait un scandale inimaginable de nos jours. Et chacun de jeter l'opprobre sur elle. En tout cas, j'avais oublié le sens des réalités, les yeux aveuglés par l'amour.

« De mon temps, une femme de vingt-cinq ans était déjà considérée comme âgée dans un quartier de plaisirs. Et à trente, son entourage l'appelait *babaa*, "vieille femme".

« "Mais les femmes aiment jusqu'à leur dernier souffle", disait souvent mère en tisonnant le brasero. Des paroles qu'elle prononçait peut-être à mon encontre car tous pensaient que je n'avais pas beaucoup d'attirance pour la gent masculine. »

Cet homme était son premier vrai et grand amour. Jamais elle ne s'était sentie aussi bien avec quelqu'un.

Malgré tout, elle se montrait téméraire. Mais elle avait perdu ses deux mères dans la même année. Le cordon ombilical avait pour ainsi dire été brutalement coupé, ce qui expliquait sans doute son attitude de femme soudain déterminée.

Ayant atteint l'âge d'une vieille femme *babaa* pour le quartier réservé, Kinu voulait enfin vivre comme bon lui semblait. Sans demander conseil à quiconque, elle avait décidé de n'écouter que son cœur. « Je veux quitter mon protecteur ! se répétait-elle sans cesse. Personne ne m'a demandé mon avis, il ne me convenait pas, mère a décidé à ma place et j'ai obéi aveuglément ! Je veux habiter avec celui qui m'a dit une nuit : "Tu ne partirais pas du quartier réservé ? Et si tu arrêtais de faire la geisha ?" » Se retournant soudain vers son passé, Kinu comprit qu'elle avait mené la vie d'un oiseau en cage.

« Il existait une sorte de visa. Quand une geisha enregistrée dans une *okiya* voulait quitter le quartier réservé ne serait-ce que pour une journée ou même pour une minute, eh bien, à chaque fois, elle devait recevoir, selon le règlement, un certificat d'autorisation de sortie au poste de police. Hé oui… même son remboursement terminé.

« La geisha recevait au *kenban* un formulaire qu'elle devait remplir et porter elle-même au poste de police de Shin-machi qui lui délivrait son autorisation. De même, si elle sortait du quartier réservé pour passer une nuit à l'extérieur, elle était tenue de donner sa destination et le motif. Des parents malades… une maladie… l'obligation de se faire hospitaliser… il fallait en outre joindre des justificatifs. »

Ce système de visa extrêmement sévère fut maintenu jusqu'en 1933, dit-on. Les geishas étaient littéralement prisonnières du quartier réservé. En réalité, c'était pour une question d'argent car toutes devaient à l'*okiya* de petites ou grosses sommes, et les patronnes avaient institué ce système très strict pour limiter leurs pertes au maximum.

Une geisha avait beau vendre sa virginité et se prostituer, il lui était interdit de donner son cœur au client et de l'aimer. Les propriétaires d'établissement exerçaient un contrôle sévère et demandaient leur coopération aux agents de police afin qu'ils prennent bien soin de ne pas laisser sortir sans autorisation geishas et prostituées. Avant sa fuite, Kinu avait un jour exposé sa décision à Umeko, la mère. Il lui fallait obtenir son accord pour partir, même si elle était maintenant une geisha indépendante. Car, bien que sa dette fût remboursée, pour l'état civil, Kinu faisait toujours partie de la famille Yoshida. Décontenancée, Umeko n'avait pas pris très au sérieux ses paroles ni sa décision. Jamais, songeait Umeko, Kinu n'oserait se lancer ainsi. D'un air incrédule, elle avait secoué la tête en lui demandant de répéter.

« Mais dans ce cas, as-tu songé à ton protecteur, Yamajin ? Tu en fais quoi ? » s'était exclamée Umeko, assez sereine cependant car il lui semblait impossible que Kinu ait le cran de tout quitter. C'était contraire aux lois du milieu.

Kinu savait fort bien qu'il lui restait ce problème épineux à résoudre. Elle en frémissait d'avance. Umeko n'avait pas besoin de le souligner. Pendant deux nuits, elle n'avait pu dormir, ne sachant comment ni à quel moment annoncer son départ à Yamajin et lui demander son autorisation. Le 14 juin, jour de la fête de la Ville, Kinu se décida à lui parler.

La municipalité avait décidé, l'année précédente, en 1923, qu'une fête de la ville, *hyakumangoku matsuri*, aurait lieu tous les ans le 14 juin avec un grand nombre de manifestations, parmi lesquelles la commémoration de l'entrée triomphale du premier seigneur de Kaga,

Maeda Toshiie, dans le château fort de Kanazawa, le 25 avril 1583. Ce jour-là, tout Kanazawa était en fête. Dès le matin, les clients se pressaient dans les quartiers de plaisirs et aux banquets. Les convives chantaient tous *La Chanson de la ville de Kanazawa* qui ne datait que de l'année précédente. Kinu et ses camarades l'aimaient aussi beaucoup.

> *Là où s'écoulent deux longs cours d'eau venus de loin*
> *Là où la nature est restée pure*
> *Les faîtes de toits se multiplient au fil des mois*
> *Ainsi la grande ville prend-elle forme*

Des gens portant drapeaux et lanternes en papier défilaient dans Kanazawa. Cette seconde fête de la Ville était encore plus animée que celle de l'année précédente. Il y avait affluence devant la gare de Kanazawa où plus de dix mille personnes voulaient voir la grande manifestation.

Depuis la gare, le moutonnement des chapeaux de paille et des ombrelles roses ou jaunes s'étendait jusqu'à Horikawa d'où partait la procession du *daimyô* et de sa cour. En tête marchaient deux samouraïs. Plusieurs serviteurs de l'époque féodale, vêtus d'un magnifique *juban* en crêpe de soie pourpre et coiffés d'un chapeau de laîche, progressaient lentement, une lourde charge sur le dos portant le nom du seigneur inscrit en grandes lettres. Le groupe accompagnait ses efforts de nobles cris des travailleurs *ei-yai ! ei-yai !* Kinu ne jeta sur eux qu'un bref regard car elle se dépêchait de se rendre dans la salle de spectacles où elle se produisait sur scène l'après-midi.

La veille, les geishas avaient donné une représentation de leurs danses gestuelles au théâtre de Higashi-Kuruwa, mais le jour de la fête de la Ville, un banquet était offert à l'étage supérieur de la salle municipale. A cette occasion, les geishas des quatre quartiers réservés de Kanazawa faisaient sur la scène une démonstration de leurs arts et rivalisaient de talent pour offrir un spectacle éblouissant aux invités, dont le maire Sagara, l'invité d'honneur.

Ce fut cette nuit que Kinu choisit pour partir du Fukuya.

Yamajin venait la voir deux ou trois fois par mois. Mais, ce jour-là, il lui rendit visite plus tôt que d'habitude, ayant fermé son magasin en raison des festivités. Il sentait déjà l'alcool et ne fut pas long à se faire pressant et à vouloir coucher avec elle. Mais, instinctivement, Kinu le repoussa avec fermeté. Pour ses rendez-vous avec son protecteur, elle utilisait en général « la pièce à l'écart ». Yamajin ne s'était pas résolu à acheter une maison pour loger sa maîtresse, par crainte évidemment des réactions de sa famille et du qu'en-dira-t-on. Kinu elle-même n'y tenait pas tellement, consciente qu'un jour elle se séparerait de Yamajin. Et c'est pour expliquer son refus subit des relations sexuelles qu'elle fut poussée cette nuit-là à lui annoncer son désir de le quitter. Ajouté à cela son immense fatigue. Depuis midi, en effet, elle tenait compagnie à des clients sans cesse différents. Kinu décida donc de se lancer et… advienne que pourra.

« Dites… *dannasan*… depuis quelque temps, je voudrais… je veux vous parler. Je vous supplie de ne pas m'en vouloir… mais je… je voudrais que vous me donniez mon congé, que vous acceptiez de me laisser partir. Je suis une ingrate, je le sais… vous avez tant fait pour moi… mais je… je vous en prie, accordez-moi ce que je vous demande ! »

C'était si soudain que Yamajin, ahuri, écarquilla ses yeux en amande.

192

« Qu... oi ! répète c'que tu viens de dire ! » rugit-il.

Kinu ne trouvait plus ses mots. Elle avait secrètement espéré que la rumeur la concernant était parvenue
aux oreilles de Yamajin. Mais son espoir fut vite déçu.
N'avait-il jamais entendu parler de son histoire
d'amour, pourtant sur toutes les lèvres dans le quartier ?... se disait-elle en gardant une attitude de respect,
les deux mains posées à plat sur le tatami et la tête baissée. Elle voyait trembler les genoux de Yamajin en
kimono.

La main de l'homme se souleva et vint frapper violemment le visage de Kinu.

« Qu'est-ce que tu m'chantes là, qu'est-ce que tu
crois ? T'as un motif ? Regarde-moi ! Tu as le culot de
me demander ça ! Allez, répète encore une fois. Tu n'as
pas honte, qu'est-ce que tu mijotes ? Même les journaliers donnent une raison quand ils veulent leur congé.
Tu rêves ou quoi ? Vouloir partir sans aucun motif !
Oh ! relève la tête, regarde-moi ! »

Yamajin lançait des gifles à toute volée sur les deux
joues de Kinu, la frappait, lui donnait des coups de
pied. Effondrée sur les tatamis, elle serrait les dents
pour se retenir de crier. « Il a raison, pensait-elle, c'est
moi qui suis en tort, je n'ai aucune raison valable pour
me séparer de lui. »

« Tu aimes un homme, hein ! Espèce de traînée !
Allez, vas-y, dis-moi qui c'est. C'est un artiste, c'est
ça ! Ou un d'ces beaux parleurs ! En tout cas, il ne vaut
pas mieux que toi ! Ce n'est qu'un voleur ! Et tu es
folle de ce type-là, avoue-le. Dis donc ! Tu me
réponds ? Tu vas me répondre, oui ! »

Yamajin la saisit par les cheveux, et son poing vola
sur le visage défiguré et ruisselant de larmes. Du sang
coulait de la lèvre fendue. Fou furieux, il continuait de
frapper : « Tu m'as déshonoré, hurlait-il en la traînant

par son chignon à travers toute la pièce, qu'est-ce que tu fais de ma réputation ? Te rends-tu compte, se faire lâcher par une geisha pareille ! »

Il était dix heures passées et pourtant Yamajin ne se dépêchait pas de rentrer chez lui. Cela n'arrivait pratiquement jamais. En temps normal, il se préparait à partir dès neuf heures, mais vu son état aujourd'hui, il ne pouvait pas retourner tout de suite dans sa famille. Ivre de jalousie, Yamajin était entré dans une fureur incroyable. Peu habitué à la violence, il haletait et respirait difficilement, même après avoir fini de donner sa correction à l'insolente.

« Hé ! j'reviens demain soir. Reprends donc tes esprits ! » lança-t-il à Kinu, toujours pas calmé.

Pendant la fête de la Ville, on entendait le *shamisen* et le tambour toute la nuit. Les rues retentissaient des voix de clients ivres, des voix de femmes, des cris de dispute.

Le tapage nocturne ne parvenait que par intermittence à Kinu allongée par terre, l'esprit engourdi et le visage tuméfié. Puis elle se ressaisit, résolue à quitter le Fukuya pour toujours.

Tout d'abord, elle réfléchit au moyen de sortir ses affaires de la maison. « Comment faire pour ne pas me faire voir des autres ? Et tant pis si je n'emporte pas grand-chose ! C'est maintenant ou jamais. » L'idée lui vint qu'elle pourrait laisser provisoirement chez Tsuruko la malle qu'elle venait de préparer en cachette, le cœur battant. Kinu fit parvenir un message à son amie par l'intermédiaire de la *taabo* habituellement sous ses ordres. La jeune commissionnaire se présenta dans toutes les *okiya* avant de trouver enfin Tsuruko qui arriva en toute hâte dans la pièce à l'écart du Fukuya.

Celle-ci ne put s'empêcher de pousser des cris étouffés à la vue de Kinu la bouche en sang, les lèvres gonflées,

194

les paupières à moitié fermées, le chignon défait.
« Quelle horreur ! soupira-t-elle, c'est trop ! Non, c'est
pas possible ! c'est pas possible ! Vite, dépêche-toi ! »
Tsuruko saisit les carrés de tissu en coton décorés d'ara-
besques qui recouvraient le futon soigneusement plié et
fit trois paquets en enveloppant rapidement des ceintures et des kimonos qu'elle attrapait au hasard dans la
malle. Quand Tsuruko entendit la musique se rappro-
cher dans la rue, elle entraîna précipitamment Kinu à
l'extérieur, au moment où le lion de *shishimai* longeait
la porte de l'arrière-ruelle. Serrant chacune contre elle
un paquet de vêtements glissé dans la grande emmanchure de leur kimono, elles soulevèrent discrètement de
la main droite le bas du tissu formant le corps de
« l'animal » et, en baissant la tête, elles se faufilèrent à
l'intérieur où plusieurs geishas jouaient du *shamisen*.
« Chut ! chut ! » murmurèrent les deux femmes un
doigt sur la bouche, en réponse aux exclamations de
surprise des musiciennes. Puis elles accordèrent leurs
pas à ceux des autres et s'éloignèrent en cadence,
balançant leur corps de gauche à droite. Tsuruko avait
envoyé la *taabo* chercher la domestique qui travaillait
dans sa « maison de concubine » pour lui confier le
troisième paquet. Soudain, elle réalisa qu'elle était en
train d'aider son amie à fuir dans la nuit.

Jamais Kinu n'avait imaginé à quel point la fête de la
Ville pourrait lui rendre service. D'ordinaire, il n'y
avait pas autant de monde dans les rues après onze
heures du soir, même dans le quartier réservé. Pendant
cette fête ; les rues restaient animées toute la nuit. C'est
seulement après une heure du matin que le lion de *shishimai* fut mis à terre dans l'enceinte du temple de
Bishamon, et le tissu détaché des arceaux de bambou.

Kinu n'avait pas tellement d'affaires personnelles.
Laissées pendant un temps dans sa maison de Kannon-

machi, elle les avait ensuite rapportées au Fukuya. En tout, cinq malles en osier pleines de ceintures et de kimonos principalement. Lors de son arrivée, à l'âge de huit ans, au Fukuya, la petite Kinu avait une malle en osier, et en vingt-cinq années de travail, elle n'avait rempli que cinq malles !

Kinu se les fera envoyer plus tard dans le quartier d'Ikeda, à Osaka, mais dans l'immédiat, elle s'installa chez son oncle, du côté maternel, avec pour seul bagage ses trois malheureux paquets. L'essentiel étant de s'éloigner au maximum de Kanazawa.

Kinu demanda à son oncle, qui avait déménagé à Osaka pour son travail plusieurs années auparavant, de l'héberger pendant un an. Sa seconde femme, de cinq ans seulement l'aînée de Kinu, ne se montra guère réjouie de l'arrivée subite d'une nièce geisha à qui elle ne pouvait évidemment pas dire de partir pour cause d'incompatibilité d'humeur. Mais elle lui marquait une désapprobation muette qui se manifestait dans les petits détails de la vie quotidienne. Kinu pouvait aisément deviner les sentiments de sa tante à son égard et leurs rapports devinrent très tendus.

Kinu regretta vite d'avoir fait appel à son parent. Et la question n'était plus de savoir ce qui était mieux ou moins bien pour elle : habiter dans la maison du Fukuya ou dans la maison d'un véritable oncle. Non, maintenant, elle ne savait plus où vivre. Comme un vagabond dépourvu de toit, elle se sentait découragée, solitaire et sombrait dans la dépression. Quelle déception ! Elle avait tant espéré de sa nouvelle vie à Osaka.

Mais un autre problème surgit auquel Kinu n'avait jamais pensé. Elle réalisa qu'elle ignorait tout du travail d'une maîtresse de maison. Personne ne lui avait jamais appris en fait. Toute fille âgée de vingt ans sait en général tenir son ménage et peut faire la cuisine, la lessive, le ménage et la couture. Kinu, qui exerçait le métier de geisha, était, comme la majorité de ses camarades, complètement incompétente dans ce domaine, à trente ans passés. Rien que de plus normal néanmoins.

Car au Fukuya, *beebe* et *banba* accomplissaient les taches domestiques. A Kannon-machi, c'était sa mère qui se chargeait de tout. Kinu ne lavait jamais ses chaussettes *tabi* changées au moins deux fois par jour. Elle n'avait jamais eu en main ni fil ni aiguille pour coudre sur le kimono un col différent chaque jour. En outre, elle ne s'occupait pas de tous les préparatifs nécessaires pour aller à un *zashiki*, ni des rangements ensuite.

Elle n'avait jamais lavé le riz, préparé la soupe au *miso*, grillé les poissons. Des gestes pourtant courants dans une cuisine, mais qu'on ne lui laissait pas faire au Fukuya. En réalité, une geisha menait une vie d'objet de décoration que l'on appelait : *ohimesama*, « princesse ». Kinu ne s'aperçut de l'étrangeté de son existence dans le quartier réservé qu'une fois confrontée à la société normale. Force lui fut de constater à sa grande surprise qu'elle n'avait aucune connaissance de ce qu'une femme possède naturellement.

Cette découverte de son incapacité à Ikeda la plongea dans le désespoir, une détresse qu'elle n'avait jamais éprouvée jusqu'à présent. Un sentiment accompagné d'un profond dégoût d'elle-même. Et elle se mit à attendre comme une véritable délivrance le jour – toujours le même – de son rendez-vous avec son amant. Tous deux se rencontraient une fois par semaine dans une auberge – toujours la même – de Kyôto.

L'auberge située près d'un temple était petite et confortable, adaptée à ce genre de rencontre. On y refusait le client de passage. L'établissement avait pour patronne une ancienne geisha de Gion à la démarche séduisante et aux sourcils délicatement arqués sur un visage ovale. Elle disait avoir appris la danse du maître Inoue autrefois et s'être produite sur scène. Ses yeux brillaient de fierté pour raconter l'ancien temps.

Quelques cendres dans le cendrier d'un client suffisaient pour qu'elle le change immédiatement. Ce souci de la propreté rappelait à Kinu sa mère du Fukuya. Elle était convaincue que toutes les geishas finissaient par leur ressembler. La patronne de l'auberge connaissait les antécédents de sa cliente, et toutes deux parlaient avec naturel de leur passé.

« J'avais six ans, raconta la patronne, quand je suis arrivée à Gion. Et là, on m'a initiée à la danse de Kyôto, *kyômai*, de l'école Inoue. Il y a de cela une soixantaine d'années. Je connais la fille de mon professeur à cette époque. Que diriez-vous de la rencontrer ? »

Kinu était sensible à ces témoignages de sympathie. La patronne l'interrogeait également sur Kanazawa avec un intérêt marqué : « Le quartier des maisons closes de Higashi-Kuruwa à Kanazawa est réputé, n'est-ce pas ? J'ai entendu dire qu'il ressemblait à Gion. Il y a autant de *maiko*, d'apprenties geishas ? »

L'amant de Kinu, un propriétaire aisé du magasin Sômidô, à Kyôto, spécialisé dans la vente d'ustensiles pour le thé, se montrait chaleureux et lui parlait avec douceur et gentillesse. Il se montrait même passionné à certains moments. Une ardeur qu'elle n'avait pas connu avec Yamajin. De la même taille que Kinu, il était plutôt d'un petit gabarit pour un homme, mais les vêtements japonais lui seyaient d'autant mieux.

Habillé de manière chic et décontractée avec une *haori*, veste en soie unie, un *tsumugi*, kimono marron, une ceinture rigide et des *tabi* blanches, Kinu se disait souvent qu'il ne lui manquait plus qu'un *shamisen* dans les bras pour avoir l'allure d'un artiste élégant. Elle préférait les hommes en costume japonais plutôt qu'occidental.

« Alors, tu finis par t'habituer à la vie d'Osaka ? s'inquiétait-il. Si tu te sens mieux, eh bien... que dirais-tu de recommencer à prendre des leçons. J'imagine que tu t'ennuies. Si tu as besoin d'un professeur de cérémonie du thé, je peux t'en présenter un très bien. »

Sômidô, comme elle l'appelait, lui montrait de l'affection à chaque occasion.

Depuis que Kinu avait perdu sa virginité au cours du *mizu-age* et été reconnue comme une femme à part entière, il s'était écoulé une vingtaine d'années. Et pour la première fois de sa vie, elle découvrait les délices de l'amour.

« Encore maintenant, Ikeda reste mon meilleur souvenir. J'étais tellement heureuse dans cette auberge. Jusque-là, je ne savais pas que le corps d'un homme pût être si chaud. Quand nous étions nus sous la couverture, nos deux corps unis dans l'amour, je ne pouvais croire que c'était la pleine saison froide tant nous ruisselions de sueur. L'hiver à Kyôto se montrait plus rigoureux et plus froid que je ne l'imaginais, mais il faut dire que Kanazawa l'est encore plus, la saison froide semble durer éternellement. La neige tombe en abondance et la température nocturne descend très bas en dessous de zéro.

« Avant, j'étais toujours glacée dans un lit avec un homme, même sous l'édredon, et, sans chaufferette, mes doigts gelaient littéralement, le froid m'empêchait de dormir. Si mon partenaire exigeait que nous soyions quasiment nus, je ne m'y opposais pas. Mais la plupart des clients se dépêchaient de me prendre, obsédés par l'heure qui tourne. Il n'y avait aucune chaleur dans ces rapports. Les clients fredonnaient souvent cette rengaine : "On doit se dépêcher quand on fait l'amour à une geisha ! On doit se dépêcher, plus qu'avec la femme d'un autre !" Ils prenaient rarement leur temps et abrégeaient les préliminaires. Il n'y avait aucune douceur. Et pas question pour moi d'avoir du plaisir, c'était trop rapide. Je n'avais même pas pu me réchauffer.

« De toute façon, nous n'étions qu'un jouet pour eux, que l'on jette après usage. Beaucoup d'hommes donnaient l'impression de faire la course et s'empressaient de conclure avant la fin de l'heure. Ce n'était que des relations physiques, et après l'acte sexuel ne subsistait que le froid. Je pensais que c'était toujours ainsi.

« Mon amoureux d'Ikeda faisait l'amour en prenant son temps généralement. Oh ! c'est vrai, il y avait des nuits où il se dépêchait de finir et se retirait très vite. Mais, même dans ces moments-là, il laissait les mains sur mon corps. J'aimais tant rester allongée à ses côtés la nuit entière.

« En effet, à la différence de la geisha, l'épouse trouve le visage de son homme le matin au réveil et je n'avais jamais connu cette situation.

« J'étais vraiment heureuse de pouvoir enfouir mon visage dans la poitrine chaude de mon amant, et je pouvais dormir tout mon soûl sans me préoccuper de ma coiffure. Du temps où j'étais geisha, quand je couchais avec un homme, je ne pouvais me détendre car je ne pensais qu'à ma coiffure. J'avais peur de l'abîmer. A moins d'être une jeune fille en pleine fleur de l'âge qui remporte beaucoup de succès et peut se faire coiffer chaque jour à prix d'or, une geisha au lit avec un client craint constamment que son chignon ne s'affaisse ou ne soit complètement défait. Je n'échappais pas à la règle et, la nuque crispée, je me contentais de subir l'homme qui s'agitait sur moi.

« Jusqu'à présent, j'avais couché avec beaucoup de partenaires mais je savais à peine leur nom et je ne me souvenais même plus de leur nombre. Ils changeaient chaque nuit, et même si j'avais ça en horreur, je me devais de ne pas refuser. Je vendais mon corps pour de l'argent et je pensais que, dans ces conditions, il me fallait supporter.

« Je savais désormais que la femme ne connaît véritablement le bonheur que lorsqu'elle rencontre un homme dont elle est amoureuse. J'avais plus de trente ans. Quand je faisais l'amour avec mon amant, des larmes de joie coulaient sur mes joues. Jamais je n'aurais cru pouvoir pleurer autant.

« "Tu as encore pleuré, disait-il, embarrassé par mes larmes. Tu es donc si heureuse quand je te prends ! Mais que c'est beau le visage d'une femme qui connaît le plaisir."

« Je vivais de très durs moments mais, malgré tout, ma vie à Ikeda fut la plus heureuse de ma longue vie. »

La pièce de quatre tatamis et demi où les deux amants cachaient leurs amours avait une seule petite fenêtre au nord avec un *shôji* tendu de papier fin. Dans cette chambre où ne passait qu'une lumière diffuse et aux dimensions appropriées pour un rendez-vous entre amoureux, ils restaient ensemble pendant vingt-quatre heures sans distinguer le jour de la nuit. Peu après seize heures, ils prenaient souvent un repas qui tenait du déjeuner et du dîner.

Kinu avait la peau pâle, légèrement grasse et relâchée, d'une femme de plus de trente ans, et quelques rides avaient fait leur apparition, mais elle débordait de sensualité et se laissait aller sans retenue aux plaisirs des sens et de la sexualité. Dans le lit pour deux, Kinu se serrait contre son amant et se disait, rassurée par la chaleur de leurs corps, qu'à présent, elle ne se prostituait pas.

Incapable de supporter plus longtemps de vivre en parasite chez son oncle et ne sachant toujours pas tenir une maison, Kinu décida au bout d'un an de quitter Osaka et de rentrer à Kanazawa.

Sômidô lui avait acheté une « maison de concubine ». Bien qu'elle n'y ait que des souvenirs pénibles, c'était là que vivaient ses amies, son frère, sa sœur, et retrouver des gens à qui parler lui importait plus que tout. Mais elle avait pris soin de s'assurer au préalable que l'émotion provoquée par sa fuite dans le quartier réservé s'était dissipée.

En effet, avant de prendre la décision de rentrer, Kinu avait prié Sato de surveiller le comportement de Yamajin. Lorsqu'elle était partie, au début, son ancien protecteur surgissait presque chaque jour au Fukuya et réclamait à cor et à cri l'adresse de Kinu. Mais, comme il pensait en priorité à sa famille et se disait bon mari et bon père, il se résigna assez facilement et ne fréquentait plus l'établissement depuis six mois déjà.

Umeko, la mère du Fukuya, avait appris par Sato le retour de Kinu à Kanazawa. Prête à la faire travailler à nouveau comme geisha, et aussitôt que possible, elle lui avait fait parvenir un message dans ce sens. Mais la plus heureuse, c'était Sato, ravie de revoir sa sœur.

La nouvelle maison de Kinu se trouvait devant la douve Otebori du château de Kanazawa, la seule des quatre douves à être encore remplie d'eau.

C'était une petite construction pourvue de deux pièces au rez-de-chaussée et deux à l'étage. Sômidô, qui avait l'habitude de venir à Kanazawa une fois par mois pour ses affaires, restait désormais assez longtemps, pendant une semaine environ. Une éternité à côté de leur rendez-vous de vingt-quatre heures dans l'auberge de Kyôto.

Pour la première fois, Kinu avait l'impression d'avoir un foyer.

De sa maison, elle contemplait la longue rangée de saules et de cerisiers bordant le canal. La petite pluie humectait les boutons de fleurs des cerisiers et incitait les bourgeons de saules à s'ouvrir. Même après la semaine de l'équinoxe du printemps, cette région du nord peut encore essuyer une tempête de neige, mais un matin, les fleurs de cerisiers s'épanouissent soudain.

Kinu se rappelait les arbres sur la berge de l'Asanogawa. En songeant à sa jeunesse quand elle se rendait au Nyokôba puis au théâtre, elle regarda l'enfant de dos qui s'amusait avec des tortues minuscules et une écrevisse qu'il avait pêchée dans le canal. Un enfant si jeune qu'elle ne pouvait savoir s'il s'agissait d'un garçon ou d'une fille d'après la coupe de cheveux. Seul le nœud de la ceinture dans le dos permit de l'identifier.

Kinu n'avait pas d'enfant. Elle en désirait un ardemment, mais depuis un an seulement. Depuis qu'elle vivait à intervalles réguliers avec Sômidô. Elle allait prier Kishibojin, la deesse des enfants, à Higashiyama. En vain, ses vœux ne furent pas exaucés. Elle ne fit même pas une fausse couche.

« J'étais ce qu'on appelle une femme stérile. J'aurais voulu me retrouver enceinte au moins une fois, même si ma grossesse avait abouti à une fausse couche. »

Son amant Sômidô était le seul homme dont elle désirait un enfant. Bien consciente cependant que cet enfant se ferait traiter de « bâtard ». Mais Kinu voulait tant donner naissance à un bébé de l'amour.

Aussitôt commença une vie à deux avec Teru, une domestique d'un peu plus de cinquante ans, qu'elle avait trouvée par l'intermédiaire de sa sœur. Avant d'arriver dans cette maison, Teru travaillait comme bonne chez un commerçant qui devait être bien sévère pour exiger de son employée des manières aussi polies.

En effet, dès que Teru riait, elle mettait la main devant sa bouche. Quand elle mangeait, elle ne faisait jamais de bruit, même pour un *soba*[1] (nouilles de sarrasin). Pas le moindre petit bruit, aussi discret fût-il. Mais ce qui déconcertait le plus Kinu était sa façon de parler : elle ajoutait inévitablement un terme honorifique au début des mots.

Teru disait par exemple : « Comme il pleut ce matin, mon honorable maîtresse devrait prendre un honorable pousse-pousse sinon l'honorable froid va geler vos honorables pieds. » Pour s'adresser à sa patronne, elle employait le mot le plus respectueux utilisé pour les femmes mariées : *okusama*, « madame ». De surprise, Kinu faillit s'étrangler la première fois. Elle la supplia de ne pas parler aussi poliment et eut toutes les peines du monde à obtenir de la *banba* un langage plus simple et plus adapté.

De même pour sa manière de marcher. En dépit de son poids, plus de soixante kilos, Teru arrivait derrière Kinu sans se faire remarquer. Elle semblait glisser doucement sur le sol, d'une démarche presque aérienne. Sa façon de monter avec discrétion l'escalier paraissait si curieuse que Kinu se demandait parfois à quoi pouvait bien jouer sa domestique. Un jour, elle lui fit part de son étonnement, lui demandant la raison d'un tel comportement.

« C'est parce que j'ai toujours eu peur de déranger, madame », expliqua Teru.

De ce jour, Kinu éprouva de l'affection pour Teru qui lui rappelait sa mère Mine, en dépit d'un physique complètement différent. Mais le dévouement excessif de cette femme l'embarrassait tout de même quelque part.

Attirée par sa réputation d'artiste accomplie, certaines geishas se mirent à consulter Kinu sur tel ou tel

---

1. Au Japon, les nouilles se mangent en faisant du bruit, à la surprise des Occidentaux en visite dans le pays.

problème rencontré dans leurs études. Elles la prièrent de leur donner des cours de tambour et de *shamisen*. Ce que Kinu accepta volontiers car son intention était de s'occuper par la suite de l'initiation artistique des *taabo*. C'était un bon moyen de se faire connaître comme professeur.

Ces petites filles étaient toujours aussi nombreuses dans le quartier réservé, et l'on continuait de leur enseigner toutes les disciplines artistiques. Kinu fut bientôt sollicitée pour donner des leçons à la sœur de l'une de ses anciennes camarades geishas et très vite, aux amies de celle-ci. Comme sa maison jouxtait le quartier réservé, les *taabo* des *okiya* proches pouvaient venir facilement chez elle, et les enfants appréciaient beaucoup leur professeur.

Au souvenir des pénibles répétitions dans le froid de son enfance, Kinu refusa de se montrer sévère avec ses élèves. Elle n'enseignait avec sévérité que les règles de la politesse, et là, elle se montrait très exigeante. « Vous êtes des geishas de Higashi-Kuruwa, leur disait-elle, vous devez avoir une tenue irréprochable. Rien n'est plus important que les bonnes manières. Allez, commencez par apprendre à saluer avec respect. »

Quand Kinu accorda la première fois son *shamisen* et se mit à jouer devant sa petite élève, au son de l'instrument délaissé depuis si longtemps, elle se sentit revivre.

« Regarde-moi, il faut faire comme ça : *tochichiri tochichiri*, *ha*, *chirichiri*. Là, il y a une pause… tu as compris ?

— …

— Bon ! Tu mets le doigt ici… voi…là, c'est bien ! *tochichiri tochichiri*, *ha*, *chirichiri*. »

« Quel bonheur ! Ça me rappelle le passé. » Ces dix-huit mois ou presque pendant lesquels Kinu s'était éloignée

205

du *shamisen* s'effacèrent d'un coup. Elle réalisa son attachement aux arts, et comme il était dommage de les avoir négligés.

Un jour, deux ans après le départ de Kinu du Fukuya, l'épouse légitime de Sômidô arriva soudain de Kyôto pour la rencontrer.

Kinu fut surprise par sa taille. Elle était bien plus grande que son mari. Cette grosse femme peu élégante portait un kimono de serge qui faisait ressortir sa corpulence. Kinu remarqua que son kimono trop court laissait voir des *tabi* trop grandes avec des plis. Et ses *geta* de pluie étaient couvertes de boue. De plus, elle avait les pieds en dehors. Kinu avait appris, d'autre part, qu'il fallait ôter son manteau avant de rencontrer la personne à qui l'on rend visite, quelle que soit la température. Puis retirer ses chaussures ; enfin s'agenouiller, les deux mains posées bien à plat sur le plancher de l'entrée dans une attitude de profond respect, en prononçant des paroles de politesse. A la vue de son interlocutrice qui restait à parler debout, le buste très droit, elle eut pitié de cette femme qui ne connaissait pas les règles élémentaires du savoir-vivre.

L'épouse la supplia de quitter son mari en invoquant leurs deux enfants et le qu'en-dira-t-on. Kinu s'attendait à voir surgir la femme de son amant un de ces jours – dans ce genre d'histoire cela arrivait souvent – mais à sa vue elle fut émue.

Après deux ou trois visites de ce style, Kinu décida de quitter Sômidô. Une décision prise sans trop de difficultés, à sa grande surprise et contre toute attente. Evidemment, elle avait hésité. Mais devant les supplications et l'allure pitoyable de cette épouse qui ne se révélait pas une rivale et avec qui elle n'avait vraiment pas envie d'entrer en compétition, elle lâcha prise.

« Je croyais que les femmes de Kyôto étaient raffinées. Avec son col qui bâillait et ses cheveux simplement attachés en arrière, elle avait l'air misérable. "Je pourrais laisser mon mari, sanglotait-elle, mais pensez à mes enfants, ce serait si dur pour eux." Elle ne savait que répéter : "Je vous en prie, renoncez à mon mari, pour mes enfants !" »

Kinu n'était pourtant pas mécontente de la vie qu'elle menait à présent dans cette société où on l'appelait *okusan*, madame, terme habituellement réservé aux femmes mariées, les maîtresses de maison. Elle ne manquait pas d'argent pour se vêtir ou manger à satiété, et une domestique s'occupait de sa maison. « Et puis, pensait-elle, Kyôto est loin de Kanazawa, je n'aurai pas souvent l'occasion de voir cette épouse. Je pourrais décider de continuer ma vie avec son mari sans me préoccuper d'elle. A condition que lui-même ne soit pas lassé de moi, naturellement. »

Seulement, Kinu n'appréciait guère le manque de réaction de son amant qui ne critiquait pas l'attitude de sa femme depuis qu'il était au courant de la venue de celle-ci à Kanazawa et des raisons de sa visite. Qu'il ne la critiquât pas, passe encore, mais Kinu était déçue par la lâcheté de cet homme qui ne changeait rien à la situation et ne prenait aucune décision dans un sens ou dans l'autre.

Dans l'obligation de choisir son camp, sans doute aurait-il gardé sa famille en déclarant que sa femme et ses enfants étaient plus importants que tout au monde. Et Kinu se dit que, finalement, elle ne représentait qu'un passe-temps pour un homme. Mais, à trente-quatre ans, elle connaissait maintenant les douces sensations que procurait son corps de femme, et c'est avec une certaine inquiétude qu'elle envisageait la possibilité de se retrouver seule dans un lit. La seule chose qui la faisait hésiter à quitter son amant.

A y songer, c'était toujours Kinu qui prenait l'initiative de la séparation avec un homme. On ne peut le nier, elle avait une forte personnalité, mais son comportement devait être dicté par sa droiture de caractère qui exigeait que tout soit clair et net. Et, en dépit de son angoisse pour le futur, Kinu décida de laisser tomber son amant.

« Le statut de femme entretenue et de maîtresse ne doit pas bien convenir à une nature comme la mienne. Je ne suis pas faite pour me morfondre à la maison en attendant des jours entiers le bruit des pas d'un homme qui vient d'abord pour son travail. Je suis absolument incapable de rester à rien faire. Alors, j'essayais de lui parler : "Ecoute, il vaut mieux que la situation soit claire et que tu prennes une décision. Ta femme est venue ici souvent, ça me pèse, moi aussi, ce genre de…" »

Mais quand Kinu abordait le sujet de la séparation, son amant ne la laissait pas terminer et il refusait d'en parler. Puis son attitude changea progressivement, et elle eut l'impression que lui-même n'y était pas défavorable.

Un jour, Kinu sentit qu'elle pouvait lui annoncer sa volonté de le quitter sans craindre de se voir opposer un refus. Elle avait raison, Sômidô n'essaya pas de la retenir. Elle le quittait car, en réalité, elle préférait vivre en indépendante et se débrouiller par ses propres moyens plutôt que de recevoir une rente mensuelle et rester en marge de la société. Ce qui ne l'avait pas empêchée de s'inquiéter de son avenir avant de prendre cette décision.

C'était une belle matinée, avec un ciel bien dégagé. La tempête de neige de la nuit précédente avait enfin cessé.

Préoccupée par ses idées de séparation, Kinu n'avait pas du tout dormi. Ses yeux furent éblouis par la luminosité, et elle ressentit comme une douleur à la vue d'un si beau paysage. Sur l'autre rive de la douve, des motifs blancs décoraient le mur de pierre. La neige qui l'avait fouetté était tombée naturellement une fois la tempête calmée, et il ne restait plus que des traces blanches comblant les scellements entre chaque pierre. De temps en temps, un coup de vent montait de la douve et soufflait sur le mur. Des flocons s'en détachaient que l'eau du canal absorbait peu à peu comme de la barbe à papa.

Ces taches de neige restèrent sur le mur la matinée à peine. Observant à travers les petits carreaux de sa porte les motifs décoratifs qui s'effaçaient progressivement, Kinu eut soudain envie de voir Tsuruko et envoya sa domestique la chercher. Les kimonos mouchetés de blanc seyaient si bien à son amie. Celle-ci arriva après avoir marché une quinzaine de minutes dans les rues enneigées, et elle avait les yeux rougis par la bise. Tsuruko habitait dans sa maison de concubine à Okachi-machi près du pont du Prunier.

Quand une geisha avait suffisamment plu à un client ayant les moyens de l'entretenir, elle était installée par lui dans une maison convenable, à deux pas du quartier réservé où elle vivait auparavant. Les geishas de Higashi-Kuruwa ainsi remarquées résidaient par exemple à Oto-machi et Kannon-machi, où la plupart des constructions étaient des maisons de concubine.

« Je veux le quitter, annonça Kinu à Tsuruko, mais tu peux me dire ce que peut faire une geisha ? Regarde, je ne connais que les arts de divertissement et ne sais rien faire d'autre. » Pour ces femmes élevées dans un quartier de plaisirs dès la petite enfance, c'était finalement là qu'elles retournaient. Mais Kinu ne se voyait pas demander à Umeko de travailler à nouveau pour le Fukuya, malgré les messages que lui faisait parvenir celle-ci, indiquant qu'elle était prête à la reprendre. Et hors de question également pour elle d'être geisha dans une autre *okiya*.

« Dans ce cas, crée une *okiya* toi-même et deviens patronne d'une maison de geishas à Higashi-Kuruwa. Tu n'as pas le choix, lui dit carrément Tsuruko. Cette fois, ce serait toi, Kinu, qui prendrait des geishas à ton service. »

PATRONNE D'UNE MAISON DE GEISHAS

La « grande sœur » de l'okiya, la maison de geishas.

1

Propriétaire du Suzumi

Kinu allait traverser Ohashi, le grand pont de l'Asa-nogawa, quand elle hésita. Il semblait si long. Et la rivière si large. Un peu plus de deux ans s'étaient écou-lés depuis qu'elle avait quitté, sans y être revenue, le quartier réservé, là-bas, de l'autre côté de la rivière. Pour cette raison, murs et maisons qu'elle pouvait aper-cevoir sur la rive opposée ne lui semblaient plus aussi familiers qu'autrefois. La neige recouvrait les innom-brables pierres posées sur les toits de bardeaux.

Tout près du pont, Kinu contempla d'amont en aval la rivière enflée par une eau trouble et rougeâtre dont la surface engloutissait les flocons de neige. En regardant attentivement, elle discerna quelques tourbillons vio-lents. Et pourtant, aucun bruit ne montait de ce cours d'eau qui s'écoulait en faisant comme des plis de crêpe de soie *chirimen*.

Puis Kinu traversa le pont et continua sur la grand-rue en prenant soin d'éviter Kannon-machi qui jouxtait le quartier réservé. Un peu plus loin, elle s'engagea dans une rue perpendiculaire à droite, mal à l'aise à l'idée que tous allaient apprendre son retour à Higashi-Kuruwa. Il y a deux ans, elle avait fui dans l'intention de couper tous liens avec ce lieu et elle s'interrogeait sur le bien-fondé de son retour. Mais après avoir pesé le pour et le contre, Kinu prit sa décision.

213

Elle pénétra dans le Fukuya. A l'entrée, bien rangées par deux, s'alignaient cinq paires de sandales *zôri*, le bout dirigé vers la sortie. Kinu regretta d'avoir chaussé de hautes socques de neige. Geisha, elle portait toujours des *zôri* pour se rendre aux *zashiki* quelles que soient les conditions climatiques, et maintenant, elle oubliait d'être *iki*, une élégante à la manière geisha. Elle reconnut la paire violet foncé de son amie Tsuruko.

« *Neechan !* ma sœur aînée ! » s'exclama gaiement Sato en ouvrant le panneau coulissant. Dans le salon un peu sombre, Kinu aperçut face au brasero oblong Umeko dont la taille avait encore épaissi. Celle-ci esquissa un sourire qui fit saillir son double menton.

Kinu commença par s'excuser de ne pas avoir donné de nouvelles depuis si longtemps et du tort causé par sa fuite. Puis, tout d'une traite, elle demanda de travailler à nouveau comme geisha au Fukuya. Tsuruko semblait avoir déjà fait part des intentions de son amie car Umeko s'empressa d'acquiescer, le visage rayonnant.

Mais Sato s'opposa carrément à ce projet. Ses grands yeux brillaient de colère. Elle avait pourtant émis un avis négatif quelques jours auparavant quand sa sœur aînée l'avait consultée. A présent, celle-ci ne tenait pas compte de sa désapprobation !

« Si ma sœur Kinu reprend le métier de geisha, moi, j'arrête ! Peux-tu seulement imaginer comme l'affaire a fait du bruit après ton départ ? Tu n'as donc aucune fierté ? C'est vrai, tu n'as pas encore annoncé que tu abandonnais le métier de geisha au cours de la cérémonie traditionnelle du *hiki-iwai*, et personne ne peut t'interdire d'exercer la profession. Mais tout le monde considère que ta fuite a marqué la fin de ta carrière. Tu ne crois pas que ce serait honteux de recommencer ? »

Kinu comprenait bien les sentiments de Sato mais il lui fallait gagner sa vie. Elle n'avait pas les moyens de

tenir compte de l'opinion d'autrui. Néanmoins, ce ton
péremptoire de Sato déclarant : « Dans ce cas, j'arrête
d'être geisha ! » l'ennuyait beaucoup. Sous des dehors
gais et insouciants, sa sœur cadette avait la même forte
personnalité qu'elle.

« Oh ! arrêtez de vous disputer, intervint Tsuruko.
Dans ce cas, que penses-tu de mon idée de l'autre jour,
Kinu ? Puisque tu t'es absentée longtemps, et bien que
tu n'aies pas encore célébré ton *hiki-iwai*, tu ne pourrais
pas créer une *okiya* plutôt que de redevenir geisha ? Je
t'apporte mon soutien. Je suis persuadée qu'il s'agit là
de la meilleure solution. *Oannesan*, grande sœur
Umeko, vous ne pourriez pas l'aider ? »

Umeko donna facilement son assentiment et dit,
contre toute attente :

« Eh bien... avant ta fuite, Kinu, je pensais organiser
sous peu ton *hiki-iwai* et t'aider à ouvrir ton propre établissement. Alors, lance-toi ! Sois tranquille, je te sou-
tiendrai. »

Umeko n'affichait pas en temps ordinaire un air très
engageant, et son accord donné avec tant de gentillesse
était surprenant. Comme fille légitime de Fuku, Umeko
avait succédé de manière automatique à sa mère et elle
était devenue la patronne du Fukuya sans se donner de
mal. Alors que Kinu, de trois ans à peine sa cadette,
avait, petite fille, été séparée de ses parents. Elles
avaient vécu sous le même toit, et, maintenant, Kinu lui
demandait d'être à nouveau geisha chez elle. A son
âge ! A l'idée qu'elle vivait grâce au travail de geishas
comme Kinu, Sato, et bien d'autres, enregistrées dans
son établissement, Umeko eut envie d'aider Kinu à
démarrer dans les affaires.

L'année suivante, en février 1927, Kinu fit une fête
somptueuse pour annoncer son abandon du métier de
geisha et, en même temps, l'ouverture de sa propre

okiya. En raison de la mort de l'empereur Taishô, le pays était en deuil, et la période du nouvel an n'avait pas connu les festivités habituelles dans le quartier réservé. Un calme qui n'empêcha cependant pas Kinu, grâce à l'aide de Tsuruko, de s'offrir le luxe d'une fête *hiki-iwai* magnifique qui se déroula, selon la coutume, dans une grande salle louée au Kinjôrô près du grand pont de l'Asanogawa.

En règle générale, cette fête était placée sous le patronage du protecteur. Deux ou trois clients familiers apportaient également leur contribution, ainsi que des patrons de restaurants, des propriétaires de maisons de geishas, les camarades et les amies.

Plus de cent personnes furent conviées à la fête de Kinu, patronnée par Tsuruko. Assise au bout de la grande salle, à la place d'honneur face à la porte d'entrée, pour son dernier jour en tant que geisha, Kinu était parée de ses plus beaux atours, ses cheveux naturels coiffés en un chignon *shimada*. Dans sa coiffure, elle avait piqué deux épingles ornementales en écaille ayant appartenu à Fuku, sa défunte mère adoptive, et portait un kimono de cérémonie pourvu d'une longue traîne.

Près d'elle se tenaient, des deux côtés de la table par ordre d'importance, le préfet, le maire de la ville, le commandant de régiment et le commissaire de police. Kinu se réjouissait d'avoir pu rassembler les personnalités du quartier réservé. Mais elle sentait parfois posé sur elle le regard froid de ses camarades invitées à la fête. Certaines admiraient son cran. En effet, ce n'était pas rien que de rejeter un statut de concubine et de prendre la décision de vivre à sa guise. Mais d'autres enviaient son expérience (de deux années seulement pourtant) de vie libre à l'extérieur. D'autres encore étaient jalouses de Kinu qui avait cette chance incroyable de devenir une patronne d'*okiya* après sa

fugue avec un amant. « Comme Umeko est généreuse !
Vraiment, Kinu a une sacrée veine. Pour ça oui ! » Ces
chuchotements lui parvenaient à l'oreille par moments.

Elle décida tout naturellement que l'*okiya* s'appelle-
rait Suzumi, en référence à son nom de geisha. Il était
fréquent de donner son nom à l'*okiya*, et Kinu était attachée au sien.

En souvenir de cette fête *hiki-iwai*, les invités reçurent comme cadeau un *furoshiki* marqué du nom de
Suzumi. C'était un luxueux taffetas de soie décoré de
motifs représentant l'eau qui court, tracés d'un trait de
pinceau. Elle avait commandé cinq cents de ces petits
carrés de tissu chez le frère d'une camarade qui tenait
une boutique de soie *yûzen.* On distribua aussi de
petites poupées évoquant le répertoire de kabuki.
Cadeaux souvenirs et banquet furent en partie payés par
Umeko, la mère du Fukuya, et le reste fut réglé avec les
économies de Kinu et les dons généreux des fidèles
clients mais aussi de Sato et de Tsuruko.

Cela faisait vingt-trois ans, depuis le début de son
apprentissage en 1904, que Kinu exerçait la profession
de geisha. Elle avait maintenant trente-cinq ans, et on
considérait à l'époque que prendre sa retraite à cet âge
était bien tardif. Certaines geishas avaient plus de quarante ans, mais elles arrêtaient en général le métier avant
la trentaine. Pour leur reconversion, il leur fallait choisir
entre deux solutions : devenir une femme entretenue,
c'est-à-dire une concubine, ou bien s'établir comme professeur d'arts traditionnels. Au début de l'ère Shôwa, les
mariages restaient rares. Encore plus exceptionnels
étaient les exemples de création d'*okiya* permettant de
devenir une patronne de maison de geishas.

Ses camarades dansaient et chantaient devant la belle
assemblée. Kinu les regardait admirative et sentit les
larmes lui monter aux yeux à la pensée que pour elle,

c'était une époque révolue. Elle ne pourrait plus briller dans des soirées. Assise à la place d'honneur sans rien faire, elle éprouva soudain une grande lassitude, la gorge serrée par l'émotion.

La réception avait prit fin. Sur le chemin du retour au Fukuya, Kinu, serrée contre Sato sous le parapluie en papier huilé, décida de s'arrêter un instant dans un petit restaurant du bord de la rivière. Sato semblait émue elle aussi et dit à sa sœur aînée :

« *Neechan*, comme je t'ai poussée à ouvrir ton *okiya*, je veux absolument t'aider au début. Alors, surtout, t'inquiète pas !

— Je te remercie de tout mon cœur. Vraiment, je suis contente de pouvoir compter sur toi. J'espère que les affaires vont bien marcher. »

Kinu remplit plusieurs fois la coupe de saké de sa sœur en regardant tomber la neige à gros flocons. Du temps où elle exerçait comme geisha liée à l'*okiya*, elle avait connu des années pénibles mais, au moins, elle était déchargée de toute responsabilité. L'avenir avait beau l'inquiéter quelquefois, elle vivait dans une certaine insouciance. Désormais patronne, elle devait vivre en femme seule et indépendante. L'inquiétude face au poids des responsabilités vint soudain entamer son beau courage. Heureusement, il y avait Sato. L'idée de pouvoir compter sur elle la rassura. C'était sa vraie sœur en fin de compte, la seule à qui elle osait tout demander sans se sentir gênée. Kinu acheta la maison qui se trouvait juste derrière le Fukuya et paya les deux mille yens demandés avec ses quelques économies et un prêt accordé par Umeko. Quant aux meubles, et jusqu'aux coussins, brasero, bols à thé et nécessaires à fumer, il en fallait pour une vingtaine de personnes.

Mais la grande difficulté était de recruter des geishas désireuses de s'inscrire dans son établissement. L'aide de Sato se révéla précieuse. Evidemment, Kinu avait également besoin de deux domestiques, une jeune et une plus âgée, sans oublier les futures apprenties, *taabo*. Kinu ne savait comment attirer des geishas. En effet, lorsque l'une d'elles se fait enregistrer dans une *okiya*, elle choisit une maison établie depuis longtemps qui affiche de bons résultats. La clientèle aisée de ces *okiya* est bien élevée, et les appels pour les *zashiki* sont nombreux. C'est pourquoi les geishas hésitent à choisir un nouvel établissement dont la réputation n'est pas encore faite. D'autre part, les geishas en vogue sont déjà enregistrées ailleurs, et il est impossible de les changer d'établissement comme ça. Kinu comprit très vite la nécessité de former elle-même de futures apprenties capables de lui assurer dans l'avenir de confortables bénéfices. Comme l'on sait, cette formation poussée prenait un certain nombre d'années. Sato se chargea de trouver les petites filles. Kinu rêvait sans cesse du jour où elle aurait deux ou trois geishas et une ou deux *taabo* enregistrées dans son établissement.

Le grand tremblement de terre du Kantô, la région de Tôkyô-Yokohama, en septembre 1923, plongea le pays dans la dépression. Le Japon entreprit sa reconstruction, et la vie reprenait la route du progrès lorsqu'en 1929, il fut touché cette fois-ci par la crise internationale. Pendant cette période, Kanazawa connut toutes sortes de bouleversements. Après la terrible catastrophe, des sans-abris étaient venus se réfugier à Kanazawa chez leurs parents. Certains décidèrent de s'installer définitivement dans la ville. Et l'hiver 1927 choisi par Kinu pour ouvrir son établissement est resté inscrit dans toutes les mémoires. La neige avait commencé à tomber vers la mi-janvier. Elle semblait ne plus vouloir s'arrêter, et, le 10 février, les records des années 1893 et 1918 furent battus.

Un être humain connaît quelques grands tournants dans sa vie. Pour Kinu, l'un d'eux est ce mois de février 1927. D'employée, elle devenait employeur, un changement sans précédent.

Sa première préoccupation fut de chercher un homme pour faire tomber la neige du toit. Par l'intermédiaire de son marchand de légumes, Kinu trouva un journalier qui se présenta chez elle après en avoir terminé avec les autres maisons du quartier. Résultat, des montagnes de neige recouvraient la chaussée des rues étroites et montaient à hauteur des murs de clôture. Les gens sortaient ou entraient directement par le premier étage. Des escaliers avaient été taillés dans la neige. Des enseignes de fortune portant le nom de l'établissement et fabriquées dans des planches indiquaient aux passants où ils se trouvaient : Shigenoya, Kichiriki, Masseur, Coiffeur, etc.

Le toit du théâtre Oyama-za en pleins travaux s'était effondré sous le poids : trois menuisiers tués dans l'accident et sept personnes grièvement blessées. Kinu fit un grand détour et évita soigneusement de passer devant l'édifice ou dans les rues avoisinantes par crainte d'être victime d'un maléfice.

A l'arrivée des premiers rayons du soleil, la neige se mit à fondre rapidement, finissant par ressembler à un *daikon-oroshi*, un gros radis blanc râpé. Bus et motos passaient à toute allure, et, à chaque fois, Kinu plaquait son parapluie en papier huilé tout contre elle afin de protéger son manteau de pluie des éclaboussures. Dans la rue qui la menait au restaurant Kinjôrô, trop proche pour s'y rendre en pousse-pousse, elle avançait avec difficulté en relevant de la main gauche un pan de son kimono, le parapluie dans la main droite. C'était peu de choses en réalité comparé à ce que la geisha Kinu portait autrefois. Ses mains presque désœuvrées s'ennuyaient à présent.

En 1926, la première année de l'ère Shôwa, roulaient dans Kanazawa cinquante-trois bus, quatre-vingt-six motos et deux cent quatre-vingt-six pousse-pousse. Sur la place de la gare stationnaient cinquante pousse-pousse et deux taxis financés par les tireurs de pousse-pousse associés. Comme les voitures se faisaient encore rares, les geishas continuaient d'utiliser ces petits véhicules pour se rendre aux *zashiki*.

Attirer des clients dans une nouvelle *okiya* n'est pas chose aisée, car sans geishas enregistrées dans l'établissement, les hommes ne viennent pas. Les rares personnes qui fréquentaient la maison de Kinu les premiers mois étaient ses anciens clients réguliers, désireux de la voir, elle, puisqu'elle ne participait plus aux *zashiki*. Sans monter au premier, ils restaient à discuter tranquillement devant le brasero. Ce qui évidemment ne rapportait pas d'argent. Teru, la *banba* chargée de faire cuire le riz et d'apporter aux clients les amuse-gueule, *sakana*, qui accompagnent le saké, manquait de travail et tournait en rond.

Kinu avait amené cette même Teru qui travaillait dans sa maison de concubine à Ote-machi. La domestique n'avait en rien abandonné ses manières extrêmement polies et appelait toujours Kinu *okusan*, madame. Un terme qui n'avait pas cours dans le quartier réservé. Combien de fois Teru s'efforça-t-elle de dire *oanesan*, sœur aînée, mais il n'y avait rien à faire, la nature reprenait ses droits. Et pour être obstinée, elle l'était. Ce qui n'est pas à proprement parler une qualité.

D'un naturel sociable et aimable, Sato faisait de la publicité pour Kinu. Dès le deuxième banquet dans un *ryôtei* avec les mêmes clients, elle racontait que sa sœur avait ouvert un établissement et les invitait à la suivre au Suzumi dans le quartier des maisons closes. Les hommes arrivèrent tout d'abord au compte-gouttes, mais tous devenaient des habitués. L'époque évoluait. Les geishas ne se contentaient plus d'attendre avec passivité les clients et elles n'hésitaient pas à leur proposer de fréquenter telle ou telle maison du quartier de plaisirs. Un comportement influencé par le nombre grandissant des cafés, qui en réalité étaient des bars.

1926 fut l'âge d'or des bars à Kanazawa, et la bonne société se mit peu à peu à fréquenter d'autres lieux de divertissement que les maisons de geishas. A Kanazawa s'ouvrirent successivement le *Bacchus*, le *Bijinza*, l'*Akadama*. Près de la gare, les passants pouvaient lire cette petite affiche : *On recrute deux cents filles de bar*, sur un poteau électrique exposé au vent, à l'angle de deux ruelles. Les bars étaient des constructions en bois d'un étage. Au premier, les petites fenêtres de type occidental agrémentées de fins rideaux blancs s'ouvraient à la verticale. Tapissée de tissu au plafond, la salle moderne avait un sol en linoléum brun clair. De longues nappes blanches recouvraient jusqu'à terre les tables rondes placées au beau milieu, et elles étaient entourées de chaises aux pieds étroits apparemment très fragiles. Dans un coin, on apercevait le grand meuble encastré du phonographe, et, à côté, les étagères débordaient de disques.

Sur un kimono de soie à rayures ou à motifs en forme de flèches, les *jokyû*, les filles de bar portaient un tablier blanc pourvu de plusieurs rangées de volants dans le bas, attaché par un cordon autour du cou. Sous l'influence de ces filles, les geishas modifièrent leur apparence, et les jeunes copièrent leurs coiffures occidentales. Parmi les *ko-uta*, petites chansons populaires accompagnées du *shamisen*, *La Chanson de Kanazawa* chantée dans les bars et composée par un client du *Bacchus*, devint à la mode. Elle était reprise chaque soir par les geishas dans les *zashiki*.

A la fin de l'année 1931, le propriétaire du *Brazil*, le premier bar de Kanazawa, transforma son établissement en restaurant occidental. Ce fut le début de la mode du « chic à l'occidental ». L'année suivante, on inaugura la première *dansuhallu*, « salle de danse », du département d'Ishikawa, au deuxième étage de l'Oyama-club, autrefois théâtre Inari-za, près du pont du Prunier. Les passants apercevaient la lumière rose des ampoules électriques à l'étage supérieur, et une musique de danse moderne venait leur déchirer les tympans. Quel changement en quelques années !

A la fin de 1930, les affaires du Suzumi commençaient enfin à marcher, et Sato décida de créer sa propre maison de geishas, l'*okiya* Botan. Elle avait aidé sa sœur pendant trois ans, au lieu de l'année initialement prévue pour le démarrage de l'établissement, et grâce à cela, elle avait appris tout naturellement à gérer une *okiya*. L'envie de se lancer dans les affaires comme sa sœur lui était venue progressivement et elle n'eut aucun mal à trouver les capitaux.

Son protecteur, un batteur d'or, lui offrit sans hésiter son soutien financier. En 1930, l'interdiction d'exporter des feuilles d'or avait été levée, et la profession était entrée dans une ère de prospérité sans précédent. De quatre heures du matin à minuit, la lumière électrique de l'artisan qui réduisait l'or en feuilles très minces restait allumée. Fort de cette perspective d'avenir radieux, le protecteur n'hésita pas à investir d'importantes sommes d'argent dans l'affaire. Une chance que n'avait pas connue Kinu pour l'ouverture de son établissement.

A l'époque, cent vingt-cinq *okiya* se partageaient le « marché du plaisir » à Higashi-Kuruwa. Les deux sœurs, dont le Suzumi et le Botan se trouvaient à proximité, l'un dans l'arrière-ruelle et l'autre dans la rue principale, se cédaient mutuellement leurs clients. Elles

223

avaient pris toutes les mesures nécessaires pour s'assurer la réussite de leurs *okiya*.

Les clients de la région, mais aussi de Tôkyô ou d'Osaka, par exemple, avaient confiance en Kinu et Sato. Ils passaient directement leur commande de *zashiki* auprès des deux sœurs qui se chargeaient de leur proposer des geishas de qualité appartenant à d'autres *okiya*. Tous louaient leurs services et déclaraient qu'elles ne se trompaient jamais dans leur choix. Elles faisaient donc les *toritsugihana*, « fleurs intermédiaires », et percevaient une commission prise sur les honoraires *hana-dai*. Leur longue expérience du métier de geisha rendait bien service à ces deux femmes qui pouvaient répondre à n'importe quelle commande, aussi compliquée fût-elle. Une activité qui marchait très bien.

Devenue employeur de geishas, Kinu prenait conscience de certaines choses. Tout d'abord, les *zashiki* à l'étage. « Du temps où j'étais geisha, est-ce que nous faisions autant de tapage ? se demandait-elle. Etions-nous vraiment aussi bruyantes avec nos chants, nos danses et nos tambours ? » Installée dans le salon éloigné du rez-de-chaussée, le bruit qui parvenait à ses oreilles lui semblait nettement plus excessif. Et puis, il y avait ces nuits glaciales. A présent Kinu sentait le froid lui tomber sur la nuque. Au cours des deux années de femme « sérieuse » passées en dehors du quartier, elle portait souvent un kimono avec un col bien fermé pour faire respectable. Mais lorsqu'elle travaillait comme geisha, elle ne souffrait absolument pas du froid et pourtant sa nuque était mise en valeur par une encolure très évasée.

Leur frère Goichi faisait de fréquentes apparitions chez elles pour faire une pause. Artisan pauvre comme son père, les divertissements du quartier de plaisirs n'étaient pas à la portée de sa bourse. En réalité, Goichi

224

aimait voir ses sœurs, heureux de constater leur ressemblance avec Mine et Hisatarô : Kinu avait hérité du visage de sa mère et Sato du visage de son père.

Un soir de printemps 1931, frère et sœurs admiraient les cerisiers en fleurs dans le jardin Kenrokuen quand Goichi décida de parler à son aînée de sa préoccupation. Désirant que son aînée Shôko aille à l'école secondaire supérieure de filles, il demanda à Kinu de bien vouloir prendre en charge les frais de scolarité.

Marié en 1918, Goichi avait vécu au début de son mariage avec sa femme dans la maison de Kinu à Kannonmachi. Sa fille Shôko, « l'enfant qui rit », était née là deux ans plus tard. Il avait choisi ce nom parce qu'il voulait connaître une existence gaie.

Leur mère, Mine, aux anges d'avoir enfin une petite-fille, l'embrassait, la portait sur le dos et ne voulait pas s'en séparer, ne fût-ce qu'un instant.

« Comme c'est *kawai !* c'est mignon ! une vraie petite-fille. Ça n'a rien à voir avec les enfants des autres. Je ne m'en lasse pas. »

Habituée à garder des bébés « étrangers », Mine ne laissait à personne le soin de s'occuper de la petite, et Goichi appréciait la docilité de sa femme Yoko qui ne contrariait pas sa belle-mère.

En février 1921, la triste année de la mort de leur mère, une deuxième fille vint au monde : Sekiko. Et l'année suivante, Goichi avait soudain été pris du désir de posséder sa propre maison. Mais il s'agissait de bien choisir l'endroit. Pendant toute la saison des pluies jusqu'à l'arrivée de l'été, l'Asanogawa débordait autrefois chaque année et les maisons autour se retrouvaient inondées. Pas question dans ces conditions d'habiter dans cet endroit. Il se tourna donc vers Takaoka-machi et fit l'acquisition d'un champ de pommiers, puis emprunta à Kinu de l'argent pour acheter le matériel de construction. Il emprunta aussi à des amis. Pour faire le moins de frais possible, il mit à profit son habileté manuelle et bâtit pratiquement seul sa maison au milieu du terrain. Tout. Même la charpente, le pisé, les murs en pierre. Y compris un atelier à côté.

Comme il travaillait chez son patron pendant toute la journée, il construisait sa maison la nuit. Chaque soir, il allumait sa lampe portative et sciait le bois sous la lueur des fleurs de pommiers au printemps, en plein milieu du champ, et près des arbres qui croulaient sous les fruits à l'automne. En rentrant du restaurant Kinjôrô, les deux sœurs en tenue de *zashiki* passaient de temps en temps porter à leur frère un repas froid servi dans une petite boîte en bois, pour l'encourager.

« *Neechan*, insistait Sato auprès de sa sœur, passons le voir à nouveau aujourd'hui. Je me demande où il en est.

— Oh ! la la ! s'écriaient-elles à chaque fois, il n'a pas du tout avancé ! Il ne travaille que la nuit, le pauvre, comment peut-il avancer dans ces conditions ! »

Goichi mit presque deux ans à construire son atelier d'artisan et trois ans sa maison. Mais il fut satisfait du résultat en contemplant son œuvre entourée de pommiers, de mandariniers-orangers et de magnolias. Pour fêter la nouvelle construction, il invita son patron, ses sœurs et plusieurs amis.

« Quelle habileté ! Il a tout fait lui-même ! »

Chacun le félicitait, et ses sœurs n'en revenaient pas. Jamais elles ne l'auraient cru capable de construire seul une maison aussi solide et bien agencée. Même si deux amis lui avaient prêté main forte, c'était tout de même lui qui avait dessiné les plans et pensé aux moindres détails.

« Dites ! interpella Goichi, vous voulez bien nous montrer vos talents d'artistes pour ma fête ! »

Kinu s'exécuta avec plaisir et joua du petit tambour. Sato chanta un *naga-uta*. Pendant ce temps, leur frère offrait du saké à son patron et à ses amis, un large sourire aux lèvres.

Lorsqu'il emménagea dans sa nouvelle maison, Shôko avait trois ans. Puis naquirent coup sur coup deux filles, à un an d'intervalle. Goichi était un vrai papa-gâteau.

Mais l'année de la naissance de sa quatrième fille, Sekiko, la deuxième, mourut d'une dysenterie infantile. Le crématorium se trouvait au pied d'une montagne derrière Higashiyama, là où les feuilles rouges des cerisiers resplendissaient de beauté. Goichi pleura longtemps – ce qui ne lui ressemblait guère – la mort de son enfant devenue cendres en un instant.

Il désirait à tout prix un garçon. Ayant constaté que sa vie de labeur ne l'enrichissait pas pour autant, il avait pris le parti de s'en moquer et déclarait que les familles pauvres étaient prolifiques. Mais le père de toutes ces filles désirait encore un enfant, rien qu'un. Enfin, au printemps 1915, arriva le garçon tant attendu, qu'il nomma Okagorô.

Il s'empressa d'écrire ce prénom en grand à l'encre de Chine sur une feuille de papier qu'il déposa devant le *kami-dana*, l'autel domestique consacré aux dieux. Le cinquième enfant était l'héritier de la famille Yamaguchi. Pour fêter l'événement, Kinu et Sato firent livrer une grande dorade de mer achetée au marché de poissons proche.

Curieusement, Okagorô ne pleurait jamais. Tous s'étonnaient de son silence car il ne disait jamais un mot. Et l'on découvrit qu'en fait, il était sourd-muet. Depuis son mariage, Goichi avait été heureux en dépit de sa pauvreté. Mais la naissance de ce fils handicapé le plongea dans une profonde détresse. Désormais, il ressentait de l'amertume en se voyant toujours pauvre malgré tous ses efforts pour s'en sortir. Ne pas avoir d'argent lui pesait. Cependant, il gardait ses sentiments pour lui et continuait jour après jour d'élever ses quatre enfants du mieux qu'il pouvait.

Deux ou trois ans après la naissance d'Okagorô, Goichi se mit à boire le saké que lui interdisait sa mère de son vivant. Pour oublier sa tristesse, il se réfugia dans l'alcool, une bouteille toujours à portée de main. Sa mère lui répétait constamment : « Ne bois pas une goutte de saké avant l'âge de trente ans au moins », prenant pour exemple la déchéance de son mari alcoolique.

Petit garçon, Goichi s'était senti bien solitaire sans la présence de ses deux sœurs. Il craignait aussi les réactions des autres et leurs moqueries si l'on venait à apprendre qu'elles exerçaient le métier de geisha.

Il gardait très peu de souvenirs de son enfance avec elles. Excepté le jour où il était allé avec Sato ramasser des herbes au bord des rizières. Tombés dans un champ plein de boue, ils étaient rentrés à la maison en pleurant. Lorsqu'il avait sept ans, ses sœurs vivaient déjà ensemble dans le quartier réservé. Goichi s'arrêtait souvent sur la berge de l'Asanogawa pour écouter la musique et voir les lanternes rouges du Nyokôba qui se reflétaient dans la rivière. Sa mère lui avait dit que Kinu et Sato dansaient au premier étage. Personne ne devinait le chagrin de Goichi. Lui-même devint plus tard un jeune apprenti mais il songeait que s'il avait été une fille, il aurait également habité le quartier réservé. Là, il n'avait rien à y faire et il eut l'impression d'être rejeté de cet endroit. Devenu un adulte, ses moyens ne lui permettaient pas de fréquenter ce lieu, et ce n'est qu'après l'ouverture des *okiya* de ses sœurs qu'il se sentit comme lié à ce quartier réservé.

Goichi venait souvent à Higashi-Kuruwa pour rendre divers services. L'hiver, il faisait le tour des maisons, chaussé de ses bottes de caoutchouc. Très recherché en raison du nombre peu élevé des hommes travaillant dans ce quartier, il aidait volontiers les femmes. En hiver, il faisait tomber la neige du toit puis l'étalait sur la chaussée. Grâce à sa vigoureuse constitution, il pouvait s'occuper de plusieurs maisons d'une même rue sans prendre le temps de souffler. Une efficacité que toutes appréciaient.

Dans son atelier, il rabotait le bois pour les marchands de meubles, faisait de la menuiserie ou sculptait des impostes. Il travaillait sans relâche mais ses efforts n'étaient pas récompensés : il restait désespérément pauvre. L'état de ses finances l'empêchait d'envoyer ses filles à l'école secondaire supérieure. Mais Shôko voulait continuer ses études. La tante Kinu proposa donc de prendre chez elle sa nièce pour se charger de son éducation et faire plus que de payer les frais de scolarité. Malgré ses hésitations et son sentiment de culpabilité à l'idée de ne pas pouvoir assumer ses responsabilités de père et de se séparer de Shôko, Goichi n'eut pas d'autre solution que d'accepter.

Salutations respectueuses dans un zashiki.

2

Former des geishas

Quand Shôko arriva dans la maison de sa tante en 1932, la jeune *shikomiko* Chie destinée à devenir une apprentie geisha vivait là depuis peu, première fille adoptive de l'*okiya*. Depuis la création de l'établissement, il s'était écoulé cinq années, et Kinu voyait seulement maintenant son vœu se réaliser. Elle pouvait enfin former des geishas.

Née en 1920, Chie était au Suzumi dès la fin de l'école primaire, à l'âge de douze ans. Elle avait grandi à Kanazawa. Son père était mort. Sa sœur aînée exerçait déjà le métier de geisha et participait aux *zashiki* depuis quelques années. Kinu ne l'avait pas recrutée par l'intermédiaire d'une agence de placement mais sur la recommandation de Sato. La mère de Chie amena directement sa fille à l'*okiya*, une situation identique à celle de Kinu dans son enfance.

Avec sa peau pâle, son visage rond, des yeux et des cheveux brun clair, des lèvres épaisses, Chie avait les traits d'une étrangère, et son physique n'enthousiasmait guère Kinu. Celle-ci contemplait songeuse les cheveux châtain et la longue frange qui cachait les sourcils. « Ce ne sera pas simple, se disait-elle, de faire de cette fille une geisha à part entière. De plus, elle ne sait ni jouer du *shamisen* ni exécuter correctement les mouvements de la danse traditionnelle. »

La durée de vente-formation d'une fille adoptive, et par conséquent la durée du remboursement, n'étaient plus les mêmes que du temps de Kinu : le contrat arrivait à terme au bout de cinq ans. Les mentalités avaient évolué rapidement et ni la mère d'une *okiya* ni la geisha inscrite chez elle ne pouvaient plus consacrer dix ans à l'apprentissage de ce métier et à son perfectionnement. C'était devenu impensable. Le prix courant d'un contrat était de sept cents yens que Kinu paya de sa poche, à l'exception de deux cents yens empruntés au Fukuya, avec un taux d'intérêt fixé à quinze pour cent. Kinu s'était engagée à rembourser dans les deux ans à venir.

Dès son arrivée au Suzumi, Chie commença ses leçons de *shamisen* et de chant. Kinu ne lui fit pas enseigner la danse. Selon elle, c'était un art à pratiquer depuis l'enfance, à six ou sept ans (et pendant des heures), sinon la taille manquait de souplesse. Comme dans le cas de Chie.

Kinu se montrait également réticente en raison du physique de Chie qui ne ressemblait pas vraiment à une Japonaise. Au point que, dans le quartier réservé, les gens disaient dans son dos : « Vous l'avez vue ? C'est incroyable ! Qui sait si du sang russe ne coule pas dans ses veines ? » Au *kenban*, les conversations tournaient souvent autour de cette Chie et de sa mère qui avait peut-être fauté. Mais ce n'est pas ce genre de réflexions qui aurait arrêté Kinu. Oh non ! Simplement, elle considérait que ce sont les cheveux noirs comme jais des danseuses qui font la valeur de la danse traditionnelle japonaise. Chie n'avait pas le physique adéquat.

C'était une enfant réservée qui ne sembla ni triste ni inquiète à l'idée de vivre dans une autre famille. Elle s'habitua sans peine à la vie de l'*okiya* et vouait une véritable adoration à Kinu qu'elle appelait *okkasan*, mère. A son grand regret, Kinu n'avait pas eu d'enfant. Elle se prit donc d'affection pour cette petite Chie qu'elle faisait dormir à ses côtés. Au Suzumi ne vivaient pas de nombreuses geishas et *taabo* comme au Fukuya autrefois. Chie était la seule fille adoptive. Rien de plus normal dans ces conditions que leurs relations fussent celles d'une vraie mère avec son enfant. Kinu regardait le visage endormi et candide de Chie allongée sur le matelas. De tout son cœur, elle désirait la voir faire de rapides progrès dans les arts traditionnels, mais elle ne voulait pas lui imposer les exercices pénibles auxquels elle-même avait été quotidiennement astreinte dans sa jeunesse. Et en particulier l'entraînement dans le froid.

Kinu eut tout à coup deux filles du même âge en même temps. Mais elles lui avaient été confiées en n'étant pas officiellement déclarées à l'état civil comme ses filles adoptives.

Elle attribua à Shôko sa propre chambre du rez-de-chaussée, au bout de la maison. Sans déplacer la commode *tansu*, elle ajouta un petit bureau et une bibliothèque en bois verte avec une porte vitrée. Assise à la table, on pouvait voir dans le minuscule jardin de deux *tsubo* (1 tsubo = 3,31 m²) une lanterne en pierre, un érable et un nandine domestique. Kinu avait décidé qu'elle dormirait désormais avec Chie dans une pièce en longueur de quatre tatamis située entre le salon et la nouvelle chambre de Shôko.

Kinu évitait de faire dormir sa nièce et sa fille adoptive dans la même pièce. La première allait fréquenter une école secondaire supérieure durant cinq années. Pendant ce laps de temps, la seconde apprendrait les arts traditionnels. Kinu espérait qu'elles deviendraient de bonnes amies, mais sa nièce, à qui elle faisait faire des études, et Chie, sa future apprentie geisha, devaient prendre conscience de la différence de leur vie respective. D'autre part, les deux filles avaient des horaires diamétralement opposés.

Shôko avait un visage ovale, une peau transparente et des yeux limpides, qualités idéales pour devenir une geisha à succès. Kinu regrettait même parfois que sa nièce ne prît pas cette voie. Elle avait un corps de danseuse et semblait avoir du talent.

Dix jours avant l'entrée à l'école secondaire supérieure de filles à Kanazawa, Kinu emmena sa nièce en ville pour lui acheter des chaussures et l'uniforme de rigueur. Elle l'avait commandé chez Koizumi, une maison qui vendait des vêtements occidentaux (établissement encore peu fréquent à l'époque), située dans le quartier de Minami-machi, à une vingtaine de minutes à pied. Quant aux chaussures, elles furent achetées dans une boutique recommandée par un client du quartier réservé. Les professeurs de l'école portaient encore le *hakama*, mais les élèves étaient vêtues à l'occidentale depuis 1927. A la vue de l'uniforme bleu marine lacé sur la poitrine par une fine cordelette marron, Kinu ne se sentit plus de joie : Shôko, sa nièce, ferait de bonnes études, pendant cinq ans, dans cette institution. Une chance qu'elle-même n'avait pas connue.

Durant la scolarité de Shôko, Kinu allait souvent jusqu'à la porte de l'école, à près de quarante-cinq minutes à pied, vêtue d'un kimono discret avec un col fermé. Des mandariniers longeaient sur vingt *ken* la façade du bâtiment, et, en automne, les innombrables mandarines ou cédrats brillaient sous le soleil couchant. Les jours de pluie, Kinu apportait un parapluie, et, parfois, elle venait donner à sa nièce son repas de midi qui avait été préparé trop tard le matin.

Shôko avait de longues tresses. Comme vêtement pour le dimanche ou les vacances d'hiver, Kinu lui préparait

un kimono en soie décoré de fleurs rouges et une ceinture de mousseline jaune, mais Shôko ne portait pas
beaucoup le kimono. Chie se coiffait aussi avec des
tresses. En revanche, elle allait souvent prendre ses
leçons vêtue d'un kimono très coloré ceint par un *obi*
dont le nœud évoquait le tambour. Les deux filles se
parlaient rarement. Shôko partait tôt à l'école et ne
revenait que le soir, alors que Chie se levait à dix
heures du matin et était déjà partie quand la nièce de la
maison rentrait. Elles passaient leur temps à se croiser,
et rares étaient les moments passés ensemble, à l'exception du dimanche. Ce jour-là, elles prenaient parfois le
repas de midi en commun et discutaient de leur existence respective.

« *Chiichan !* demandait Shôko à sa petite camarade,
quand ton père est mort, tu avais quel âge ? Et vous êtes
combien de frères et sœurs dans ta famille ? »

Chic répondait sans se faire prier :

« Mon père est mort quand j'avais cinq ou six ans, je
crois. Mais je ne me souviens pas du tout de lui. Nous
sommes trois. L'aîné, c'est mon grand frère. Après, il y
a ma sœur et moi, je suis la dernière. Nous sommes tous
séparés et élevés dans des endroits différents. »

Chacune aimait savoir ce que faisait l'autre et elles
se parlaient en toute franchise.

« Tu as un cours de cérémonie du thé à l'école de
filles ? Moi, je n'aime pas beaucoup ça. C'est vraiment
trop strict ! » Chie parlait d'une voix douce et gardait
toujours un air naïf.

« Moi non plus, je n'aime pas beaucoup, renchérissait Shôko. Ce qui me plaît, c'est le cours de cuisine
chaque lundi. Dimanche, je vais te montrer ce que je
sais faire. Tu vas te régaler ! »

Shôko plaignait de tout son cœur Chie qui ne pouvait
aller à l'école secondaire et devait devenir une geisha.

Elle se souvenait qu'à l'école primaire, l'une de ses camarades de classe venait du quartier réservé. Ses amies l'appelaient avec mépris « l'enfant du quartier des prostituées » ou bien « l'enfant du bordel ». Toute petite, Shôko savait déjà que ses tantes exerçaient le métier de geisha à Higashi-Kuruwa. Quand les deux venaient la voir chez son père, elles se montraient en tout cas bien plus tendres avec elle que ne l'était sa propre mère. Elles n'avaient pas non plus l'air de femmes qui mènent une vie dissolue.

Acquise à l'idée de devenir la fille de Kinu, ou quasiment, Shôko était donc partie sans appréhension chez sa tante qui avait décidé de prendre son éducation en main, à la place de son père Goichi.

Kinu venait d'avoir quarante ans. Encore très résistante, elle dormait tout au plus cinq heures la nuit. Levée tôt le matin, à six heures et demie, elle accompagnait toujours Shôko à la porte pour la voir partir vers son école. La *banba* préparait le repas de midi à emporter pour la jeune élève, mais la tante prenait son petit déjeuner avec sa nièce. Et tard le soir, Kinu attendait aussi le retour de Chie.

Pour les vacances de printemps et d'été, Kinu se rendait avec Shôko dans la maison de Goichi. Lorsque la jeune fille fréquentait l'école, il n'y avait pas de problèmes. Mais pendant les vacances, Shôko se retrouvait plongée dans l'ambiance d'une *okiya* car Chie et les autres faisaient du bruit l'après-midi. Les geishas revenaient du bain public de Higashi-Kuruwa et s'habillaient ou se maquillaient devant la coiffeuse dans la pièce réservée à cet effet. Un spectacle que Kinu voulait, dans la mesure du possible, cacher à Shôko. Elle désirait aussi ménager Chie qui pouvait se sentir gênée. Les deux filles avaient le même âge après tout.

En 1933, le temps était venu de présenter Chie, âgée de treize ans, comme nouvelle « geisha aux longues manches ».

Kinu apporta un soin extrême dans le choix de la tenue pour sa jeune apprentie. Il fallait une toilette absolument somptueuse. Trois tuniques superposées naturellement, mais Kinu voulait également que le jupon fût dans une soie tissée de fils différents formant des dessins. Elle s'était décidée trois mois auparavant pour un kimono armorié *montsuki* en soie *yûzen* pourpre et un *obi* uniformément rouge. Kinu décréta que Chie ne prendrait pas de nom de geisha et garderait son prénom de naissance. Puis elle demanda à sa sœur Sato d'accompagner Chie pour la présentation d'usage dans tous les restaurants, maisons de geishas et *kenban*.

A son retour ce soir-là, la jeune geisha habituellement robuste eut un accès de fièvre en raison de la fatigue de la journée. Le rituel de présentation avait duré trop longtemps dans le vestibule de chaque maison.

« Nouvelle geisha, montre-moi la bordure du bas de ton kimono.

— Oh, qu'il est beau, ton kimono du dessous !

— Fais voir, retourne-toi. Ah ! quelle magnifique ceinture ! Tu portes là un ensemble superbe. »

A chaque fois, Chie avait pivoté, les jambes chancelantes, pour laisser admirer son costume de cérémonie. On pouvait voir trembler l'épingle en écaille piquée dans ses cheveux naturels noués en chignon.

Les patronnes d'*okiya* avaient observé à la loupe chaque détail du costume, et, à son retour avec Chie, Sato raconta par le menu les réactions rencontrées au cours de la journée. Kinu ne regretta pas sa décision d'investir dans des vêtements très chers pour présenter sa première geisha.

237

« Vous savez… quand j'ai annoncé mes débuts de geisha, c'est mon *anesan* Tatsukichi, ma grande sœur, qui avait acheté ma toilette grâce à l'aide financière de son protecteur. Mais *Chiichan*, ma petite Chie, n'avait pas de grande sœur. Il ne restait que moi. J'ai donc fait le maximum. C'était une gentille fille. Je lui apprenais beaucoup sur le métier et lui indiquais comment se comporter… les choses auxquelles il faut faire attention dans les *zashiki*. Par exemple, je lui disais : "Il faut toujours que tu travailles en observant la couleur du visage des geishas. Comme ça, tu peux deviner leur humeur." La petite se mettait à pleurer : "C'est comment la couleur du visage ? c'est rouge ? c'est vert ?" La formation d'une geisha sensible me paraissait bien difficile, mais éduquer la petite Chie était ma raison d'être à l'époque. Plus encore que l'éducation de Shôko. »

Chie eut son *mizu-age*, dépucelage, à quinze ans.

Kinu choisit un homme envers lequel la jeune geisha se sentait bien disposée et qu'elle avait vu plusieurs fois dans des *zashiki*. Louable intention de sa part. C'était cependant devenu tout à fait normal de demander son avis à la jeune fille intéressée. Les mères ne décidaient plus entre elles, de manière arbitraire, le partenaire du *mizu-age*, comme dans le cas de Kinu. Quoi qu'on en dise, ce système existait encore. La virginité de la geisha se vendait toujours très cher, et l'importante somme d'argent allait directement dans la poche de la mère de l'*okiya*.

Malgré un physique ingrat, Chie était une geisha appréciée. Ayant fait de remarquables progrès au *shamisen*, elle jouait maintenant merveilleusement et, sans faire partie du groupe des dix geishas à la mode, elle remportait beaucoup de succès.

De nombreux hommes se proposaient pour devenir son protecteur, mais, en secret, Chie désirait se marier un jour. « Ce n'est pas parce que tu es une geisha que tu ne peux pas te marier ! Ne te contente pas du statut de maîtresse, tu m'entends ! » Chie se souvenait de ce que lui répétait sans cesse et avec fougue Shôko. Cette dernière jouait toujours au professeur avec elle et la poussait à agir de telle ou telle façon. Elle savait trouver les mots pour convaincre.

Les mères des *okiya* de Higashi-Kuruwa se concertaient souvent et en toutes occasions. Lors des fêtes, par exemple, elles arboraient des tenues luxueuses, en ayant pris soin au préalable de s'entendre sur le choix de leur tenue afin de ne pas entrer en concurrence. Elles veillaient également à ce que leurs filles ne soient pas rivales. Leur collaboration s'étendait aussi à la recherche d'un protecteur pour une geisha sous contrat.

Pourtant, Kinu ne força pas Chie à prendre un protecteur, « Le dépucelage, c'est le dépucelage... le protecteur, c'est le protecteur. Ce sont deux choses bien distinctes, et pour le second, il n'y a aucune obligation. » Les patronnes des autres établissements n'arrêtaient pas de présenter des clients convenables à Kinu, en avançant qu'une *okiya* ne pouvait pas se passer des revenus que procure le protecteur d'une fille. Mais à chaque fois que Kinu lui proposait quelqu'un, Chie répondait : « Non, je vous en prie, pas celui-là. » Kinu n'insistait pas.

Cinq années s'étaient écoulées. C'était la fin du remboursement de la dette de Chie et, par là, de sa formation. Kinu se réjouissait que celle-ci ait fini son « stage » chez elle sans avoir posé de problèmes. Persévérante, elle ne lui avait pas créé de soucis. Kinu n'avait pas à s'en plaindre. Malgré tout, cinq années de formation se révélaient insuffisantes. Une geisha ne commence à acquérir la maîtrise des arts traditionnels qu'après ce laps de temps. Il aurait fallu dix ans, comme autrefois. De plus, Kinu n'avait enseigné avec sévérité que le tambour à Chie.

Sur sa lancée, elle continua de former des geishas, en général par deux, comme Kohana et Chitose. Dans le nombre, l'une d'elles trompa un jour la confiance de Kinu. Cette fille lui avait été proposée quatre cents yens par un intermédiaire, à la signature d'un contrat vente-formation de cinq ans. En fait, elle s'était décidée malgré une vague inquiétude, la somme demandée semblant bien peu élevée par rapport au prix courant. Et en effet, un an à peine après son arrivée la geisha disparut sans laisser de traces. Très affectée moralement, Kinu mit aussi deux années à s'en remettre financièrement. Un cas pénible que toute patronne de maison de geishas rencontrait inévitablement une ou deux fois dans sa carrière.

La fin de la formation de Chie coïncidait avec la fin de l'école pour Shôko qui reçut son diplôme au grand contentement de sa tante. Le 23 décembre de la même année, Shôko fut officiellement inscrite sur le registre d'état civil comme fille adoptive de Kinu Yamaguchi. Une formalité qui sembla naturelle à tous, ce qui ne signifiait pas pour autant qu'elle reniait les liens du sang. Kinu n'avait pas l'intention de demander à Shôko de prendre sa succession, mais si une raison quelconque l'obligeait un jour à se retirer des affaires, elle préférait que les choses soient en règle et sa nièce officiellement reconnue comme sa fille.

A la fin de 1937, Kinu eut le pressentiment que le moment de quitter son métier était peut-être arrivé. Rassurée sur le sort de ses deux filles de dix-huit ans (Chie travaillait maintenant comme geisha indépendante et Shôko avait quitté l'uniforme scolaire après avoir passé avec succès son examen), elle sentait en revanche les prémices de la guerre. Le Japon était entré dans une phase critique de son histoire.

Le nombre des clients des quartiers de plaisirs se mit soudain à diminuer. Après l'accident du pont Lukou-ch'iao au sud de Pékin, le 7 juillet 1937, le gouvernement avait décidé que le pays devait économiser les matières premières. A Kanazawa, les autorités invoquèrent le manque de combustible pour fermer le matin, à partir du 25 décembre, le bain public de Higashi-Kuruwa. L'ombre de la guerre pénétrait en tout premier dans les quartiers réservés et touchait les maisons de geishas avant les maisons familiales ordinaires.

En mai 1940, Shôko se maria et prit le nom de son mari. Elle avait vingt ans et Kinu quarante-huit.

Dans l'école secondaire supérieure de filles, elle avait étudié principalement la couture, l'ikebana, la cérémonie du thé, l'*utai* (la déclamation des textes de nô). Des études de jeune épouse en somme. En outre, elle avait accompli chaque jour quelques tâches ménagères très simples dans l'*okiya*, comme celles de poser sur un plateau, à la venue d'un client, des gâteaux pour le thé ou de sortir et rentrer les bols à thé du buffet. Au grand maximum, on lui demandait de chauffer les flacons de saké à côté du brasero. Rien de plus. Il était hors de question pour elle de monter à l'étage. Interdiction absolue. Kinu n'avait jamais voulu faire de Shôko une geisha, mais qui sait si dans ses rêves elle ne la voyait pas parfois lui succéder au Suzumi. En attendant, les affaires marchaient de plus en plus mal, l'activité devenait pratiquement nulle, et tous les établissements des quartiers de plaisirs envisageaient de fermer dans un proche avenir. C'est pourquoi Kinu désirait voir Shôko mariée. Goichi trouva un garçon susceptible de lui convenir comme mari. Originaire de Kyôto, il était porcelainier dans cette ville. Un *miai*, « une rencontre pour voir », fut organisé entre les deux jeunes gens et le couple donna sans difficulté son accord pour le mariage.

241

La date de la cérémonie fixée, était venu le moment de songer aux préparatifs. Ils restèrent très simples, en raison des restrictions ordonnées par le gouvernement.

L'automne de la même année, Chie se maria elle aussi. Déjà partie du Suzumi, elle vivait chez sa mère. Elle dut la quitter pour suivre son mari en Mandchourie. C'était l'année précédant l'extension du conflit de la Seconde Guerre mondiale vers l'Extrême-Orient et l'intervention japonaise dans le Pacifique. On institua des tickets de rationnement pour les articles de consommation courante et une réglementation des textiles.

Shôko et Chie donnèrent toutes deux une réception de mariage au Kinjôrô. Elles ne portaient pas des tenues de jeunes mariées à proprement parler, mais avaient ceint une ceinture ronde *maru-obi* sur un kimono en satin et leurs cheveux étaient noués en un *taka-shimada*, le chignon de la jeune épousée.

Après le mariage de ses filles adoptives, Kinu se demanda si elle ne serait pas bientôt obligée de fermer et d'interrompre son activité de *machiai*, maison de rendez-vous avec geishas.

3

La période de la guerre

La guerre du Pacifique débuta le 8 décembre 1941 (sur les fuseaux horaires nippons) avec l'attaque de Pearl Harbor. Les militaires japonais avaient préparé leur offensive dès l'automne de l'année précédente.

Selon une politique d'économie, le gouvernement avait interdit les produits de luxe et, dès septembre 1940, limité au strict minimum les portions servies dans les restaurants et les auberges. Ainsi, à Kanazawa, on ne pouvait pas prendre un petit déjeuner pour plus de quatre-vingts sens, un déjeuner pour deux yens, un dîner pour quatre yens. Le prix maximum d'un plat à la carte était quatre-vingts sens et sept pour un sushi. En octobre, toutes les salles de danse du pays furent fermées. Fermeture suivie par celle des bars de Kanazawa. Les quelque cent soixante filles du Syndicat des professionnels de bar constituèrent un groupe de patriotes qui travaillaient le jour dans les manufactures de la ville.

Le 25 janvier 1941, le gouvernement avait annoncé la réduction de la consommation en électricité dans les quartiers commerçants et réservés. Higashi-Kuruwa s'était soudain retrouvé dans une semi-obscurité.

Kinu avait quarante-neuf ans. Chie et Shôko n'habitaient plus là. Au Suzumi vivaient deux geishas sous contrat et la domestique Teru. Mais l'*okiya* ne faisait

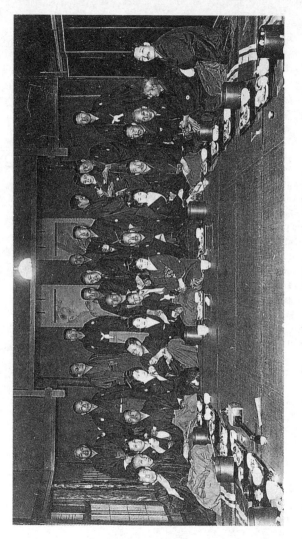

Banquet dans un zashiki du restaurant Kinjôrô.

plus aucun bénéfice. Beaucoup de clients étaient partis rejoindre l'armée, et, en cette période de guerre entraînant difficultés financières, privations et pauvreté, les divertissements et les arts avaient disparu. Les alertes et le black-out se multipliaient. Et, de jour comme de nuit, les habitants célébraient le départ pour le front des soldats mobilisés.

Les lampes d'avant-toit avaient été retirées des maisons. Les geishas attendaient malgré tout le client, dans le noir et dans le silence. A Kanazawa, considérée comme la capitale de l'armée, on appréciait leurs visites aux soldats dans le camp militaire et leurs participations aux cérémonies d'adieu. Kinu se souvient très bien de celle de 1921, la plus importante jamais organisée. Elle se déroula dans la propriété de Yokoyama à Nodatera-machi en présence des personnalités du département et de la ville. La foule, parmi laquelle les deux cents geishas des quartiers réservés, était venue dire au revoir aux cinq cents officiers et soldats de la 9e division qui partaient pour le front en Sibérie. L'assemblée cria trois fois *Banzai !* un triple hourra qui fit trembler le ciel et la terre ! Vêtues de superbes kimonos noirs en crêpe de soie, décorés dans la partie inférieure, Kinu et ses compagnes s'étaient rendues en pousse-pousse à la réception, et les véhicules qui défilaient deux par deux dans les rues avec leurs passagères offraient un spectacle d'une grande beauté. Il y avait eu abondance de mets délicieux, et, en cette période difficile, autant de nourriture paraissait incroyable.

En comparaison, les réunions organisées pour saluer le départ des troupes en 1942 ou 1943 font bien piètre figure. On ne proposa aux gens que du thé vert ordinaire, *bancha*, dans les restaurants et auberges de Kanazawa, preuve que le manque de vivres et de combustible était bien plus important. Consciencieusement, Kinu se rendait à toutes ces cérémonies d'adieu.

En mars 1944, la guerre devint féroce. La préfecture de police, par une *Ordonnance de mesures extraordinaires prises pour la bataille décisive*, ordonna dans tout le pays la fermeture des restaurants et des maisons de rendez-vous avec geishas pour une durée d'un an. La pénurie, de nourriture en particulier, empirait, et, le 6 mai, on fixa la ration de *zôsui* à quatre *shaku* (1 *shaku* = 0,018 l) et il coûtait vingt-cinq sens. Menu de pauvre, le *zôsui* était une bouillie à base de riz si peu épaisse qu'une baguette n'y restait pas plantée. La municipalité fit évacuer les écoles qui ne retentissaient plus des cris d'élèves dans les cours de récréation. Il va sans dire que le son du *shamisen* s'était tu à Higashi-Kuruwa et que les femmes des « quartiers-fleurs » sortaient dans la journée en pantalon, *monpe*. Des jours qui ressemblent à un mauvais rêve pour Kinu.

« C'étaient nous, les propriétaires des maisons de rendez-vous avec geishas, qui subissions le plus de préjudices puisque l'on nous avait interdit notre activité. Je n'avais plus de revenus. Appelées désormais "hôtesses" (littéralement filles d'accueil, de réconfort), les geishas rendaient le "service de l'oreiller" au vu et au su de tout le monde. Elles ne devaient plus jouer de *shamisen* ni de tambour. Tout divertissement artistique leur était interdit. Leur activité devait se limiter à celle d'hôtesse, un mot qui dissimulait la prostitution autorisée par le gouvernement. Le prix officiel de la passe était fixé à dix yens dans la journée, quinze yens dans la soirée jusqu'à onze heures, vingt yens pendant la nuit.

« Encore à cette époque, on pratiquait le *mizu-age*. Quand un homme riche voulait dépuceler une jeune geisha, le prix demandé pouvait grimper jusqu'à trois mille yens, et la fille d'accueil recevait quarante pour cent de la somme versée à son établissement. Pour mon dépucelage, je n'avais reçu que dix pour cent. Quand j'y pense, quel progrès ! Les mentalités avaient bien changé. »

Les soldats de la troupe avaient droit à deux jours de repos par mois. Ils débarquaient alors en bande à Sanban-machi, le quartier des bordels, ne disposant pas de suffisamment d'argent pour aller se divertir comme les officiers dans les *zashikis* du quartier des geishas. Le saké acheté au noir était chauffé dans une bouilloire.

A cette époque, l'*okiya* Kochiyo située à Higashi-Kuruwa avait ouvert à Sanban-machi un « lieu d'accueil », mot élégant pour désigner un bordel, qui faisait de gros profits. De nombreuses geishas l'avaient rejoint.

« J'avalais en vitesse un bol de riz et un verre d'eau sans me lever du lit, me raconta l'une d'elles. J'prenais même pas le temps de faire pipi. Je commençais à peine à me réchauffer que c'était déjà fini. En fait, on passait nos jours et nos nuits à faire faire de la gymnastique aux hommes ! Mais ça finissait par me rapporter pas mal d'argent ! » Les pages de son livre de comptes étaient couvertes de chiffres.

Les relations entre le quartier des geishas et celui des prostituées étaient quasiment inexistantes. Les femmes elles-mêmes prenaient leurs distances. Les maisons de prostituées ont été complètement transformées et sont devenues des habitations de quartier ordinaires, mais elles ont gardé un peu de leur aspect d'origine. Ces constructions pourvues de plafonds bas et de petites fenêtres à l'étage s'alignent en rang serré le long des étroites ruelles. Il y avait là une quarantaine de bordels.

D'abord domestique au Suzumi pendant un temps, Harukoma était devenue prostituée au Matsubaya dans le quartier des bordels de Sanban-machi. Une heure passée avec une prostituée durait en réalité quarante minutes et coûtait trente yens au client. Mais il ne restait qu'un tiers de cette somme à la femme, le reste allant dans la caisse de l'établissement. Harukoma avait trente ans. Elle venait de temps en temps rendre visite au Suzumi et se plaignait à chaque fois de sa fatigue. La tête à peine posée sur un coussin du salon, elle partait dans un profond sommeil. Tout le rez-de-chaussée résonnait de ses ronflements.

Harukoma n'avait pas moins de cinq ou six clients par jour mais elle n'avait plus de problème pour dire : « Je vous en prie, monsieur, entrez… je vous en prie ! »

« J'préfère gagner ma vie en agitant mon derrière que faire la lessive ou le ménage. Ça m'convient cent fois mieux ! Monter à califourchon sur un homme, c'est rien comparé aux corvées domestiques ! » déclarait-elle.

Cependant, c'était épuisant de s'occuper de tous ces soldats. Le dimanche, ils venaient à n'importe quelle heure se distraire avec les filles. Elles travaillaient sans interruption du matin jusque très tard dans la nuit. De plus, le tarif restait bon marché.

Mais impossible pour elles de songer à faire la grasse matinée car leur activité ne se limitait pas à ce seul jour. Mobilisations et démobilisations se succédaient, et ces filles de bordels pour soldats trimaient du matin jusqu'au soir. Finalement, les seules prostituées du quartier de Sanban-machi se révélaient insuffisantes pour répondre aux besoins des nombreux soldats de la troupe. Comme de bien entendu, les femmes du quartier des geishas couchaient aussi avec les officiers.

En cette période de guerre, les clients des établissements de plaisirs étaient des soldats pour la plupart. Entre elles, les geishas surnommaient ces hommes à tête rasée « les moines ». Néanmoins, les quartiers réservés soudain délaissés par leurs clients réguliers tiraient profit de la situation grâce à ces hommes. Les affaires marchaient fort bien, fatigue physique mise à part.

Mais sur le front du Pacifique, l'avance américaine continuait. Les troupes étaient parvenues en Nouvelle-Guinée et avaient repoussé l'armée japonaise. Puis le

bruit se répandit que la défense nippone sur l'île de
Tenian avait été complètement anéantie. C'est après les
bombardements de l'aviation américaine sur les départements voisins de Toyama et de Fukui que Kinu décida
d'évacuer ses meubles dans un village voisin. Elle
redressa un à un tous les tatamis de sa maison et les
appuya sur la porte d'entrée pour en bloquer l'accès. Les
soldats, quant à eux, furent dispersés et logés dans les
nombreux temples situés à l'arrière des quartiers réservés. On entraîna aussi la population à se défendre avec
des lances en bambou contre l'arrivée de l'ennemi sur le
sol japonais. Puis, un jour, les soldats furent transférés à
l'insu des habitants dans un lieu inconnu. Il ne resta plus
à Kanazawa que les enfants et les personnes âgées.

Le passage de plus en plus fréquent des bombardiers
B 29 semait la panique chez les patronnes d'*okiya* qui
partaient les unes après les autres. Kinu s'inquiétait elle
aussi de son avenir, ne sachant où aller. Chie, l'une des
trois geishas de sa maison, était partie en Mandchourie,
une autre était rentrée dans sa famille. Seules restaient
la vieille domestique et une geisha qui n'avait aucun
endroit où se réfugier.

Discrètement, celle-ci vendait aux fermiers ses
somptueux kimonos pour se nourrir et recevait en
échange du riz, des légumes et des œufs.

Quelqu'un proposa à Kinu de lui acheter sa maison
pour dix mille yens. Les propriétaires vendaient tous
leurs maisons pour quitter la ville, et Kinu elle-même
hésitait beaucoup. Une idée à laquelle elle renonça
pourtant, après avoir demandé conseil à sa sœur Sato, et
à Umeko du Fukuya. « Dans la vie, lui dit-elle, il y a
deux catégories de personnes, celles qui ont pu s'acheter une maison et celles qui ne pourront jamais. Tu as
fait beaucoup de sacrifices pour devenir propriétaire,
alors surtout ne va pas la vendre ! Tu le regretterais. Si

jamais elle brûle sous les bombardements, il sera toujours temps d'y penser ! »

Les geishas, jeunes ou plus âgées, avaient été mobilisées dans les usines de guerre où se construisaient des avions. Elles étaient chargées de fabriquer des réservoirs de carburant ou de peindre les ailes avec les teintes de camouflage. Un travail auquel ces femmes n'étaient évidemment pas habituées. Les dernières geishas restées à Higashi-Kuruwa avait été réparties en trois groupes, chacun affecté à une usine différente. Elles partaient vêtues d'un large pantalon, *monpe*, taillé dans un modeste kimono donné par la mère de leur *okiya*, leurs longs cheveux simplement retenus par un caoutchouc.

Ces geishas n'étaient plus très nombreuses car les mères exhortaient celles qui avaient de la famille dans les villages de paysans (autour de Kanazawa) ou de pêcheurs (dans la péninsule de Noto) à aller là-bas, au moins jusqu'à la fin de la guerre. En cette période où la distribution du riz rationné n'était même pas assurée, il était primordial de se débarrasser des bouches inutiles.

Dans l'*okiya* de Kinu, pendant la guerre, vivait, en plus de la domestique Teru, Kohana, une geisha entrée à l'âge de quatorze ans. Réquisitionnée pour aller travailler dans une usine de Tera-machi, elle devait traverser les deux rivières et marcher une quarantaine de minutes avant d'arriver là-bas. Kohana souffrait beaucoup de la faim mais elle se refusait à retourner dans sa maison natale de Noto où habitaient maintenant sa sœur et son beau-frère.

L'autre geisha Hatsune était rentrée à Oonebu dans les environs. Un village tout en longueur pris en sandwich entre la mer du Japon et la lagune de Kahokugata, connue pour ses vendeuses *itadaki*, « qui portent sur la tête ». La mère de Hatsune était autrefois l'une d'elles.

Ces femmes vigoureuses transportaient sur la tête des paniers empilés les uns sur les autres, remplis de poissons et de coquillages. Leur chargement pouvait atteindre cinquante kilos ou même davantage.

Née en 1925, Hatsune s'était souvenue du travail de sa mère. Elle s'en allait comme elle à la ville vendre carcassins, anguilles, *raigyo* ou corbicula, et gagnait plutôt bien sa vie. Mais pour ne pas se faire arrêter par la police, la jeune geisha cachait ses poissons tout au fond de son panier en bambou transporté sur la tête. En effet, même la vente et l'achat de ces produits étaient interdits en cette période de restrictions.

Kinu se souvient encore de ces *raigyo*. Cet étrange poisson d'une trentaine de centimètres de longueur qu'elle voyait pour la première fois pouvait se manger cru, en sashimi, les arêtes préalablement retirées. Dans la bouche, la chair blanche avait bien meilleur goût que ne l'aurait laissé supposer l'apparence du poisson. Sa peau, semblable à celle du serpent, avait vraiment un sinistre aspect. Et si, quand on le sortait du seau plein d'eau, il glissait à terre par mégarde, il pouvait frétiller pendant des heures. En ces temps de disette, il fallait bien s'alimenter, et les gens acceptaient sans rechigner de manger ces *raigyo* que Hatsune continua de vendre juste après la guerre.

La guerre prit fin et avec elle le black-out. L'ordre de fermeture des maisons de rendez-vous avec geishas fut levé, et, dès février 1945, Higashi-Kuruwa redevint à une vitesse surprenante un quartier animé.

Tous se réjouissaient de voir à nouveau briller les lumières à l'entrée des maisons et derrière les portes à claire-voie. Hatsune revint au Suzumi un an après la fin de la guerre. A sa vue, Kinu fut effarée. Déjà bien charpentée, elle avait des épaules encore plus carrées qu'auparavant. Son visage hâlé couvert de taches de rousseur

251

indiquait qu'elle ne s'était apparemment pas protégée du soleil quand elle vendait ses poissons sur les routes. Visage, tour de taille, cuisses, elle avait grossi de partout ! Etonnant pour quelqu'un qui venait de traverser comme tous ces années de pénurie alimentaire.

Il n'y avait pas qu'au Suzumi. La situation était la même dans chaque *okiya*, où le retour des geishas survenait en même temps. Et puis, le travail avait fortifié le corps des femmes réquisitionnées dans les usines de guerre. Malgré les difficultés rencontrées pour se nourrir correctement pendant les hostilités, elles éclataient de santé, avaient des gestes vifs et un teint éclatant. Agées en général d'une vingtaine d'années, elles respiraient la fraîcheur de la jeunesse.

Le 12 novembre 1945, les forces d'occupation américaines basées à Kanazawa exigèrent l'accès à quinze lieux de distractions, en dehors du quartier Ishizaka. Les geishas abandonnèrent leurs pantalons bouffants, *monpe*, et firent des démonstrations de danses qu'elles n'avaient pas exécutées depuis si longtemps, telle « la pluie de printemps » ou « le serviteur du samouraï ». Mais ce n'était pas essentiellement ce genre de démonstrations qu'attendait l'armée américaine qui, dans ces quartiers, recherchait surtout les plaisirs du lupanar. L'inspection des équipements sanitaires et le contrôle médical des maladies vénériennes furent d'ailleurs sérieusement renforcés.

L'accès en était interdit aux simples soldats, et, dans chaque établissement, les MP surveillaient les allées et venues. Seuls les officiers allaient de temps à autre se divertir dans les *zashiki*.

Que ce fût à Higashi-Kuruwa ou à Nishi-Kuruwa, le quartier de l'Ouest, les officiers parvenaient à coucher avec les geishas malgré leurs réticences. Ils demandaient à la police militaire qui surveillait régulièrement les établissements d'intercéder auprès des patronnes. Celles-ci se faisaient un peu tirer l'oreille mais elles finissaient par accepter, après plusieurs jours de négociation.

Bientôt, par un décret promulgué le 24 janvier 1946, les forces d'occupation proclamèrent l'abolition de la prostitution. Les propriétaires des maisons de geishas se demandèrent alors s'ils pourraient poursuivre leur activité. Furent abolis tous ces systèmes insensés tels que contrat de vente-formation, remboursement de la dette, filles adoptives, qui faisaient des geishas de véritables esclaves obligées de se prostituer.

En septembre 1946, on supprima les noms « lieu de réconfort » ou « lieu d'accueil » donnés par le gouvernement japonais pendant la guerre. Abolition de la prostitution, certes, mais les prostituées continuèrent d'exercer désormais sans patente dans les quartiers chauds. Mais à Sango, « le quartier dédé ! », la prostitution se dissimulait derrière les arts de divertissement, ce qui assurait à ces établissements la protection de l'extra-territorialité.

Juste après la guerre, chaque *okiya* cumulait plusieurs activités. Dans la grande salle du premier se tenaient les banquets avec démonstrations d'arts traditionnels : chant *naga-uta*, *kiyomoto* (genre lyrique de *shamisen*), danse *hôdori*, etc. Dans une autre pièce, des paravents dorés dissimulaient des jeux d'argent. Dans une troisième, les geishas faisaient commerce de leur corps. Pour les quartiers réservés, l'interdiction de la prostitution n'était en fait que chiffon de papier.

Avant la guerre déjà, la loi qui réglementait cette activité dans les établissements de plaisirs était constamment violée. Sans grands risques toutefois, car la police elle-même protégeait les quartiers des geishas. Parfois, mais cela restait l'exception, le fonctionnaire inspecteur condamnait soudain, et on ne savait pourquoi, l'établissement en infraction. Dans ce cas, l'affaire faisait l'objet d'un simple entrefilet dans la page des faits divers.

En avril 1958, la loi interdisant la prostitution fut réellement appliquée, et, à Kanazawa, comme partout ailleurs, le quartier des bordels disparut complètement.

Cette interdiction toucha cent quatre-vingt-six maisons. Ne restaient plus que cent huit geishas qui vivaient uniquement de leurs arts à Higashi-Kuruwa.

4

Le quartier réservé après la guerre

L'après-guerre vit apparaître une nouvelle race de jeunes geishas à Higashi-Kuruwa.

Dans le quartier réservé où avaient été abolies les anciennes règles, les femmes semblaient contentes de leur sort. Nombre d'entre elles sortaient de l'école secondaire supérieure de filles. Beaucoup, comme autrefois, devenaient geishas en raison de la pauvreté de leurs parents, mais, pour celles-ci, la vie s'était améliorée. Plusieurs cependant entraient dans ce milieu par choix personnel et venaient de familles aisées.

Après la guerre, de nombreuses femmes décidèrent d'exercer une profession, et certaines s'orientèrent vers le métier de geisha. Ces nouvelles venues critiquaient ouvertement les anciennes coutumes du quartier réservé, allant jusqu'à affirmer : « Jamais je ne me prêterai au rite du dépucelage ! » initiation encore en vigueur au lendemain de la guerre. Elles continuaient néanmoins de se perfectionner dans les arts en obéissant docilement à leurs aînées qui avaient débuté dans le métier au cours des premières années de l'ère Taishô. Higashi-Kuruwa, qui comptait maintenant cent vingt anciennes et nouvelles geishas, entra dans une ère de prospérité. Mais comme la période de pénurie se poursuivait, elles devaient, pour leur tenue de *zashiki*, s'accommoder de

vêtements de rationnement distribués par le *kenban*.
Pour agrémenter ce kimono d'uniforme, elles demandaient une broderie à la mercerie, et chacune se creusait
la tête pour trouver des idées.

En été 1953, le Suzumi recruta la geisha Yukimaru.
Avec déjà Hatsune et Kohana, l'établissement devint
florissant. D'abord geisha dans une autre *okiya*, Yukimaru avait été victime d'une patronne malhonnête. Née
en 1933, elle avait présenté à la communauté ses débuts
et commencé dans la profession à l'âge de dix-sept ans,
pendant la fête de l'*o-bon*, le 15 juillet 1950. Or, il existait désormais des lois pour protéger les petites filles. Si
un établissement demandait à une mineure de moins de
dix-huit ans de servir le saké dans un banquet, il violait
le code du travail. Si le client couchait avec elle, il violait la loi sur la protection de l'enfance. Ces lois avaient
été mises en application le 1er septembre 1948 dans la
préfecture d'Ishikawa. Mais dans cette *okiya*, certaines
filles, comme Yukimaru, devenaient geishas à un âge
non autorisé par la nouvelle réglementation. Tout simplement parce que l'établissement avait la chance de
compter parmi ses clients des membres influents de la
police, dont le commissaire. Ces fonctionnaires fer-
maient donc les yeux sur les agissements de l'*okiya*, ce
qui était un moyen bien commode pour détourner la loi !

Kinu se souvenait de Yukimaru lorsqu'elle s'était
présentée au Suzumi le jour de l'*o-bon*, trois ans auparavant. Avec son corps svelte de très jeune femme,
enveloppé dans un kimono en taffetas rose pâle de la
couleur d'une rose trémière, sa peau blanche et ses
beaux cheveux lisses noirs, elle ressemblait tout à fait à
une poupée dame d'honneur de *hina-matsuri*, la fête
des Filles. Son père occupait le poste très important de
président du conseil général, et le bruit courait qu'elle
avait choisi le métier de geisha en réaction contre sa vie

Kinu devant le restaurant Miyoshian, dans le jardin Kenrokuen.

de débauché. C'est Yukimaru elle-même qui avait souhaité changer d'*okiya* et entrer au Suzumi.

Chie était revenue de Mandchourie et travaillait à nouveau comme geisha pour le Suzumi, sous le nom d'Ichiraku. Séparée de son mari, elle n'avait pas eu d'enfant et était retournée vivre avec sa mère.

Egalement geisha indépendante, Yukimaru arrivait tous les matins de chez sa mère, une femme vivant également séparée de son mari. Consciencieuse, honnête, silencieuse et gentille, Yukimaru avait le même caractère que Kinu, laquelle caressait l'espoir de faire de sa nouvelle recrue la meilleure geisha de Higashi-Kuruwa. Mais sa beauté et son talent ne suffisaient pas. Il lui fallait faire de sérieux progrès dans les disciplines artistiques.

Les nouvelles geishas ne connaissaient rien aux arts, car le long apprentissage n'existait plus depuis la suppression du système des filles adoptives soumises à la pratique quotidienne et intensive du chant, de la danse et du *shamisen*.

A cette époque, une dizaine de femmes devenaient chaque année geishas à Higashi-Kuruwa. Née en 1931, Yaeyû était de deux ans l'aînée de Yukimaru. Elle avait, contrairement au visage ovale et classique de sa cadette, des traits modernes, un teint plus foncé, l'œil vif. Son caractère et ses gestes étaient aussi à l'opposé de ceux de Yukimaru qui était réservée et chez qui tout respirait le calme. Yaeyû n'hésitait pas à s'exprimer et à faire preuve d'une certaine audace. On dit qu'elle avait de l'*iki*, du chic. C'était une belle femme mince bien dans son temps.

Pour Kinu, Yukimaru avait le physique d'une danseuse traditionnelle. Elle souhaitait la voir s'engager dans cette voie, après avoir abandonné l'idée selon laquelle une geisha ne pouvait pratiquer cet art si elle n'avait pas commencé petite fille.

258

Encouragée par Kinu, Yukimaru se passionna pour l'étude de la danse et elle y mit toute l'énergie dont elle était capable. Peu de geishas possédaient désormais un art de divertissement, et ce n'était en rien comparable à l'avant-guerre. Ces geishas modernes aimaient faire la fête. Leur manière de s'amuser et de prendre des initiatives étonnait chaque jour Kinu.

Un jour du début de l'été 1955, après un *zashiki*, onze geishas accompagnées de cinq clients sortaient lentement du quartier réservé en passant par Kannon-machi. Lorsque le groupe arriva sur la berge de l'Asanogawa, le soleil était déjà très incliné. Quelque peu éméchés par le festin qu'ils venaient de faire, les hommes se disputaient sur le nom des sommets de montagne qui brillaient sous le soleil couchant près de la rivière.

Il ne restait quasiment plus aucun pont en état sur l'Asanogawa. La plupart avait été emportés par les eaux pendant les pluies diluviennes de l'été, deux ans auparavant. Le 8 juin 1953, exactement, pour le pont du Prunier. Et le 24 août, la rivière était sortie de son lit emportant sur son passage une quinzaine de ponts dont le Suzumibashi et le Tokiwabashi. Peu fréquenté, le pont du Prunier ne fut reconstruit que vingt-cinq années plus tard.

« J'ai une idée, fit en riant Yaeyû. On ne va pas s'amuser au jeu de la "rivière peu profonde", on va aller "en vrai" dans l'Asanogawa... »

Et sur ce, elle quitta le groupe pour descendre sur la berge et tremper la main dans l'eau froide. Soudain, un client s'écria :

« Hé ! y'en a pas une qui irait jusque là-bas, de l'autre côté de la rivière ?

— D'accord, fit Yaeyû sans se faire prier. J'y vais ! »

Et aussitôt, elle releva le bas de son kimono.

Immédiatement suivie de Koyakko qui s'écria, la main également sur son kimono :

« Moi aussi, je veux aller dans l'eau ! »

Même Ichiraku, dont le premier mouvement avait été de retenir Koyakko en lui faisant gentiment remarquer qu'elle n'était plus aussi jeune que sa compagne, dit tout à coup :

« Oh ! moi aussi, je veux y aller, ça fait longtemps qu'on n'a pas fait la "rivière peu profonde" à un *zashiki*. » Puis elle s'adressa au groupe de geishas rassemblées autour d'elle : « Qu'est-ce que vous en dites, vous toutes, on y va ? »

Yaeyû coinça son kimono dans sa ceinture puis entra rapidement dans la rivière. Koyakko et Ichiraku, elles, tâtèrent d'abord l'eau du bout des pieds avant de mouiller lentement leurs chevilles en laissant pendre leur kimono de dessous qui se retrouva trempé en un rien de temps.

Si la rivière est peu profonde, on relève le kimono jusqu'aux genoux...
Si elle est plus profonde, on dénoue le obi...

chantaient les deux femmes qui avançaient doucement vers le milieu de la rivière. Il n'y avait pas beaucoup d'eau, et les vêtements qui flottaient à la surface remontaient, faisant paraître les hanches très larges et les cuisses très grosses. Suivant leur exemple, toutes les geishas, à l'exception de Yukimaru, se précipitèrent dans l'eau. Certaines, comme Yaeyû, y entrèrent prestement sans se donner la peine de relever le bas de leur long kimono de dessous.

Ces femmes de dix-huit ou dix-neuf ans, mais aussi celles d'une quarantaine d'années, se mirent à traverser la rivière en poussant des cris de joie. Parvenues au milieu du cours d'eau, elles remontèrent en même temps sur la rive opposée et, arrivées à bon port, elles s'empressèrent de faire de grands mouvements de bras en direction des hommes restés sur place. N'en croyant pas leurs yeux, ceux-ci trouvèrent le spectacle amusant, mais très vite, ils prirent un air catastrophé.

« Oh ! la la ! qui va payer les kimonos maintenant ? Elle est folle ou quoi cette Yaeyû ! Oh ! la… »

Yaeyû ne se souvient pas qui remboursa les vêtements finalement. Les kimonos que les femmes laissaient égoutter étaient plaqués sur leurs hanches plates et leur torse étroit. Avec leur couleur soudain foncée, ils ressemblaient aux soies *yûzen* que l'on vient de retirer de l'eau pour les avoir fait tremper après teinture. Lorsqu'elles étaient remontées sur la berge, les geishas arboraient des visages lumineux et vivants.

Au nouvel an, j'ai vu un jour danser les geishas Yukimaru et Yaeyû âgées d'une quarantaine d'années. Elles étaient accompagnées au *shamisen* par Koyakko et Ichiraku qui, elles, avait dépassé la soixantaine. Quelle maîtrise ! Quel plaisir ce fût pour les yeux et les oreilles ! Une nuit digne d'un 1er de l'an dans un quartier de geishas à Kaga. Yaeyû dansa « la première eau puisée de l'année » et Yukimaru « les vagues de la mer bleue ». Sobres et raffinés, les deux kimonos armoriés en soie *Kaga-yûzen* peints à la main se reflétaient sur les paravents dorés.

Un soir, à un *zashiki*, sixième et dernier de la journée, le soulagement se lisait sur le visage des femmes.

Ichiraku était en train de boire une coupe de saké offerte par un client.

« Oh ! qu'est-ce qui m'arrive ? » laissa-t-elle échapper dans un murmure.

Autant Ichiraku aimait avaler un verre de saké à son retour chez elle, tard dans la nuit, et son travail terminé, autant elle n'acceptait que rarement de boire à un banquet. Mais quand arrivait le dernier *zashiki* elle ne s'inquiétait plus trop à l'idée d'être légèrement ivre. Il lui arrivait de boire un peu, et, sous l'effet de l'alcool, son corps se décontractait. Ayant parfois un comportement qui ne lui ressemblait guère, Ichiraku posait par exemple la joue sur les genoux de l'homme à ses côtés.

Le saké devait lui avoir tourné la tête car elle se mit soudain à danser sur un air imaginaire de disco. Ravie, Koyakko se leva pour la rejoindre. Debout face à face, les deux femmes se balançaient d'avant en arrière sur un rythme endiablé en faisant de grands gestes de bras à gauche... à droite... en haut... en bas... tandis que leurs pieds glissaient sur les tatamis. La respiration haletante, elles ne cessaient de repousser énergiquement avec les mains le *obi* qui remontait sur la poitrine. Toujours assise, Yaeyû regardait les danseuses mais à son insu, ses jambes repliées du même côté marquaient le rythme. Le léger écartement des genoux laissait voir la couleur écarlate de son kimono de dessous, mais, comme en toute occasion, elle restait élégante. Et ses avant-bras frôlant le tatami étaient légèrement dénudés.

Entraînées par leurs aînées qui dansaient de plus belle, les jeunes Katsuko et Namiji se joignirent à elles. Leur comportement à toutes n'avait plus grand-chose à voir avec celui d'une geisha. Mais Yukimaru, elle, gardait son attitude calme et réservée, le dos bien droit et la large manche de son kimono étalée avec soin sur les genoux. Seuls ses yeux riaient tranquillement. Soudain, Yaeyû se parla comme à elle-même.

« Ce n'est vraiment pas amusant quand on fait toujours la même chose dans les *zashiki*, du premier au dernier de la soirée. »

Selon elle, une geisha doit en effet apporter de la variété au fur et à mesure que s'écoulent les heures. Elle pense qu'il est essentiel de créer des ambiances différentes selon les *zashiki*.

Yukimaru et Yaeyû incarnent les deux types de geishas à Higashi-Kuruwa. Comme nous le montre la situation précédente, la première reste assise et ne se départit pas de son attitude traditionnelle, réservée, presque guindée. La deuxième garde également la même position mais elle se laisse aller et donne une image de sensualité. En revanche, ces deux femmes ont une connaissance approfondie de leur art, et, en cela, elles sont exceptionnelles. C'est en effet devenu très rare de nos jours.

« A présent, les geishas sont peu nombreuses. Très demandées tout au long de l'année, elles ne sont jamais en manque de travail. Avant la guerre, elles étaient plus d'une centaine à se faire concurrence. Pour sortir du lot, elles se trouvaient donc dans l'obligation de se perfectionner dans toutes les disciplines artistiques, de flatter tout le monde – à commencer par les propriétaires d'établissement pour monter dans la hiérarchie. Lors de leurs rassemblements, les geishas tiraient au sort *jan-ken-pon !* pour avoir la chance de faire une démonstration de leurs talents artistiques. Et les gagnantes avaient le droit de danser. Or, il est bien évident que plus on pratique sur une scène, plus on apprend. Maintenant, c'est l'inverse. Les geishas tirent au sort et les gagnantes peuvent ne pas danser. Ce qui n'est pas un bon moyen d'améliorer le niveau. Un tel laxisme dans ce domaine va entraîner à coup sûr la disparition des geishas de Higashi-Kuruwa. »

Yaeyû et Yukimaru sont depuis longtemps considérées comme les meilleures artistes de Higashi-Kuruwa, et, encore maintenant, elles se disputent la première place. On ne voit à présent aucune geisha danseuse susceptible de leur succéder dans un proche avenir. En l'état actuel des choses, il est encore loin le temps où elles ne seront plus que des *jikata*, « les assises », ces musiciennes qui accompagnent les danseuses, « les debout ».

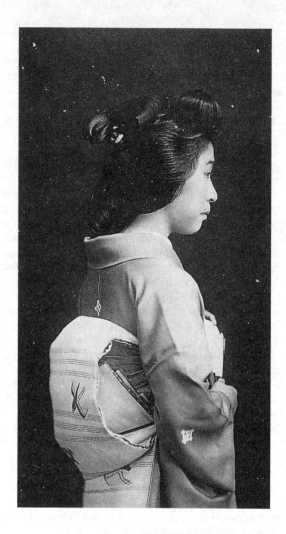

5

Deux femmes ensemble

Chaque fois que je fais glisser la porte à claire-voie du Suzumi, je note une légère différence dans le bruit qu'elle fait en fonction des conditions atmosphériques de la journée. Sec quand il fait beau, subitement faible avec un ciel nuageux et étouffé les jours de neige.

Un après-midi d'été, je tirai la porte quand je perçus le frémissement d'un papier. Après une marche sous les rayons ardents du soleil, j'avais perdu toute énergie, et, le corps trempé de sueur, j'ouvris plus lentement que d'habitude.

Sur le pilier à l'intérieur, je vis, suspendu à l'envers, un hortensia enveloppé dans une feuille de papier toute neuve fermée par un petit cordon *mizuhiki* rouge et blanc. C'était un hortensia porte-bonheur. Il pendait à côté d'un épi de maïs. Les nombreux pétales de la fleur étaient de bon augure, et, grâce à cela, on espérait amasser beaucoup d'argent, connaître des affaires florissantes, avoir du succès et maintenir la paix dans la maison.

La première fleur de l'été était suspendue à l'entrée, la seconde dans la cuisine, la troisième dans la chambre du fond. Il fallait attacher discrètement l'hortensia violet, tôt le matin, sans que les autres s'en aperçoivent. Chaque année, Kinu les faisait bénir par le prêtre du temple de Ryûkoku-ji à Higashiyama où se trouve la tombe de Miyazaki Yûzensai.

La nuit du solstice d'hiver, on enveloppait dans un rectangle de papier blanc trois kumquats *(kinkan)* et trois noix de ginkgo *(ginnan)*. On fermait le tout comme d'habitude avec un cordonnet rouge et blanc. Après avoir écrit sur le petit paquet le mot « acheter », on le mettait dans l'alcôve. Il signifiait acheter de l'or *(kin)* et de l'argent *(gin)*. En jouant ainsi sur les mots, c'était une manière pour les membres de la communauté de chasser la peur du manque d'argent. Un exorcisme en quelque sorte. Kinu s'arrangeait pour que les jeunes conservent cette tradition.

Trois cent soixante-cinq jours par an, les geishas suivaient attentivement toutes sortes de coutumes.

Au petit nouvel an, *koshôgatsu* (le 15 et le 16 du premier mois selon le calendrier lunaire), elles recouvraient le *kotatsu* d'une couverture de laine et s'amusaient à prévoir l'avenir. Puis, de la main gauche, chacune lançait doucement son bol de riz par-dessus l'épaule droite. Si le bol ainsi jeté retombait à l'endroit, c'était de bon augure : sa propriétaire aurait la joie de voir arriver un beau protecteur dans l'année. Si, au contraire, le bol se retrouvait à l'envers, elle se sentait quelque peu découragée à l'idée que son année ne serait pas très bonne. Les geishas jouaient ainsi à faire des prédictions.

' Si, dans un *zashiki*, une geisha plaisait à un client dont elle n'avait que faire, elle enroulait par trois fois autour de la taille son *obi* pour que l'homme ne demande pas de passer la nuit avec elle. Il existait aussi le jeu du lien, *en musubi*, « l'union des destinées », une métaphore pour désigner le mariage. Les femmes confectionnaient une ficelle avec du papier de belle qualité provenant de la région de Mino, puis elles faisaient un nœud au milieu. Deux geishas tiraient fortement à chaque extrémité. Si le nœud restait solidement attaché, elles pourraient se marier, ou du moins s'attacher un amoureux. S'il cassait, elles n'auraient malheureusement pas cette chance.

Quand un client s'était incrusté, la geisha mécontente lui jetait un sort et passait en douce du sel à l'arrière des *geta* ou bien brûlait du moxa.

Le 1er de chaque mois, on posait en offrande une dorade fraîche et le *sekihan*, le plat de riz aux haricots rouges, sur le *kami-dana*, l'autel des divinités. Et le 10 de chaque mois, un *mame-mochi*, gâteau de riz glutineux fourré de haricots noirs, était offert à Daikokusama, le dieu de la Richesse, qui est représenté coiffé d'un bonnet, un gros sac rempli de trésors sur l'épaule. Tous priaient pour avoir beaucoup de travail et rester en bonne santé.

Fuku, la mère du Fukuya, respectait tous ces usages. Et le 1er de chaque mois, son poissonnier venait régulièrement apporter une dorade fraîche. Encore maintenant, nous nous efforçons de maintenir cette tradition. Il ne faut pas hésiter à demander leur aide aux dieux.

Sato est morte en 1965. Le plus affecté par son décès, son frère Goichi, lui fit construire une tombe en guise de remerciement.

Car sa sœur avait élevé deux de ses filles, plus jeunes que Shôko, et leur avait permis de suivre les cours de l'école secondaire supérieure. Elles sont maintenant mariées et semblent connaître une vie heureuse.

« Goichi nous a quittés, il y a cinq ans, en novembre... le 12 exactement, à l'âge de soixante-dix-neuf ans. A l'image de mon père, il est resté pauvre toute sa vie et, comme lui, il n'avait pas non plus le sens des affaires. »

Kinu va avoir quatre-vingt-huit ans. Elle vit dorénavant avec la *beebe* Hatsu, bientôt âgée de soixante-dix-sept ans. Elles habitent ensemble depuis quinze ans et s'appellent respectivement *oanesan*, sœur aînée, et Hacchan, un petit nom familier pour dire Hatsu.

Celle-ci était auparavant l'employée de Sato, la sœur de Kinu. Mais après la mort de sa patronne qu'elle avait soignée avec dévouement tout au long de sa maladie, elle était venue habiter au Suzumi où Teru ne travaillait plus en raison de son grand âge.

Née dans une famille de paysans pauvres et entrée à l'âge de quinze ans dans une maison de geishas à Higashi-Kuruwa, Hatsu avait été introduite par ses tantes, deux domestiques du quartier réservé. Hatsu était arrivée, comme Kinu, avec sa malle en osier. Vêtue d'un *monpe* et d'une veste, *kasuri*, bleu marine, les cheveux attachés en un long catogan, elle n'arrête pas de s'activer, nuit et jour. Sans doute en raison des durs travaux qu'elle effectue depuis son enfance, elle paraît plus âgée que sa maîtresse, et son dos est si voûté que son corps semble cassé en deux. En raison d'une tension artérielle trop basse, elle a le visage tout pâle, presque transparent, et seules ses lèvres ont un peu de couleur.

Quand quelqu'un fait glisser la porte du Suzumi, Hatsu sent aussitôt une présence et, surgissant d'on ne sait où, elle se précipite à l'entrée et, de ses yeux perçants, elle détaille le visiteur de la tête aux pieds. S'il s'agit d'une femme, le regard de Hatsu se fait inquisiteur. Elle s'attarde longtemps sur les motifs du kimono et de la ceinture. Un comportement qui lui vient sans doute de son enfance passée dans un quartier de plaisirs.

A son arrivée dans l'*okiya* en qualité de jeune domestique débutante, Hatsu eut pour première occupation celle de tenir propre l'entrée avec le serviteur et d'asperger régulièrement d'eau le seuil de la porte devant laquelle descendaient des pousse-pousse, de nuit comme de jour, les geishas en tenue de *zashiki*, vêtues de splendides et très lourds kimonos en soie. Dans leurs magnifiques coiffures étaient piquées plusieurs épingles ornementales en écaille qui pesaient sur la nuque.

« Je voulais, bien sûr, porter de beaux kimonos. Et aussi mettre des épingles à cheveux. Mais je ne voulais surtout pas devenir une geisha parce que je voyais bien que des petites filles âgées d'à peine plus de dix ans devaient se prostituer, aussitôt passé le rite du dépucelage. Un jour l'un... un jour l'autre... on les obligeait à coucher avec des partenaires différents tous les jours. Je le sais, puisque je les accompagnais. Comme elles me faisaient pitié ! »

Hatsu travaillait à la cuisine et faisait le ménage. Mais les jeunes bonnes devaient aussi ramasser les cartes *hanafuda*, accompagner les geishas pour transporter leur *shamisen* ou bien encore escorter les toutes jeunes geishas en portant leurs *yukata* blancs décorés de fleurs ou de poissons rouges, enveloppés dans un carré de tissu, *furoshiki*. En général, elles marchaient derrière elles.

Dans les ruelles, on croisait souvent ce genre de couple. « Tiens... voilà une geisha ! » pensait-on dès que l'on voyait une femme en compagnie d'une fille plus jeune.

« Quand une geisha faisait une passe, moi, la domestique, je devais attendre dans la pièce voisine que ce machin finisse. Pendant ce temps, je pliais soigneusement les kimonos, enroulais correctement tous les petits cordons et lissais la ceinture. Si je tendais l'oreille, je pouvais entendre parfois les cris de plaisir de la geisha qui atteignait soi-disant l'orgasme ! Quand ce truc était fini, je devais aller avec elle dans les cabinets et l'aider à se laver les parties intimes. Ces filles étaient très jeunes, vous savez, si jeunes qu'elles ne pouvaient même pas faire leur toilette toutes seules. »

Hatsu a toujours considéré les hommes comme « de vrais emmerdeurs », et même plus, une opinion qu'elle a gardée présente à l'esprit. Pour cette raison et malgré plusieurs demandes en mariage, elle a refusé de se marier et est restée célibataire. Selon elle, la seule valeur sûre, c'est l'argent. Et forte de ce principe, elle a fini par amasser un bon petit pécule, après avoir économisé tout au long de son existence.

De temps en temps, Kinu emprunte de l'argent à Hatsu, en disant : « C'est le monde à l'envers ! » Elle fait souvent remarquer avec un sourire que c'est la patronne, la sœur aînée, qui emprunte à sa domestique Hatsu. Mais s'il ne s'agissait que des emprunts d'argent… En réalité, Kinu est sous l'autorité de Hatsu et se repose sur elle pour les détails de la vie quotidienne. Elle la laisse prendre les choses en main et lui obéit. Insouciante en quelque sorte, comme du temps où elle était geisha.

« J'ai toujours été sous les ordres de quelqu'un et cette situation se poursuivra jusqu'à ma mort, j'imagine. Comme le singe d'un *sarumawashi*, le montreur de singe des rues qui fait faire ce qu'il veut à son animal. Geisha, j'obéissais à mère, et maintenant, c'est Hacchan qui me commande. C'est comme ça. »

A son réveil, Kinu écoute ce qui se passe dans le salon. Elle n'ose pas se lever avant dix heures du matin. A dix heures et demie, elle téléphone à trois geishas enregistrées dans son *okiya* pour faire le point sur leurs rendez-vous avec les clients, le lieu des *zashiki* et leur durée. Plus tard, elle prend son repas qui fait office de petit déjeuner et de déjeuner, composé d'une soupe et d'un plat servi sur un plateau. Avant de manger, elle s'incline toujours devant l'autel bouddhique consacré aux défunts et l'étagère des dieux shintô. Puis la vieille geisha suit les indications données par Hatsu, qui varient selon les jours : se rendre chez le médecin, aller au bain public, changer de sous-vêtements. Sa seule distraction de la semaine se réduit à sa leçon hebdomadaire de cérémonie du thé. Désormais, le travail de

270

Kinu consiste à rester assise comme un *Daruma*[1] face au téléphone, dans l'attente que des clients l'appellent et lui demandent de continuer ce rôle d'intermédiaire qu'elle sait si bien tenir. A savoir, trouver les geishas qui leur conviennent et prendre également les rendez-vous ou les demandes de *zashiki* pour les trois geishas enregistrées chez elle. Et elle note sur un carnet toutes les informations relatives à ces appels téléphoniques. Ainsi se déroule la vie de ces deux femmes. Mais parfois, le rythme est cassé lorsque l'une d'elles tombe malade. Une fois, la grippe de Kinu dégénéra et elle resta alitée plus de trois mois.

Dans la pièce du fond, la domestique installa un *kotatsu* pour sa maîtresse qui resta couchée, la tête posée à même un oreiller en bois aux motifs d'orchidées rouges sur un fond teinté noir. Son visage était tout pâle.

Très affaiblie, elle tenait difficilement sur ses jambes, mais elle ne refusa à mettre des couches et tint à ne rendre aux toilettes pendant toute la durée de sa maladie.

C'était la période très chargée du nouvel an. Par conséquent, dès qu'elle se croyait guérie, elle se précipitait au bain public, se lavait les cheveux et – on s'en serait douté – attrapait froid de nouveau. Kinu répondait aux réprimandes de Hatsu en expliquant que des cheveux mal coiffés à cause d'une malheureuse petite grippe était une honte pour une femme d'un quartier réservé. « Je préfère mourir que de ne pas pouvoir me coiffer », s'exclamait-elle.

Cela faisait si longtemps qu'elle avait l'habitude de fréquenter le bain public et le coiffeur. Elle ne pouvait pas, sous prétexte d'une grippe, négliger tout à coup sa tenue. Son grand âge n'était pas une excuse.

---

1. Poussah rouge et blanc que l'on achète au Japon lorsque l'on souhaite que se réalise un vœu. On peint un œil seulement et, si le vœu se réalise, on peint l'autre œil en signe de gratitude.

A Higashi-Kuruwa, les femmes n'ont à leur disposition qu'un seul *sentô*, le bain public. La zone de lavage, où chacun se savonne et se rince avant d'entrer dans le bain, est vaste, tout comme le vestiaire. Les miroirs sont plus grands que dans les autres bains publics de la ville. Et sans doute parce qu'il s'agit d'un quartier de maisons closes, on ne voit pas de tables à langer pour les bébés.

Les geishas ne vont chez le coiffeur qu'un jour sur deux, mais en aucun cas, elles ne doivent sauter leur bain journalier. Elles vont au *sentô* le matin. Lors de la belle époque, les jeunes geishas et les apprenties avaient la tête qui tournait tant il faisait chaud dans cet endroit où se côtoyaient dans le bruit plus de cent geishas.

Kinu remplissait plusieurs seaux d'eau chaude à quarante degrés ou presque, et elle allait les porter à ses grandes sœurs, à la mère, aux membres du *kenban*, et même aux domestiques *banba* et *beebe*. A toutes, elle disait un mot gentil, mais il arrivait qu'une aînée fasse tomber volontairement, et sans aucune raison, le seau qu'elle lui apportait. Kinu lavait le dos des femmes, allait de l'une à l'autre et n'arrêtait pas de remplir les récipients. Finalement, elle-même n'avait pas le temps de se laver. Une jeune geisha qui ne rendait pas ce genre de service voyait sa réputation baisser et ses appels de *zashiki* diminuer. En manque d'heures de sommeil, Kinu était parfois sur le point de s'évanouir, et dans ces cas-là, la geisha plus âgée qui prenait régulièrement soin d'elle lui conseillait de se verser en vitesse de l'eau froide sur les pieds.

Même pour laver un dos, Kinu restait consciencieuse dans son travail et s'appliquait. Mais à la vue de ces sœurs si grandes pourvue de dos si larges, elle ne pouvait s'empêcher de pousser de discrets soupirs de découragement. Kinu n'avait qu'une obsession : ne pas devenir impopulaire et surtout ne provoquer la colère de personne. Les jeunes geishas se montraient attentionnées avec les domestiques également, dans l'espoir – sait-on jamais – d'obtenir un *zashiki* de plus.

Il fallait toujours avoir à l'esprit que les *banba* et les *beebe* jalousaient certainement les geishas vêtues de si belles toilettes. Il était donc beaucoup plus sage de baisser la tête et de les flatter pour ne pas provoquer leur méchanceté. Une manière d'agir indispensable dans ce milieu de femmes où chacune devait travailler dur pour survivre.

Parmi les geishas plus âgées, l'une d'elles observait tout le monde en restant tranquillement dans le bain. On surnommait cette habitude : « la manie d'Ichimaru ».

« Dis donc, toi ! tu devrais raser ta touffe, ton protecteur est bien à plaindre… »

La geisha qui comprenait un peu plus tard la signification du mot touffe rougissait de honte. Ichimaru possédait un don très spécial. Il lui suffisait de détailler le sexe d'une geisha et, d'après le nombre et la taille des poils, elle devinait la vie privée de la fille et était capable de dire si elle avait un protecteur, si elle vivait à l'aise financièrement… Ichimaru pouvait prédire l'avenir de cette geisha sans se tromper. « Moi, je sais qui est l'autre rien qu'en regardant ses poils », s'exclamait-elle quand elle avait un peu bu dans les *zashiki* et se mettait à faire part de ses observations. Elle racontait en riant qu'une telle est comme ça, qu'une autre est comme ça… Les geishas la craignait toutes quand elles rencontraient ses yeux mi-clos au bain public.

Kinu n'a utilisé le savon que très tard. Auparavant, elle se nettoyait en général le corps avec du *nuka*, du son de riz. Avant de quitter le bain public, elle rendait le petit sac à la caisse d'entrée après en avoir jeté le contenu. Ou bien, elle se servait d'un petit sac rempli de *nuka* mélangé à du sucre brun en poudre ou de la fiente de rossignol.

273

Les jours d'angoisse, elle se lavait les cheveux au bain. La tête en avant, elle les laissait tremper, sentant la fatigue et les tensions se dissiper dans l'eau. Kinu enveloppait dans deux serviettes la masse de son épaisse chevelure qui ne tenait pas dans une main fermée et que tous lui enviaient. Puis elle se rendait chez le coiffeur, les cheveux sur les épaules. Le jour où elle décidait de les laver, elle demandait le matin à la *banba* de lui couper son *motoi*, le cordon de papier servant à nouer la queue de cheval du chignon, et de nettoyer rapidement à l'huile essentielle les épingles, peignes, parures ou pendeloques de son choix qu'elle enveloppait dans un petit paquet. Et quel bonheur de se rendre après le bain chez le coiffeur avec des cheveux propres encore tièdes.

Dès qu'elle ouvrait la porte en verre dépoli de la maison de coiffure, l'odeur de l'huile capillaire lui montait au nez. Et même souffrant d'un léger mal de tête ou un peu enrhumée, Kinu se sentait bien quand la coiffeuse faisait tomber les pellicules dans la feuille de papier noir qu'elle tenait entre les mains. Et pendant que la femme passait le peigne, elle pensait à toutes sortes de choses : « Je dois acheter une dizaine de coussins supplémentaires pour les clients... sans oublier cinq brasero en paulownia... » Du temps où elle était geisha, ses préoccupations s'arrêtaient au choix de ses kimonos et de ses *obi* qui étaient ses outils de travail. Et parfois, elle s'étonnait encore d'un tel changement et de ses soucis de patronne.

La maison de coiffure s'appelle désormais Sakurai Biyôin, mais c'est toujours dans cet établissement que l'on coiffe les geishas depuis des générations. Le précédent patron, maître Ohashi, issu de la quatrième génération, avait du talent et se montrait extrêmement compétent. Chacun s'accordait à dire qu'une coiffure élaborée par lui restait intacte pendant cinq jours.

Kinu se demanda au début si c'était normal de tirer aussi fort sur les cheveux, comme si on lui décollait les racines. Cela lui faisait très mal et lui remontait les sourcils et les yeux. Mais la force de l'habitude aidant, elle n'est maintenant plus satisfaite si le coiffeur ne tire pas fermement sur sa chevelure. En l'absence du maître, c'est son employée qui la coiffe, et comme celle-ci a des gestes moins fermes, Kinu a l'impression que la coiffure n'est pas impeccable.

L'excellente réputation de maître Ohashi était fondée. C'était un travailleur qui prenait à cœur son métier. En ce temps-là, à Kanazawa, de nombreuses troupes de théâtre venaient donner des représentations. Alors, il offrait d'excellents repas aux coiffeurs qui accompagnaient les acteurs venant de Tôkyô et leur demandait de lui enseigner les quelque deux cents styles de coiffures utilisées dans les pièces, qu'il reproduisait ensuite sur ses clientes.

Kinu n'a pas oublié ce jour où, petite *taabo*, elle fut amenée pour la première fois chez maître Ohashi qui lui confectionna une coiffure *otsubo*. Devenue geisha, on lui faisait en général un *yakko shimada* ou bien un *tsubushi shimada*, avec un chignon de devant gros et plein et celui de derrière rond et tout petit, un peu soulevé du crâne. En été, c'était le fameux *ichôgaeshi* qu'elle portait toute jeune au pont de Suzumibashi, le soir où un client lui saisit brutalement le sein. La vieille *yaritebaba* avait une coiffure de forme arrondie comme une cuvette, appelée *otarai* « cuvette » ou *itomaki* « bobine de fil ». Ces coiffures furent portées jusqu'au début de l'ère Shôwa. Après la guerre, la plupart se coiffèrent à l'occidentale.

Toujours soucieuse de sa tenue et de sa propreté, Kinu aimait tout particulièrement aller au bain et se faire coiffer. Mais depuis qu'elle est patronne, elle ne peut plus s'y rendre le matin et laisse à la *banba* et aux geishas le soin d'y aller les premières tandis qu'elle garde la maison. Elle a appris qu'il est essentiel de se préoccuper de ses employées et de passer après les autres pour toutes sortes de choses. Autant de détails importants pour la bonne marche de la maison.

Mais au bain public de Higashi-Kuruwa, il n'y a plus la même animation que jadis. C'est calme désormais. Les femmes se lavent toutes seules et en vitesse, puis elles s'empressent de retourner au vestiaire. Les piles de seaux restent désespérément vides.

Kinu se rétablit de sa grippe à la fin de janvier.

Et Hatsu, qui s'était beaucoup dépensée pendant cette période, tomba malade à son tour comme si elle avait attendu la guérison de sa maîtresse. Depuis longtemps elle disait faire de l'hypotension, avoir des palpitations et la tête lourde. Mais en dépit de ces problèmes de santé, c'est une grande travailleuse qui n'enlève jamais son tablier de cuir. Un matin, elle s'est sentie si faible qu'elle ne pouvait même plus peler sa pomme, et une forte fièvre la cloua au lit.

Malgré son état, Hatsu gardait toute sa lucidité, et, chaque jour, à quatre heures pile de l'après-midi, elle quittait sa chambre du premier pour se rendre au rez-de-chaussée, en descendant l'escalier à reculons. Elle voulait aider les geishas à mettre leur tenue de sortie. Yukimaru a dit une fois que la ceinture ajustée par Hatsu reste impeccablement en place et qu'elle n'oppresse pas la poitrine, ce qui est loin d'être négligeable. Hatsu pensait que tout s'arrêterait dans la maison si elle ne s'en occupait pas. Elle tenait même à sortir et à placer les chaussures comme il faut, à faire sécher les parapluies et les ranger…

Gravement malade, Hatsu dut être hospitalisée pendant deux mois, et Kinu se retrouva désemparée, ne sachant pas où se trouvaient les choses. Elle chercha partout le tisonnier et ne trouvait jamais les ustensiles de cuisine nécessaires à la préparation de son repas.

Le 1er mai dernier, Kinu a fêté ses quatre-vingt-sept ans. Dès le lendemain, on célébra pendant trois jours la fête du printemps de Bishamon. Les deux femmes étaient restées alitées l'une après l'autre pendant les six mois précédents. Pour fêter leur rétablissement et l'anniversaire de Kinu, elles firent donc un *sekihan* en ajoutant beaucoup de haricots rouges dans le riz. Puis Kinu déposa en offrande le riz rouge sur les autels bouddhique et shintô, ainsi que des photos de sa mère et de sa sœur, sans oublier une pivoine toute blanche en souvenir de Sato qui s'appelait Botan (pivoine) de son nom de geisha.

Il y a sept ou huit ans, un jour d'été, j'ai fait la connaissance de Kinu. Lors de ma visite à Yukimaru qui travaillait au Suzumi. Yukimaru passait pour être avec Yaeyû la meilleure geisha de Higashi-Kuruwa, et j'avais entendu dire qu'elle était une virtuose en danse de *ji-uta* (chant accompagné de *shamisen* dans la région du Kansai). On m'avait alors précisé que la patronne du Suzumi s'appelait Kinu.

C'était le plein été, par une chaleur étouffante et sans le moindre souffle de vent. Ayant vécu dans ma tendre enfance près d'un quartier réservé, j'étais très impressionnée à l'idée de pénétrer pour la première fois dans une maison de geishas afin de rendre visite à Yukimaru. La propriétaire Kinu m'accueillit. Elle prépara pour moi du thé vert *matcha* en suivant les règles de la cérémonie de thé et me l'offrit. Je la vis se servir avec grâce du *fukusa*, petit carré de soie violet foncé, et j'admirai la maîtrise de ses mouvements quand elle remuait la poudre avec le *chasen* de bambou. Tous ses gestes très précis étaient empruonts de respect.

Je fus très touchée par la sollicitude que me montra Kinu. En effet, pendant la vingtaine de minutes où j'attendis Yukimaru, elle ne cessa de m'éventer avec un éventail blanc, assise le dos droit comme un i, les yeux poliment baissés tout en me faisant la conversation. Elle m'offrait du vent ! Quelle élégante vision que cette main agitant l'éventail qui sortait d'une manche de kimono en étoffe de soie de Noto avec des motifs *kasuri* noirs sur fond blanc.

« Vous êtes très aimable d'être venue par une journée aussi chaude. Je vous prie de bien vouloir m'excuser mais cette climatisation n'est pas bien pratique. Elle met du temps avant de rafraîchir la pièce. Le vent naturel est plus efficace, n'est-ce pas ?

« Oh, je vous en prie… cela ne m'ennuie pas, laissez-moi continuer de vous éventer.

« Mais chère madame… c'est la première fois que vous pénétrez dans une maison de thé. Dans ce cas, venez donc vous divertir avec votre mari un jour prochain. Et surtout, demandez Yukimaru-chan. Elle se passionne pour les arts et puis, c'est une gentille fille.

« On dit qu'elle est belle, c'est le type préféré de l'écrivain Izumi Kyôka. Une fille comme il n'y en a plus guère de nos jours. Elle ne va pas tarder à arriver. Ah ! il fait frais… enfin ! »

Et l'éventail s'arrêta net de bouger.

Je n'avais jamais imaginé comme ce dialecte de Kanazawa pouvait être beau. Je ne me lassais pas de l'écouter. La langue de Kaga se parle avec très peu d'accent et lentement.

Après cette première rencontre, j'ai souvent rendu visite à Kinu. Un jour, je suis allée prier avec elle au temple de Shinjô-ji situé derrière Higashi-Kuruwa. L'escalier en pierre était parsemé de fleurs de figuiers.

C'est le temple de Kishibojin, le dieu des enfants, où l'on dit que les prières telles que : « Je voudrais un enfant » ou « Faites que mon enfant guérisse » sont exaucées. Les femmes qui veulent avoir un bébé apportent en offrande des poupées, des *geta* d'enfants, et une petite louche en bambou.

Dans l'enceinte du temple, j'aperçus certaines de ces petites louches dont les longs manches flottaient au vent, comme abandonnées. Imprégnées de fumée d'encens, elles me surprirent par leur odeur différente de celle du bois. La plupart avaient un fond mais quelques-unes en étaient dépourvues. Kinu posa l'une de celles-ci sur sa paume ridée. Sa profonde ligne de vie se détacha très nettement dans l'ouverture.

Kinu m'expliqua qu'autrefois elle offrait à la divinité une petite louche en bambou sans fond. « Je vous en prie, suppliait-elle, faites que je ne tombe pas enceinte. Je vous le demande, gardez l'enfant avec vous pour le moment. Je vous en prie. »

De l'adolescence à vingt-cinq, trente ans, elle alla régulièrement prier et offrir l'une de ces louches que les femmes du quartier réservé apportaient en cachette pour demander au dieu de garder les bébés.

Vers trente ans, Kinu continua d'offrir des petites louches, mais celles-là avec fond. En larmes, elle s'excusait de les avoir retirés autrefois. Mais... Kinu n'eut jamais de bébé.

Depuis ce jour, Kinu Yamaguchi reste très chère à mon cœur, moi qui n'ai pas eu non plus la chance de donner naissance à un enfant.

Les rayons du soleil de mai pénètrent dans la maison par un petit interstice. Kinu reste assise toute la journée dans le salon du Suzumi dénué du moindre grain de poussière. Le premier pilier de l'escalier est noirci par la vapeur de la bouilloire métallique placée en permanence sur le brasero oblong. A un endroit, il est décoloré, patiné par le frottement du dos des geishas en attente de clients qui s'y appuyaient dans le couloir. La maison du Suzumi a au moins cent cinquante ans d'âge. Le pilier principal en bois de cyprès japonais de Noto est d'un noir luisant et un très haut plafond comme celui-là se voit maintenant rarement à Higashi-Kuruwa. Sous la lucarne se trouve une grande « étagère à dieux », *kami-dana*, devant laquelle brille une petite lumière.

« Vraiment, chaque fois que je lève les yeux, je trouve que ce plafond est bien haut. Une si vieille maison… Pour la garder en état, ce n'est pas très facile », murmura Kinu comme se parlant à elle-même.

Achevé d'imprimer
sur les presses du

Groupe Horizon

Parc d'activités de la plaine de Jouques
200, avenue de Coulin
F - 13420 Gémenos

Dépôt légal : juillet 1997

Imprimé en France